해외 유학생이 반드시 알아야 할 어휘

수학핵심용어사전

Dictionary
of Mathematics
for studying
abroad

하쿠야 다카하시 지음

시공사

수학핵심용어사전

초판 1쇄 발행일 2002년 8월 24일
2 판 1쇄 발행일 2004년 11월 4일
3 판 1쇄 발행일 2010년 11월 15일
3 판 8쇄 발행일 2024년 1월 18일

지은이 하쿠야 다카하시

발행인 윤호권, 조윤성
사업총괄 정유한

발행처 ㈜시공사 **주소** 서울시 성동구 상원1길 22, 7-8층(우편번호 04779)
대표전화 02-3486-6877 **팩스(주문)** 02-585-1755
홈페이지 www.sigongsa.com / www.sigongjunior.com

數學 學習 基本 用語辭典
Copyright ⓒ 2002, Hakuya Takahashi
Original edition published by ALC Publishing Co, TOKYO
Korean edition arranged with ALC Publishing Co
through Eric Yang Agency

ISBN 978-89-527-4145-5 91740

*시공사는 시공간을 넘는 무한한 콘텐츠 세상을 만듭니다.
*시공사는 더 나은 내일을 함께 만들 여러분의 소중한 의견을 기다립니다.
*잘못 만들어진 책은 구입하신 곳에서 바꾸어 드립니다.

왜 과목별 용어 사전인가?

영어권 국가에서의 해외 유학은 선진 교육을 직접 누리고 영어를 확실히 숙달할 기회를 얻는 장점이 있지만, 일반적인 언어 장벽 외에도 극복해야 할 또 하나의 험난한 과제가 가로 놓여 있다는 사실을 분명히 인식해야 한다. 바로 과목에 따라 익혀야 할 수많은 과목별 용어다. 이는 물리, 화학, 수학, 생물, 국어(영문학) 등 여러 과목을 한꺼번에 배워야 할 경우는 물론이고, 자신의 전공으로 공부해야 할 때도 마찬가지다. 아무리 영어에 능숙하다 하더라도 과목별 전문 용어를 이해하지 못하면 학업을 소화해내기가 그만큼 더디고 어려워질 수밖에 없기 때문이다.

따라서 이 책에서는
- 용어 사전을 만들되, 핵심 용어를 한꺼번에 공부할 수 있는 코너 Key Word Preview를 마련하고,
- 용어 풀이편에서도 우리말 풀이 사이에 요긴한 영어 표현을 삽입하여, 원서 독해력 향상에 큰 도움을 받을 수 있도록 애썼다.

과목별 용어 사전은 유학 시 특히 문제가 되는 용어가 많은 5과목(생물, 수학, 국어, 사회, 물리·화학)을 선정하여 시리즈로 구성했다. 책의 수준은 대학 전공자들은 물론 그보다 아래 과정을 이수하는 학생들도 충분히 소화할 수 있도록 꾸며졌기에 매우 효율적이고 활용도가 높다. 유학을 통해 세계의 인재들과 어깨를 겨룰 많은 학생들에게 이 책은 든든하고 친절한 가이드가 되어줄 것이다.

CONTENTS

Key Word Preview

핵심용어 한번에 공부하기

KEY WORD PREVIEW

문제에 잘 나오는 표현들

☐ What is the value of x?   x의 값은 무엇인가?

☐ Find the shaded area.   빗금친 면적을 구하라.

☐ Solve the equations.   방정식들을 풀어라.

☐ Find the solution.   답을 구하라.

☐ Translate [change, convert]   각각의 분수를 소수로 바꾸시오.
    each fraction to a decimal.

☐ Evaluate each expression.   각각의 식을 계산하시오.

☐ Simplify.   (식을 간단하게 하여) 답을 구하라.

☐ Fill in the blank.   빈 칸을 채워라.

☐ Prove [demonstrate]   A와 B가 같음을 증명하라.
    that A=B.

일반적 주요 표현들

☐ X represents [stands for,   X는 미지수(未知數)를 나타낸다.
    denotes] the unknown.

☐ A corresponds to X.   A는 X와 상응한다.

☐ define   정의(定義)하다

    명 definition(정의)

☐ formula	공식 (公式)
☐ letter	문자 (文字)
☐ parenthesis	괄호
☐ chart	도표 (圖表)
☐ diagram	도표, 도형 (圖形)
☐ finite	유한 (有限) 의
☐ infinite	무한 (無限) 의
☐ inverse	반대의, 역 (逆) 의
☐ arbitrary	임의의 (= random)
☐ clockwise	시계 방향의 〔으로〕
☐ property	성질, 속성 ; 법칙
☐ denotation	표기법 (表記法)
☐ approximate	대략적인, 근사치 (近似値) 의 ;
	근접 (近接) 하다 〔시키다〕
☐ algebra	대수 (代數)
☐ geometry	기하 (幾何)

계산

☐ add 명 addition	더하다 명 덧셈
☐ subtract 명 subtraction	빼다 명 뺄셈
☐ multiply 명 multiplication	곱하다 명 곱셈
☐ divide 명 division	나누다 명 나눗셈

□ x plus y	x + y	
= x increased by y		
= x added to y		
□ x minus y	x − y	
= x decreased by y		
= y subtracted from x		
□ x times y	x × y	
= x multiplied by y		
□ twice [3 times] x	2 [3] x	
□ x divided by y	x ÷ y	
□ sum	합계	
□ product	곱	
□ quotient	(나눗셈의) 몫	
□ remainder	(나눗셈의) 나머지	
□ fraction	분수 (分數)	
□ divisor	나누는 수, 분모 ; 약수	
□ decimal	소수 (小數)	
□ tenth	소수 (小數) 첫째 자리	
□ round off	반올림하다	
□ reduce	약분 (約分) 하다, 떨다	
□ reciprocal	역수 (逆數) (의)	
□ mean	평균 (平均) (= average)	
□ median	중위수 (中位數), 중점 (中點), 중선 (中線)	

☐ factorize	인수분해하다
☐ prime number	소수(素數)
	(약수가 1 혹은 자신 뿐인 수)
☐ multiple	배수
☐ greatest common factor	최대 공약수
☐ least common multiple	최소 공배수
☐ exponent	지수(指數)
	(x^2에서 2와 같은 것)
☐ base	밑수(위에서 x와 같은 것)
☐ power	거듭제곱
☐ raise	제곱하다
☐ x^2 (읽을 때 : x squared)	x 자승(= x 제곱)
☐ x^3 (읽을 때 : x cubed)	x 삼승(= x 세제곱)
☐ x^4 (읽을 때 : x to the fourth)	x 사승(= x 사제곱)
☐ square root	제곱근
☐ operation	계산(計算)

수(數)

☐ real number	실수(實數)
☐ imaginary number	허수(虛數)
☐ rational number	유리수(有理數)
☐ irrational number	무리수(無理數)

□ integer	정수(整數)
□ even number	짝수
□ odd number	홀수
□ positive	양수(陽數)의
	反 negative(음수의)
□ nought	0
□ dozen	12
□ score	20
□ binary	2진법의
□ decimal	10진법의 ; 소수(小數)
□ numeral	수(數) ; 수(數)의(＝numerical)

방정식과 부등식

□ expression	식(式)
□ term	식(式)의 항
□ like term	동류항(同類項)
□ variable	변수(變數)
□ constant	상수(常數)
□ coefficient	계수(係數)
	(3x^2+5에서 x는 변수, 5는 상수,
	3은 계수임)
□ polynomial	다항식(多項式)(의)

□ equation	방정식(方程式), 등식(等式)
□ simultaneous equations	연립방정식
□ quadratic equation	2차 방정식
□ inequality	부등식(不等式)
□ x is equal to y	x는 y와 같다
	(= x equals y = x is y
	= x is the same as y)
□ equivalent	동등(同等)한
□ add 7 to both sides	7을 양변에 더하다
□ subtract x from both sides	x를 양변에서 빼다
□ divide both sides by y	y로 양변을 나누다
□ substitute A for B	B에 A를 대입하다
□ proportion	비율, 비례
□ A is proportional [in proportion] to B.	A는 B와 비례한다.
□ A is inversely proportional to B.	A는 B와 반비례한다.
□ ratio	비율
□ a is to b as c is to d	a : b = c : d

집합과 명제

□ set	집합(集合)

□ element	원소 (元素)
□ intersection	교집합 (交集合)
□ union	합집합 (合集合)
□ complement	여집합 (餘集合)
□ subset	부분집합 (部分集合)
□ empty set	공집합 (空集合)
□ disjoint	서로 소 (素)
□ proposition	명제 (命題)
□ statement	진술 (陳述)
□ theorem	정리 (定理)
□ false	그릇된, 허위의
	反 true (참된)

함수와 그래프

□ function	함수 (函數)
□ quadrant	사분면 (四分面)
□ axis	축
□ coordinates	좌표 (座標)
□ ordered pair	순서쌍
□ intersection	교점 (交點)
□ intercept	절편 (截片)
□ slope	기울기

☐ linear	1차(次)의, 직선의
☐ horizontal	수평의
☐ vertical	수직의
☐ parallel	평행의
☐ perpendicular	직각을 이루는
☐ convex	볼록한
☐ concave	오목한
☐ parabola	포물선
☐ hyperbola	쌍곡선(雙曲線)

기하

기본적 용어들

☐ plane	평면
☐ figure	도형, 그림
☐ length	길이
☐ width	너비, 세로
☐ height	높이 (= altitude)
☐ side	변(邊) 比 삼각형의 옆변은 leg도 됨.
☐ base	밑변
☐ area	면적
☐ perimeter	둘레
☐ vertex	꼭지점

□ solid	입체
□ edge	모서리
□ measure	측정하다
□ bisect	이등분(二等分)하다
□ intersect	교차(交叉)하다
□ symmetry	대칭
□ dimension	차원(次元)
□ ruler	자
□ protractor	각도기(角度器)
□ compasses	콤파스

선과 각

□ line	선(線)(특히 끝이 없는 직선)
□ line segment	선분(線分)
□ ray	반직선(半直線)
	(한쪽만 끝이 있는 직선)
□ oblique	사선(斜線)의
□ angle	각(角)
□ right angle	직각(直角)(= 90°)
□ acute angle	예각(銳角)(< 90°)
□ obtuse angle	둔각(鈍角)(90° < x < 180°)
□ vertical angles	맞꼭지각
□ corresponding angles	동위각(同位角)

☐ alternate angles	엇각	
☐ adjacent angles	인접각	
☐ complementary angles	여각(餘角)	
	(인접각의 합이 90°인 각)	
☐ supplementary angles	보각(補角)	
	(인접각의 합이 180°인 각)	

다각형

☐ triangle	삼각형(三角形)
☐ isosceles triangle	이등변(二等邊) 삼각형
☐ equilateral triangle	정삼각형
☐ square	정사각형(正四角形)
☐ rectangle	직사각형(直四角形)
☐ parallelogram	평행사변형(平行四邊形)
☐ trapezoid	사다리꼴
☐ rhombus	마름모
☐ quadrilateral	(일반) 사각형
☐ polygon	다각형(多角形)
☐ pentagon	5각형
☐ hexagon	6각형
☐ octagon	8각형
☐ n-gon	n각형
☐ regular polygon	정다각형

□ diagonal	대각선 (對角線)
□ interior angle	(다각형의) 내각 (內角)
□ exterior angle	(다각형의) 외각 (外角)

원(圓)

□ circle	원 (圓)
□ diameter	지름
□ radius	반지름
□ circumference	원주 (圓周)
□ chord	현 (弦) (활꼴의 직선부)
□ arc	호 (弧) (활꼴의 곡선부)
□ sector	(원의) 조각, 부채꼴
□ semicircle	반원 (半圓)
□ tangent	접 (接) 하는; 접선
□ secant	할선 (割線)
□ ellipse	타원

입체

□ solid	입체
□ volume	부피, 체적
□ capacity	용량 (容量)
□ surface	표면
□ polyhedron	다면체 (多面體)

□ net	다면체의 평면도 (平面圖)
□ cube	정육면체 (正六面體)
□ rectangular solid	직육면체 (直六面體)
□ pyramid	사각뿔
□ prism	삼각기둥
□ cylinder	원통
□ cone	원뿔
□ sphere	구 (球)

기타 분야의 용어들

□ calculus	미적분 (微積分)
□ logarithm	로그
□ trigonometric function	삼각함수 (三角函數)
□ permutation	순열 (順列)
□ combination	조합 (組合)
□ probability	확률 (確率)
□ statistics	통계 (統計)

수학에 잘 쓰이는 수(數) 접두사

* 앞의 용어들에서도 많이 등장하였으나, 일반적으로 확장되어 쓰이므로 여기서 총정리해 두기로 한다.

어원	의미	주요 예
□ hemi, semi	반(半)	hemisphere(半球)
		semicircle(半圓)
□ poly	다(多)	polygon(多角形)
□ deca, deci	10(1/10)	decagon(十角形)
		deciliter(10리터)
□ hect ; cent	100(1/100)	centimeter(1/100미터)
□ kilo ; mill	1000(1/1000)	millimeter(1/1000미터)
□ mono	1	monomial(單項式)
□ bi	2	binary(二進法의)
□ tri	3	triple(3배로 하다)
□ quadr	4 혹은 2차(次)	quadrants(四分面)
		quadratic(二次의)
□ penta	5	pentagon(오각형)
□ hexa	6	이하 도형 등
□ hepta	7	이하 도형 등
□ octa	8	이하 도형 등
□ ennea	9	이하 도형 등

수 · 부호 읽는 법

$\frac{1}{2}$	one half ; one over two
$\frac{1}{3}$	one third ; one over three
$\frac{2}{3}$	two thirds ; two over three
$\frac{1}{4}$	one fourth ; one over four
$\frac{3}{4}$	three fourths ; three over four
$2\frac{2}{3}$	two and two thirds
5.164	five point one six four
X	capital x
$|a|$	absolute value of a
2a	two (twice) a
$\sqrt{a}$	square root of a
$\sqrt[3]{a}$	cube (cubic) root of a
$\sqrt[n]{a}$	nth root of a
a > b	a is greater than b
a < b	a is less than b
AB ∥ CD	AB is parallel to CD
AB ⊥ CD	AB is perpendicular to CD

Main Part

영 · 한식 용어 풀이편

A - Z

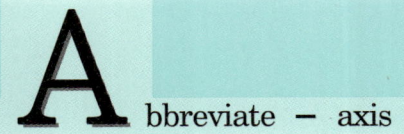
abbreviate
〔əbríːvièit〕

약분 (約分) 하다, 줄이다

abbreviation
〔əbrìːviéiʃən〕

약분, 줄임

abscissa
〔æbsísə〕

횡좌표 (橫座標), 가로 좌표

$x-y$ 평면좌표에서 x 좌표값을 의미함. y 좌표값은 종 좌표 ordinate라 함.

absolute
〔æbsəlùːt〕

절대

절대값 absolute value의 줄인 말로 쓰이는 경우가 많다.

absolute error

절대 오차

근사값과 참값의 차이를 말한다.

absolute inequality   절대 부등식

모든 실수 x에 대하여 항상 성립하는 부등식.

예를 들면, x가 실수인 범위 내에서 부등식 $x^2 \geqq 0$은 항상 성립한다.

또 $x^2-4x+7>0$에서

$$x^2-4x+7 = x^2-4x+4+3=(x-2)^2+3>0$$

역시 항상 성립한다.

absolute value

절대값

양, 음의 부호를 없앤 수로 양수와 0은 그 수 자신이며 음수는 부호를 없앤 수이다. 결국 부호에 관계없이 항상 양수가 된다. 예 $|3|=3$, $|-5|=5$

acceleration
〔æksèləréiʃən〕

가속도

속도 velocity의 시간에 대한 변화율. 예컨대, 중력 가속도는 9.8㎧ 인데, 이것은 물체가 아래로 떨어질 때의 속도가 1초에 9.8㎧의 비율로 증가한다는 것을 의미한다.

acute angle
〔əkjúːt ǽŋgl〕

예각 (銳角)

90°(직각)보다 작은 크기의 각.

acute-angled triangle

예각 삼각형

세 개의 각이 전부 예각인 삼각형.

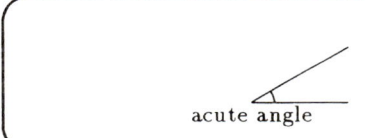

— acute —

acute angle   acute-angled triangle

adjacent angles
〔ədʒéisnt ǽŋglz〕

인접각

이웃하는 각.

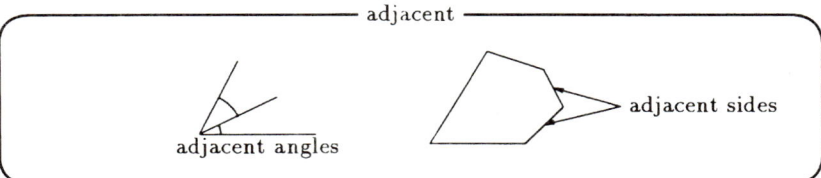

— adjacent —

adjacent angles   adjacent sides

adjacent sides

이웃변

이웃하는 변.

algebra
〔ǽldʒəbrə〕

대수학(代數學), 대수

미지수 unknown number를 대신하여 부호나 기호를
사용하는 수학의 영역.

algorithm
〔ǽlgərìðm〕

알고리즘

방정식의 해법과 계산의 계획된 순서를 말함.

[예] 126과 72의 최대공약수는 다음과 같이 구해진다.

1. 126을 72로 나누
   면 몫이 1이고 나머
   지는 54이다.
2. 72를 54로 나누면
   몫이 1이고 나머지
   는 18이다.
3. 54를 18로 나누면
   몫이 3이고 나머지
   는 0이다.
4. 18로 나머지 없이 나누어 떨어졌기 때문에 최대공약
   수는 18이다.

1	126	72	1
3	54	18	

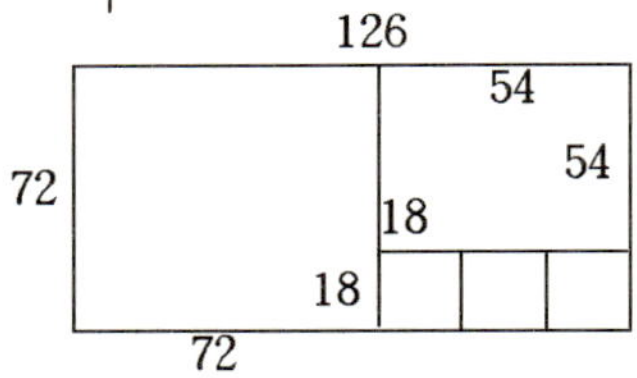

alternate
〔ɔ́ːltərnèit〕

서로 엇갈리는, 번갈은

alternate angles

엇각

두 개의 직선에 제 3의 직선이 교차될 때, 다음 그림에
서 a와 d, b와 c의 위치 관계에 있을 때를 엇각 al-
ternate angles이라 한다. 두 개의 직선이 평행할 때는
$a = d$, $b = c$가 성립한다.

[주] 그림의 a, b, c, d를 내각(內角) interior angles,
a', b', c', d'를 외각(外角) exterior angles이라
하고, a, d 및 b, c를 내엇각 alternate interior
angles, a', d' 및 b', c'를 외엇각 alternate
exterior angles이라 한다. 일반적으로 예각이라 함

은 내예각을 뜻한다.

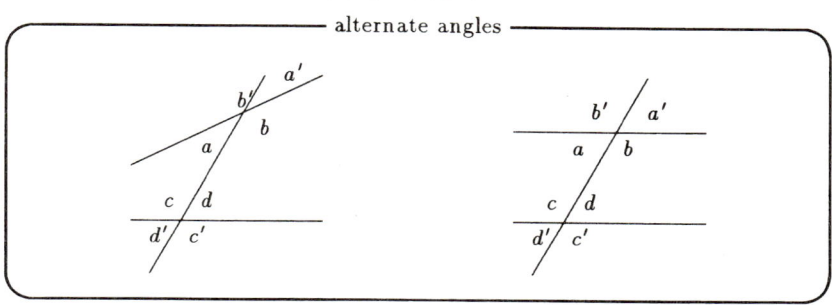
alternate angles

altitude
〔ǽltətjùːd〕

높이
삼각형 등에 있어 한 개의 정점으로부터 마주 보는 변에 이르는 수직선(垂直線)의 길이.

angle
〔ǽŋgl〕

각 (角)
각은 한 점 A 에서 나온 두 반직선에 의해 만들어진다. 종류에는 직각, 예각, 둔각, 동위각, 맞꼭지각, 엇각 등이 있음. 그림과 같은 각은 $\angle A, \angle BAC$. 그리스 문자 θ 로 표시할 수 있다.

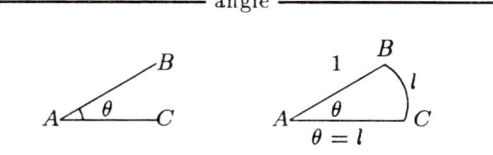
angle

60분법은 1회전각을 360 등분한 것이고, 호도법은 각의 반지름을 1로 보고, 호의 길이로 각을 나타내는 방법이다.

60분법(°)	30	45	60	90	120	180	360
호도법	$\frac{\pi}{6}$	$\frac{\pi}{4}$	$\frac{\pi}{3}$	$\frac{\pi}{2}$	$\frac{2\pi}{3}$	π	2π

annulus
[ǽnjuləs]

환형 (環形)

크기가 다른 동심원(同心圓) concentric circles 사이의 고리 모양의 부분을 말함.

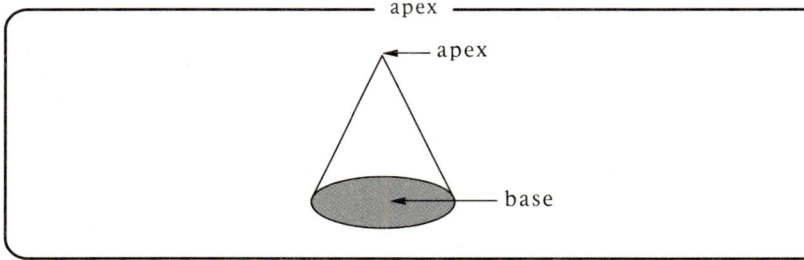

— annulus —

넓이는 $\pi R^2 - \pi r^2$
또는 $\pi(R+r)(R-r)$

apex
[éipeks]

정점 (頂點), 꼭지점

입체의 밑면 base에서 가장 멀리 있는 점.

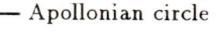

— apex —

apex

base

Apollonian circle
[ǽpəlóuniən sə́:rkl]

아폴로니우스의 원 (圓)

평면 상에서 주어진 두 점과의 거리의 비(比)($m:n$)가 일정한 점을 그린 궤적(軌跡)으로서, 두 점을 연결한 선분을 $m:n$의 비(比)로 내분(內分)하는 점과 외분(外分)하는 점을 직경(直徑)의 양 끝으로 하는 원(圓)이다.

— Apollonian circle —

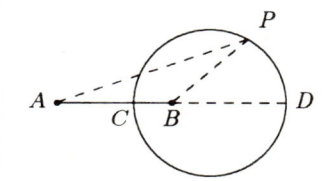

두 점 A, B 사이의 거리비가 $m:n$ 인 점의 자취이다.

$AP : PB = m : n$
$AC : CB = m : n$
$AD : DB = m : n$

approximate
〔əpráksəmèit〕

근사 (近似) 의 ; 근사값을 구하다

- ~ value 근사값

  π에 대한 3.1416 혹은 $\frac{1}{3}$ 에 대한 0.33 등 참값에 가까운 값을 말한다. 근사값과 참값의 차이를 (절대)오차(誤差) error라 한다.

approximation
〔əpràksəméiʃən〕

근사 (近似), 근사값

근사값 approximate value을 구하는 것 혹은 구해진 근사값(= approximate value)을 말한다.

예 인구 5만(五萬)의 도시라고 할 때, 이 5만(五萬)은 정확한 수가 아니고 대략적인 수인데 이를 어림수라 한다. π = 3.141592....이지만 이를 반올림을 하여 π = 3.14로 계산한다. 이때 3.14를 π의 어림수라 한다. 이와 같이 수를 반올림하거나 버림을 하여 근사값을 구하는 것을 수를 어림한다 round고 말한다.

arc
〔aːrk〕

호 (弧), 원호 (圓弧)

원주(圓周)의 일부나 곡선의 일부를 말한다. 원주 상의 두 점은 원주(圓周)를 두 부분, 즉 두 호로 나눈다. 두 점을 잇는 선분이 이 원의 지름이 아닐 때에, 짧은 호를 열호(劣弧) minor arc라고 하며, 긴 호를 우호(優弧) major arc라고 한다. 호의 길이는 그것의 중심각 angle at center에 비례하고, 반지름이 r, 중심각이 $\theta°$ 일 때의 호의 길이는 $\frac{\pi r \theta}{180}$ 이다.

호도법을 이용하면, $\frac{2\pi r \theta}{2\pi} = r\theta$ 가 된다.

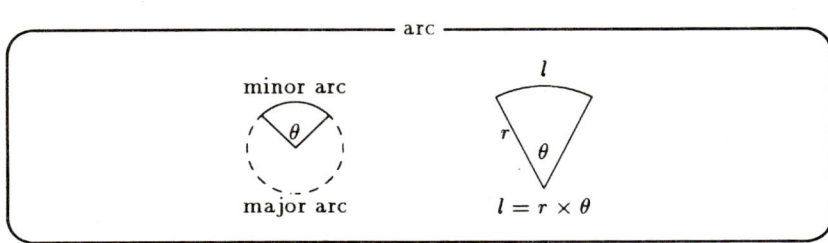

— arc —

minor arc

major arc

$$l = r \times \theta$$

area
〔ɛəriə〕

넓이, 면적(面積)

다각형(多角形)과 원처럼 선분(線分)과 곡선으로 구분된
내부의 크기를 측정한 양.

— area 1 —

- 직사각형(**rectangle**) : 가장 기본적인 형태로 가로, 세로 길이를 a, b
  로 할 때 면적은 $a \times b$이다.
- 평행사변형(**parallelogram**) : 직사각형을 잘라내어 다시 배열함으로써
  사각형과 넓이는 같다. 즉, 넓이는 $a \times h$이다.

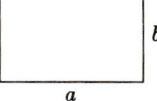
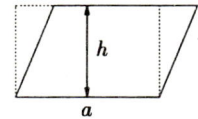

- 삼각형(**triangle**) : 삼각형이 2개가 합쳐지면 평행사변형이 되고, 밑변
  (**base**)을 a, 높이를 h라 하면 넓이는 $a \times h \div 2$가 된다.
- 사다리꼴(미 **trapezoid**, 영 **trapezium**) : 평행한 대변의 길이를 각각
  a, b라 하고 높이는 h라 할 때 넓이는 $(a+b) \times h \div 2$이다.

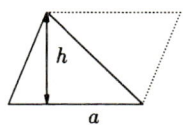
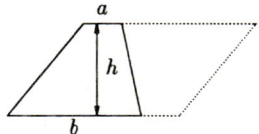

─── area 2 ───

- 다각형(**polygon**) : 대각선에 의해 몇 개의 삼각형으로 나누고, 삼각형의 면적
  을 합해서 구하면 된다.
- 원(**circle**) : 반지름 r인 원의 넓이는 $\pi \times r \times r$으로 할 수 있다. 단, π는 원
  주율이다 → **circle**

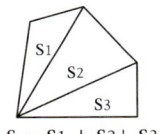

$S = S_1 + S_2 + S_3$

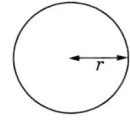

argument
〔árgjumənt〕

편각 (偏角)

점 P를 원점을 중심으로 θ만큼 회전한 각도를 말한다.
즉 극좌표(極左標) polar coordinates (r, θ)에서 점
P의 각도 θ를 편각이라 할 수 있고, 축(軸) OX와 선분
(線分) OP가 이루는 각도를 편각이라고 표현할 수도 있
다. 또 복소평면(複素平面) complex plane 상에서 복소
수 $z = a + bi$로 표시된 점을 P라 할 때, X축의 양의 부
분과 선분 OP가 이루는 각(角) θ를 z의 편각이라 한
다. 이때 $OP = r$ 이면 $a = r\cos\theta$, $b = r\sin\theta$ 가 성립된다.

─── argument ───

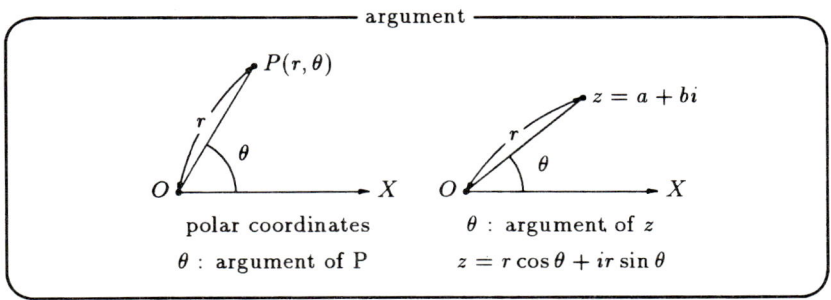

arithmetic
〔əríθmətik〕

계산, 산술

arithmetic mean 산술 평균 (算術平均)

단순한 평균을 말하는 것으로 두 수 a, b의 산술평균은 $\dfrac{a+b}{2}$ 이다. 이것은 두 변의 길이가 a, b인 장방형(長方形)을 주위의 길이를 변화시킴 없이 정방형(正方形)으로 변형시켰을 때의 한 변의 길이가 된다. ↔ geometric mean

예 The arithmetic mean of 7, 14, 18, and 25 is
$$\frac{7+14+18+25}{4}=16.$$

arithmetic progression 등차수열 (等差數列) A.P.

각 항(項) term이 그 앞의 항에 일정한 수를 더한 것으로 이루어진 수열. 즉 다음 수와의 차가 일정한 수의 나열. 이때 일정한 차(差) d를 공차(公差) common difference 라고 한다. 첫째항이 a, 공차가 d인 등차수열은 a, $a+d$, $a+2d$, $\cdots$, $a+(n-1)d$(제 n항)이다.

예 2, 5, 8, 11, 14, 17 을 초항(初項) 2, 공차(公差) 3, 항수(項數) 6 의 등차수열이라 한다.

associative
[əsóuʃièitiv] 결합적

어떤 연산 ◎에 있어서 결합법칙 associative law $(a ◎ b) ◎ c = a ◎ (b ◎ c)$이 성립할 때 이 연산을 결합적 associative이라고 한다. 결합법칙은 수의 사칙(四則) 연산 가운데 덧셈과 곱셈에 대해서는 적용되나 나눗셈과 뺄셈에는 성립되지 않는다.

예 $(9 \div 3) \div 3 = 1$, $9 \div (3 \div 3) = 9$

assume
[əsúːm, əsjúːm] 가정 (假定) 하다

assumption
[əsʌ́mpʃən]

가정 (假定), 가설 (假說)

asymptote
[ǽsimtòut]

점근선 (漸近線)

곡선의 그래프가 무한히 가까워지는 직선을 그 곡선의 점근선이라 한다.

반비례의 그래프 $y=\dfrac{1}{x}$의 그래프는 x가 1, 10, 100, 1000, … 으로 커지면 y의 값은 1, $\dfrac{1}{10}$, $\dfrac{1}{100}$, $\dfrac{1}{1000}$, … 로 작아져 0에 가까워진다. 그러나 절대로 0이 되지는 않는다. 따라서 $y=\dfrac{1}{x}$의 그래프는 x가 커지면 커질수록 x축에 가까워지지만 x축과 만나지는 않는다. 이런 경우에 x축을 $y=\dfrac{1}{x}$의 점근선(漸近線)이라 한다.

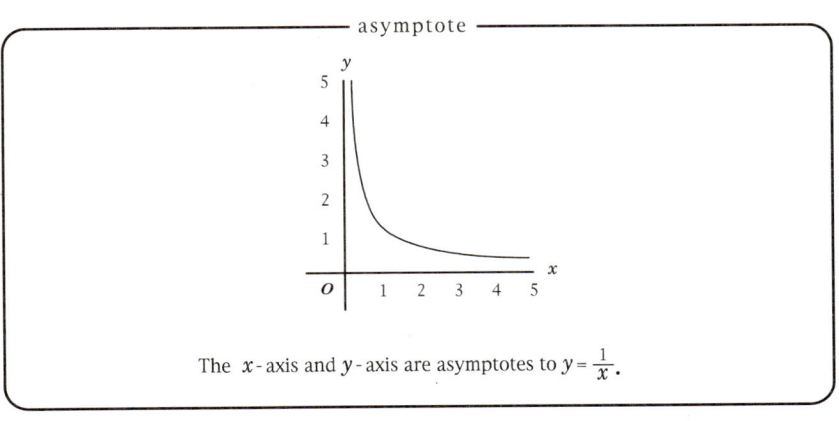

asymptote

The x-axis and y-axis are asymptotes to $y=\dfrac{1}{x}$.

average
[ǽvəridʒ]

평균

일반적으로 산술(算術)평균 arithmetic mean을 말함. 어느 집단을 대표하는 값으로서 평균(平均) mean , 모드 mode, 메디안 median 등이 있는데 이들을 총칭해서 average 라고 한다. 모드 mode는 가장 자주 나타나는 수이고, 메디안 median은 중앙값이다.

axiom
[ǽksiəm]

공리 (公理)

증명(證明) 없이 서술한 명제(命題) proposition, statement로 누구나 옳다고 인정하는 명제 proposition, statement를 말한다. 무(無)증명 명제라고도 한다. 공리를 이용하여 다른 명제, 즉 정리(定理) theorem를 증명한다. 유클리드의 "원론(原論) Stoikeia"에 나오는 공통 개념으로서의 공리(公理)에 다음과 같은 것들이 있다.

1. 동일한 것과 같은 것들은 서로 같다.
2. 같은 것에 같은 것을 더하면 전체는 같다.
3. 같은 것에서 같은 것을 빼면 나머지는 같다.
4. 상호 일치하는 것(겹치는 것)은 같다.
5. 전체는 부분보다 크다.

axis
[ǽksis]

축

좌표(座標) 평면에서 직교하는 두 직선을 x축 x-axis, y축 y-axis이라 정하고 평면 위의 점은 두 수를 한 쌍 (좌표 coordinates)으로 하여 표시한다. 이때 이 두 축을 좌표축(座標軸) coordinate axes이라 한다. x축을 횡축(橫軸) axis of abscissa, y축을 종축(縱軸) axis of ordinate이라 하고, 그 외에도 회전의 중심이 되는 회전축(回轉軸) axis of revolution, 대칭의 중심이 되는 대칭축(對稱軸) axis of symmetry 등이 있다.

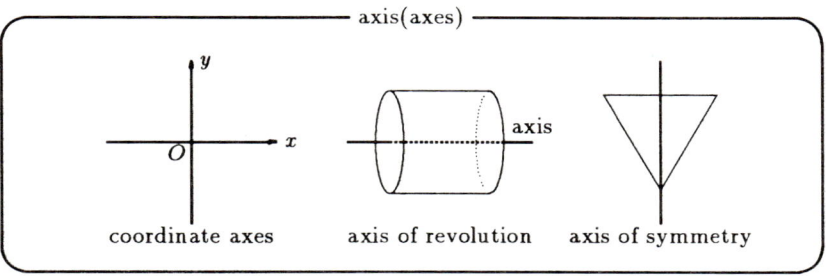

axis(axes)

coordinate axes   axis of revolution   axis of symmetry

bar chart
〔baːr tʃaːrt〕

막대 그래프

옆으로 그린 그래프를 말한다. 막대의 길이로 양(量)을
표시한다. → bar graph, block graph

bar graph

→ bar graph, block graph

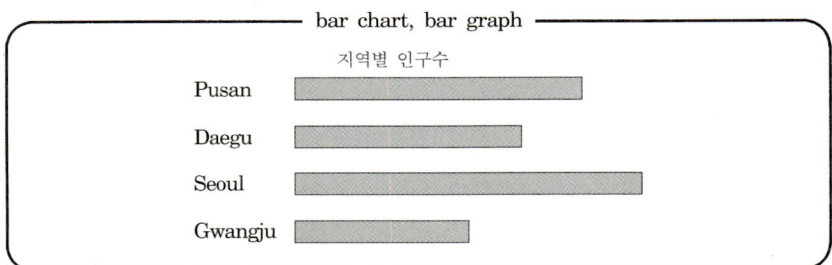

— bar chart, bar graph —

지역별 인구수

Pusan

Daegu

Seoul

Gwangju

base
〔beis〕

밑, 기수 (基數), 밑변, 밑면

대수(對數)를 생각할 때의 기본이 되는 수를 밑(底) ba-
se of logarithm이라고 한다. → logarithm

평면 도형(平面圖形)이나 공간 도형(空間圖形)의 밑변
이나 밑면도 base라 한다.

한편, 현재의 기수법(記數法)은 십진법이다. 이는 기초
가 되는 수를 10으로 한 것이다. 이 기초가 되는 수를
기수법의 기본 base라 한다. 십진법으로 135는 1개
의 $100(=10^2)$, 3개의 10, 5개의 1이 모여 이루어진
수이다. 6진법에서 135를 쓰면 1개의 $36(=6^2)$과 3개
의 6, 그리고 5개의 1로 표시할 수 있다.

컴퓨터에는 2진수 binary digit → binary, 16진수가
이용되는 경우가 많다.

■ **area of ~** 밑면적

■ **~ angle** 밑각

밑변의 양쪽 각.

- **lower** ~ 아랫변
  사다리꼴의 평행한 대변 중에서 아래에 있는 변.

- **upper** ~ 윗변
  사다리꼴의 평행한 대변 중에서 위에 있는 변.

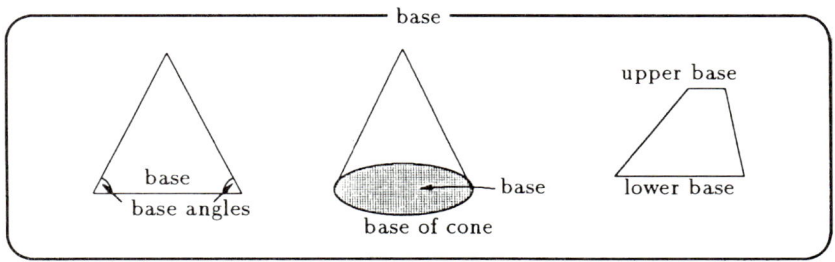

binary
〔báinəri〕

2진 (二進) 의, 2원 (二元) 의
'2개의'라는 의미.

- ~ **code** 2진 부호
  2진수에서 표현되는 부호.

- ~ **digit** 2진 숫자

- ~ **operation** 이항(二項)연산
  두 개의 수에 대하여 한 개의 수를 대응시키는 연산(演算)을 말한다. 사칙연산이 그 예(例)이다.

binary notation

2진법

2를 기수(基數) base로 하는 기수법(記數法). 숫자 0, 1만을 사용하여 2개씩을 묶어서 윗자리로 올림으로서 2의 거듭제곱 형태로 표현하는 표기법이다.

$7=4+2+1=1 \times 2^2+1 \times 2+1$이라고 쓸 수 있기 때문에 7이 2진법에서는 111이 된다. 반대로 2진법에서

1101은 $1 \times 2^3 + 1 \times 2^2 + 0 \times 2 + 1$이므로 십진법에서는 13이 된다. 컴퓨터에서는 ON은 1, OFF는 0로 표시한 2진법을 사용한다. 단, 자리수가 길어지는 문제점 때문에 일반적으로 16진수로 표시한다. 16진법에서 10에서 15까지는 A,........., F를 이용한다.

[예] 10101 in base 2 is $16+4+1 = 21$ in base 10.

binomial
[bainóumiəl]

이항식 ; 이항의

항(項)이 두 개 있는 식. x^2+6x, $6x^3-5x^2$ 등이 그 예이다.

bisector
[baiséktər]

이등분선 (二等分線)

선분(線分)과 각을 이등분(二等分)하는 직선을 말한다. 일반적으로는 무엇인가를 이등분하는 것을 말한다.

- ~ **of angle** 각(角)의 이등분선
  임의의 각을 2등분한 사선(斜線).

- **perpendicular** ~ 수직이등분선(垂直二等分線)

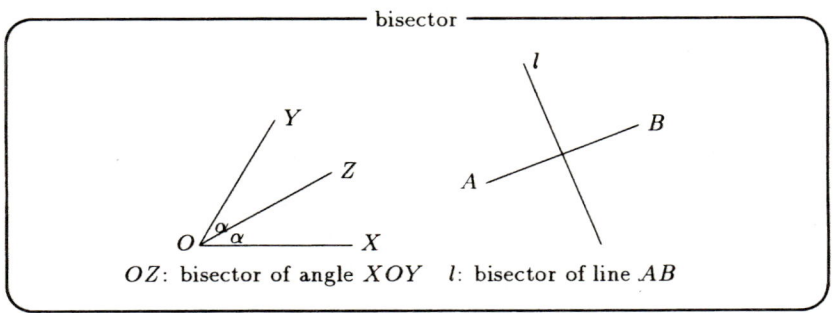

bisector

OZ: bisector of angle XOY l: bisector of line AB

block graph
[blak græf]

막대 그래프

막대의 높이로서 양을 표시하는 그래프. → bar chart, bar graph

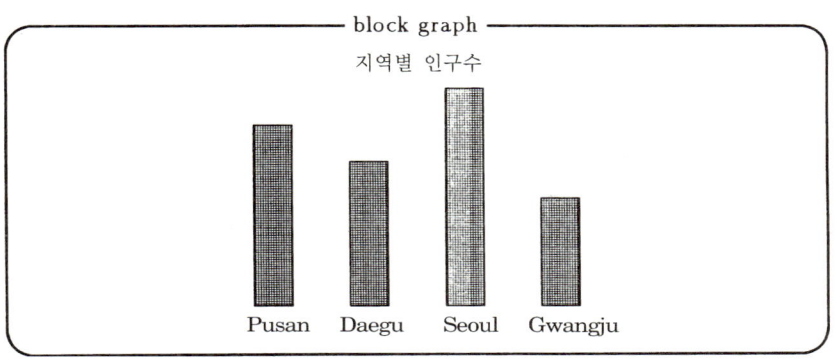

지역별 인구수

Pusan　Daegu　Seoul　Gwangju

boundary
[báundəri]

경계

영역(領域)의 경계선을 말한다. 부등식 $x-y≥0$을 만족하는 점(x, y)의 집합은 직선 $y=x$의 아래쪽의 영역이다. 이때 직선 $y=x$를 이 영역의 경계선 boundary, boundary line이라 한다. 직선을 두 개로 나누는 점은 boundary point이다.

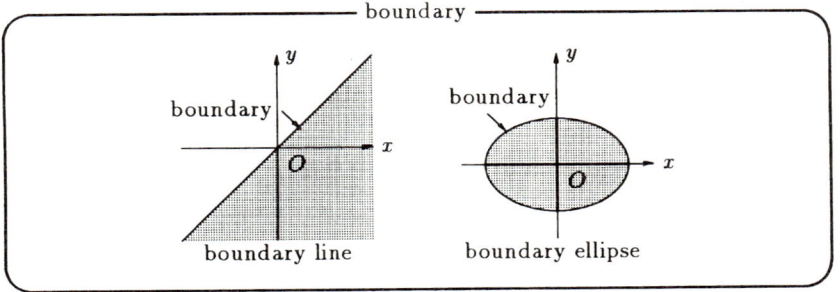

broken line
[bróukən lain]

파선 (破線)

띄엄띄엄 끊어진 직선을 말한다.

Dictionary of Mathematics for studying abroad

broken line

broken line	– – – – – – – – – – – – – – – –
dotted line	· ·
solid line	————————————

C alculate – cylinder

calculate
〔kǽlkjulèit〕

계산하다

- **calculation** 계산(計算), 연산(演算)
- **calculator** 계산기, 계산표
- **mental calculation** 암산(暗算)

calculus
〔kǽlkjuləs〕

계산법, 미적분 (微積分)
계산법이라고는 하지만, 주로 미분학(微分學), 적분학 (積分學)을 뜻한다. 미분법 differential calculus에서는 함수의 순간 변화율과 그래프의 기울기 등에 대하여 배우고 적분법 integral calculus은 미분의 역(逆)연산으로서 면적을 구하는 것 등을 배운다.

cancel
〔kǽnsəl〕

약분 (約分) 하다, 지우다

cancellation
〔kæ̀nsəléiʃən〕

약분 (約分)
분모, 분자의 공약수로 분모(分母)와 분자(分子)를 나누어 간단한 분수(分手)로 만드는 것을 말한다.

예 $\dfrac{6}{21} = \dfrac{2 \times 3}{7 \times 3} = \dfrac{2}{7}$

cancellation law

약분 법칙
$ac = bc \rightarrow a = b$를 소거율(消去律), 약분법칙(約分法則)이라 한다. 일반 계산에서는 소거율(消去律)이 성립하지만 행렬(行列) matrix에서는 성립하지 않는다.

cap
〔kæp〕

교집합 (交集合)
집합의 교차(交叉) intersection를 뜻한다. 기호는 ∩을 사용한다. → set, intersection

capacity
[kəpǽsəti]

용량

용기(容器)의 용적(容積), 기억용량 capacity of memory 등을 나타낸다.

cardinal number
[kὰːrdənl nʌ́mbər]

기수 (基數), 농도 (濃度)

개수를 나타내는 수를 말한다. 또 집합 set의 원소 element의 개수를 카디날수 cardinal number, 농도(濃度) cardinality라고 한다.

예 A set {1, 2, 3, 4, 5, 6} has a cardinal number of 6.

cardioid
[kάːrdiɔid]

심장 모양의 도형, 심장형

어느 한 원을 같은 크기의 원 둘레로 겹치지 않게 굴릴 때 원주(圓周) 상의 한 점을 그린 도형.

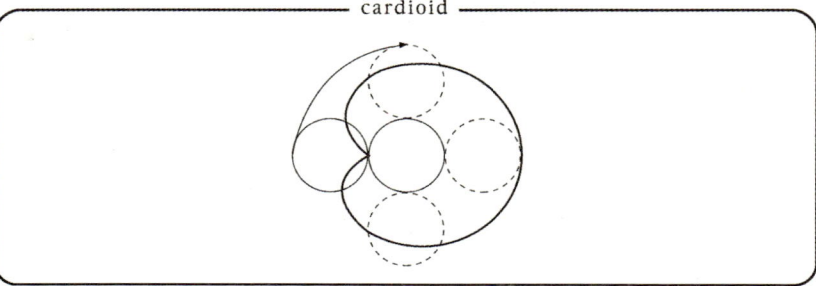

— cardioid —

Cartesian coordinates
[kɑːrtíːʒən
kouɔ́ːrdənəts]

데카르트 좌표

평면 위의 점의 위치를 축으로부터의 거리를 나타내는 숫자쌍으로 표시하는 방법. 평면 위에 교차하는 두 개의 직선(x축, y축)을 그어 그 교점(交點)을 O라고 하면 이 점이 원점(原點) origin이 된다. 평면 위의 임의의 점 P는 OP를 대각선으로 하는 평행사변형(平行四邊形)의 두 변 길이의 쌍(x, y)으로 표시된다. 이 숫자 쌍을 좌표(座標) coordinates라 한다.
2개의 축은 비스듬히 교차(사교좌표 oblique coordina-tes)해도 상관없지만 직교(직교좌표 orthogonal coordi-nates)하는 것이 보통이다.

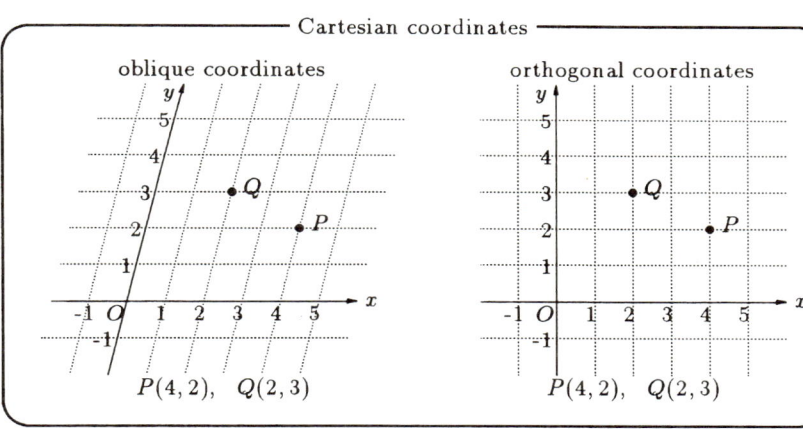

범주 (範疇)
어떤 성질을 가진 것들의 모임을 말한다. 어떤 대상을 성격에 따라 분류했을 때 그 하나의 구분(區分)을 가리키는 말이다.

category
[kǽtəgɔ̀ːri]

catenary
[kǽtənèri]

현수선 (懸垂線)
끈이나 로프의 양 끝을 고정해서 늘어뜨렸을 때 생기는 곡선을 말한다. e를 자연대수(自然對數)의 밑 base으로 할 때, 이 곡선은

$$y = \frac{a}{2}\left(e^{\frac{x}{a}} + e^{\frac{-x}{a}} \right)$$

로 표시한다.

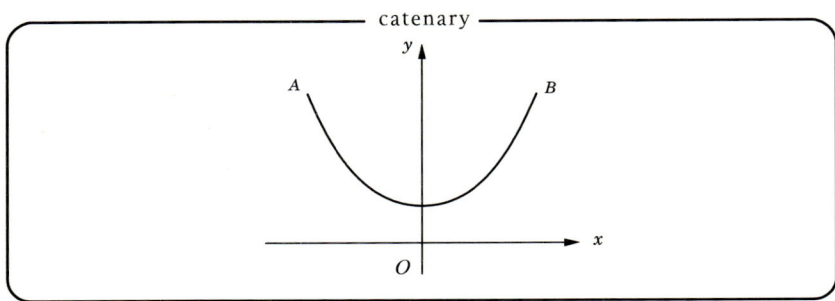

catenary

Celsius
〔sélsiəs〕

섭씨

온도 temperature를 계산하는 척도 scale로써 물이 어는 점을 0°, 끓는 점을 100°로 한 것을 말한다. F(화씨) Fahrenheit를 C(섭씨)로 바꾸는 식은 $C = (F-32) \times \dfrac{5}{9}$ 이다.

cent
〔sent〕

백 (百)

■ per ~ 백분율

center
〔séntər〕

중심 (中心)

■ ~ of circle 원(圓)의 중심
원주에서 같은 거리에 있는 점.

■ ~ of circumcircle 외심(外心)
외접원의 중심. → circle

■ ~ of gravity 무게 중심
물체의 질량(質量)의 중심을 말한다. 삼각형에서는 세 중선(中線)의 교점(交點)을 말한다.

■ ~ of incircle 내심(內心)

내접원의 중심 → incircle

- ~ of rotation 회전의 중심
  → rotation

- ~ of similitude 닮음의 중심
  → similitude

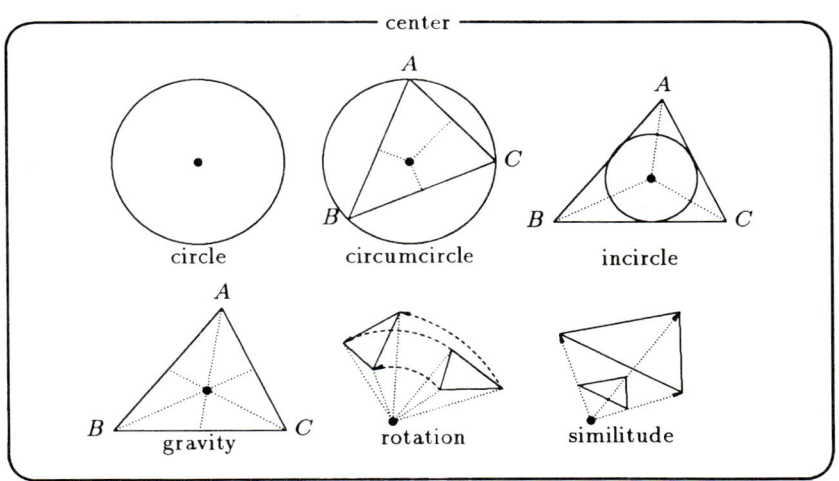
center

centi
[sénti]

센티

$\dfrac{1}{100}$ 을 표시하는 말.

centigrade
[séntəgrèid]

백분도 (百分度)
섭씨(攝氏) Celsius와 같은 뜻으로 사용하거나 직각을
100도(度) grade로 하는 각도의 계산법을 뜻하기도 한
다. 백분도에 있어서 1 centigrade는 $\dfrac{1}{100}$ grade를 뜻
한다. 1회전각은 400 grade이다.

centiliter
[séntilìːtər]

센티리터

$\dfrac{1}{100}$ 리터. 1 cl = 10 ml

centimeter
〔séntimìːtər〕

센티미터

$\dfrac{1}{100}$ 미터. 100cm = 1m, 1cm = 10mm.

central angle
〔séntrəl ǽŋgl〕

중심각

중심이 O인 원의 호 AB에 대하여 $\angle AOB$를 호 AB에 대한 중심각이라고 한다.

characteristic
〔kæ̀riktərístik〕

지표(指標) ; 특징적인, 고유의

지표(指標)란 로그값 중 정수(整數) 부분을 말한다.
→ logarithm

- ~ **equation** 특성(特性) 방정식
  방정식 $x = px + q$를 점화식(漸化式) recurrence formula $a_{n+1} = pa_n + q$의 특성 방정식 characteristic equation이라 한다. 이 방정식의 해(解)를 α라 하면 점화식 $a_{n+1} - \alpha = p(a_n - \alpha)$라 쓸 수 있기 때문에 수열 $\{a_n - \alpha\}$는 등비수열이 된다.
  → **recurring formula**

- ~ **root** 특성근(特性根)
  특성(特性)방정식의 해(解) solution를 말한다.

- ~ **value** 고유값
  정사각행렬 A의 고유방정식 $|A - \lambda E| = 0$의 근(根)을 말한다. A를 (복소수체 위의)선형공간 X에(또는 그의 부분에) 작용하는 선형작용소라 할 때, 복소수 λ가 A의 고유값이라 함은 $Ax = \lambda x$ ($x \neq 0$)를 만족하는 $x \in X$가 존재하는 것을 뜻한다. 이때 x를 고유

값 λ에 속하는 고유원 eigenelement 또는 고유벡터 eigenvector라고 한다. X가 함수공간일 때에는 고유원(固有元)이라는 말 대신 고유함수 eigenfunction라는 말도 쓰인다.

■ ~ vector 특성벡터, 고유벡터

정사각행렬 A가 주어졌을 경우, 적당한 수 λ에 대하여 $Ax=\lambda x$를 만족하는 영벡터 zero vector 이외의 벡터 x이다. 예를 들면, 행렬 $\begin{pmatrix} 3 & 2 \\ 1 & 4 \end{pmatrix}$의 고유값은 $\lambda=2$ 또는 $\lambda=5$이며, $\lambda=2$에 대한 고유벡터의 성분은 $(3-2)\,x_1+2\,x_2=0$, $x_1+(4-2)\,x_2=0$의 해(解)이다.

chart
[tʃaːrt]

도표 → bar chart, flow chart

check
[tʃek]

검산 (檢算)

chord
[kɔːrd]

현 (弦)

원주(圓周) circumference 또는 곡선 curve 위의 두 점을 연결하여 만든 선분을 말한다. → circle

circle
[sɔ́ːrkl]

원 (圓)

평면 위에서 한 정점(定點)으로부터 일정한 거리에 있는 점들의 모임이다. 그 정점을 원의 중심 center, 중심과 원주(圓周) circumference 위의 임의의 점을 연결한 선분을 반지름 radius, 원주 위의 임의의 두 점을 연결하여 만든 선분을 현(弦) chord, 중심을 통과하는 현을 지름 diameter, 원주의 일부를 호(弧) arc, 현과 호로 둘러싸인 도형을 활꼴 segment, 그리고 두 개의 반지름과 호로 둘러싸인 도형을 부채꼴 sector이라 한다. 이때, 반지름을 r이라 하면, 지름은 $2r$, 원주의 길이는 $2\pi r$, 원의 면적은 πr^2의 관계에 있다. 여기서 π는 원주율(圓周率) circle ratio = 3.141592 … 이다.

한편, 호의 양 끝과 원주 상의 한 점을 연결해 만든 각을 원주각(圓周角) angle at circumference, 또 호의 양 끝과 원의 중심을 연결하여 만든 각을 중심각(中心角) angle at center이라고 한다. 원주각은 중심각의 $\dfrac{1}{2}$이다.

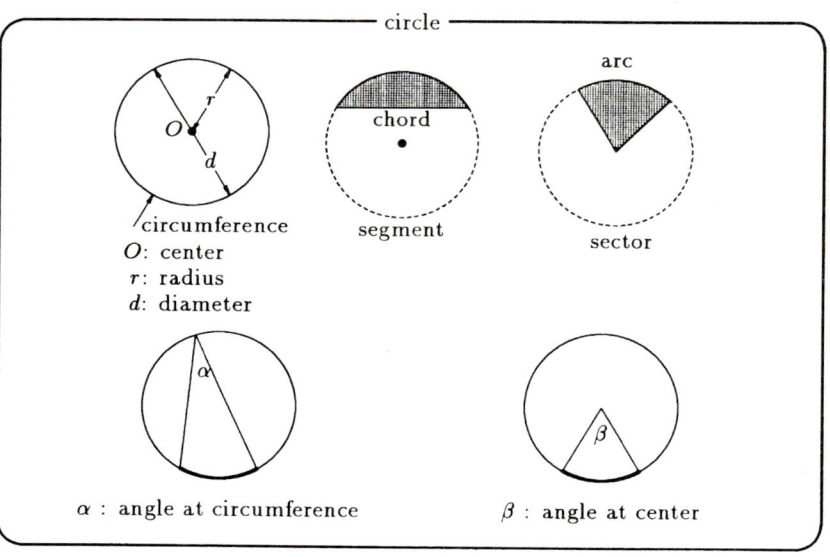

circle

O: center
r: radius
d: diameter

α : angle at circumference

β : angle at center

circle ratio

원주율 (圓周率)

원주 circumference 의 길이와 그 지름 diameter 과의 비 ratio 는 일정하며 3.141592 … 에 가까운 값을 갖는다. 이를 원주율 circle ratio, circular constant 이라 하며, 그리스 문자 π (파이)로 나타낸다. 일반적으로 소수(小數) 두 자리까지의 어림수 approximately correct to 2 decimal places로 3.14를 사용한다. 분수로는 $\dfrac{22}{7}$ 가

유명하다. 반지름이 r인 원의 원주 l은 $l = 2\pi r$, 넓이 S는 $S = \pi r^2$이 된다.

circular
[sə́:rkjulər]

원의, 순환의

- ~ arc 원호(圓弧)

- ~ cone 원뿔

- ~ constant 원주율(圓周率) (= circle ratio)

- ~ cylinder 원주(圓柱), 원기둥

- ~ function 원함수(圓函數), 삼각함수(sine, cosine)

- ~ measure 호도법(弧度法)

circulating decimal   순환 소수 (循環小數)

$\dfrac{1}{3}$을 소수(小數)로 바꾸면 $0.33\cdots = 0.\dot{3}$이 되는데 이처럼 똑 같은 수가 반복해서 나오는 소수 decimal를 순환 소수라 한다. → recurring decimal

circumcenter
[sə́:rkəmsèntər]

외심 (外心)
외접원 circumcircle의 중심. = center of circumcircle, circumcircle center

circumcircle
[sə́:rkəmsə̀:rkl]

외접원 (外接圓)
삼각형의 세 꼭지점을 통과하는 원을 삼각형의 외접원이라 한다. 이 원의 중심을 외심 circumcenter이라 하는데 외심은 3개의 꼭지점 A, B, C에서 같은 거리에 있기 때문에 △OAB, △OBC, △OAC는 이등변삼각형(二等邊三角形)이다.

따라서 외심 O에서 각 변에 내려진 수선(垂線)은 각 변을 이등분한다. 외심 O는 세 변(邊)의 수직이등분선(垂直二等分線) perpendicular bisector의 교점(交點)이다.

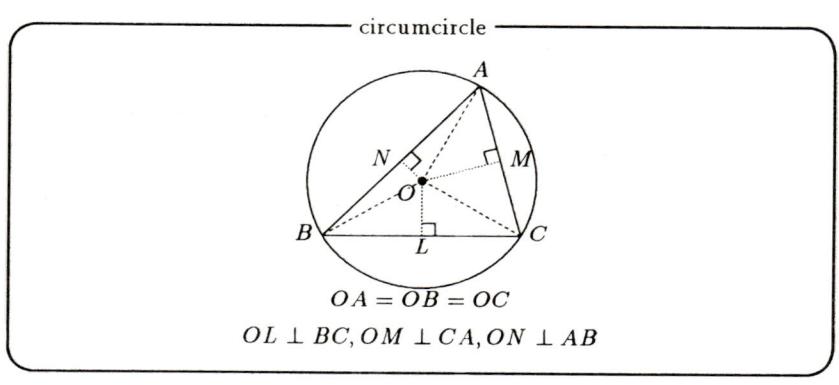

circumcircle

$$OA = OB = OC$$
$$OL \perp BC, OM \perp CA, ON \perp AB$$

circumference
〔sərkʌ́mfərəns〕

원주 (圓周)
원의 둘레. 원주는 지름의 π배이다.

■ angle at ~ 원주각 circumferential angle → circle

circumscribe
〔sə́:rkəmskràib〕

외접 (外接) 시키다, 외접 (外接) 하다
다각형의 모든 꼭지점을 통과하는 원은 '다각형에 외접한다' circumscribe the polygon고 한다. 반대로 다각형의 모든 변 sides에 접하는 원은 다각형에 '내접한다' inscribe고 하고 다각형은 '원에 외접한다'고 한다.

■ ~d circle 외접원(外接圓)

■ ~d polygon 외접다각형(外接多角形)

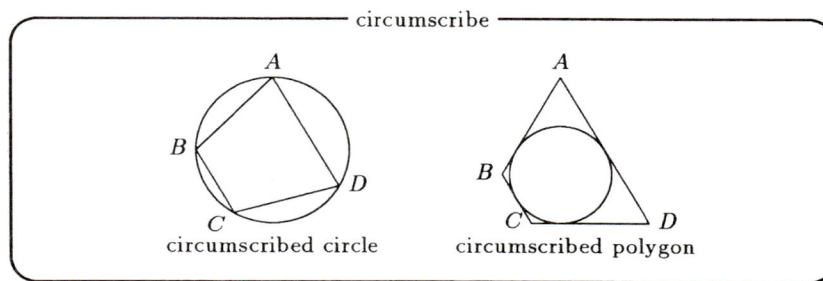

circumscribe
circumscribed circle · circumscribed polygon

classification
[klæsəfikéiʃən]

분류 (分類)
성질과 특징에 의해 어떤 것을 나누는 것을 말한다.
예 수(數) ― 기수(奇數) 또는 홀수 odd number와 우수 (偶數) 또는 짝수 even number, 소수(素數) prime number와 합성수(合成數) composite number
도형(圖形) ― 사각형 quadrilateral과 삼각형 triangle, 장방형(長方形) rectangle과 정방형(正方形) square

class interval
[klæs íntərvəl]

계급폭
통계에서 자료를 취급할 때, 구간으로 나누어 취급하는 것이 편리한 때가 많다. 일례로 체중의 분포를 조사할 때, 35~40, 40~45, 45~50 같이 5kg 폭의 계급으로 나누어 정리하면 좋다. 이 폭(5kg)을 '계급의 폭' 혹은 '계급폭' class interval 이라 한다.

clock arithmetic
[klɑk aríθmətik]

시계산법 (時計算法)
일정한 값(주기) 이상이 되면 주기(週期)를 제외한 나머지 값으로 표시하는 방법. 예를 들면, 시각은 24시간이 지나면 다시 돌아와 버려 24시간 전이나 24시간 후나 같은 시각이 되어 버린다. 이와 같이 어떤 수 이상이 되면 0으로 돌아오는 계산법을 말한다.

일반적으로 두 개의 정수 x, y의 차(差)가 정수(整數) a로 나누어 떨어질 때 x와 y는 a를 법으로 합동(合同) congruent modulo a이라 하고 $x \equiv y \pmod{a}$ 라고 표시한다.

예(例)를 들어, 5를 법으로 하는 계산법 modulo 5 arithmetic : $5 \equiv 0 \pmod 5$, $6 \equiv 1 \pmod 5$, … 또 $3+4 = 7$, 7 mod 5 = 2 이므로 $3+4 \equiv 2 \pmod 5$. 5를 법으로 하고 있는 것이 확실할 때는 더 단순히 3+4=2, 3×4=2 라고 쓰는 경우도 있다.

clockwise
〔klákwàiz〕

시계방향의 ; 시계 방향으로

시계바늘과 같은 방향으로 도는 것을 말한다.

closed
〔klouzd〕

닫혀 있는

■ ~ **curve** 폐곡선(閉曲線)

한 점에서 시작해서 같은 점으로 돌아오는 곡선을 말한다. 특히 자기 자신과 교차하지 않는 곡선을 단일 폐곡선 simple closed curve이라 한다.

■ ~ **interval** 폐구간(閉區間)

부등식 inequality $a \leq x \leq b$ 로 나타낼 수 있는 실수(實數)의 구간을 말한다. 폐구간은 양 끝의 점을 포함한다.

■ ~ **set** 폐집합(閉集合)

정수(整數)와 정수의 합은 정수이다. 이와 같을 때 정수의 집합 set of integers은 "덧셈에 대해 닫혀 있다" closed for addition고 한다. 정수는 덧셈 addition, 뺄셈 subtraction, 곱셈 multiplication에 대해 닫혀 있지만 나눗셈 division에 대해서는 닫혀 있지 않다.

유리수 rational number는 사칙(四則)에 대해 닫혀 있다.

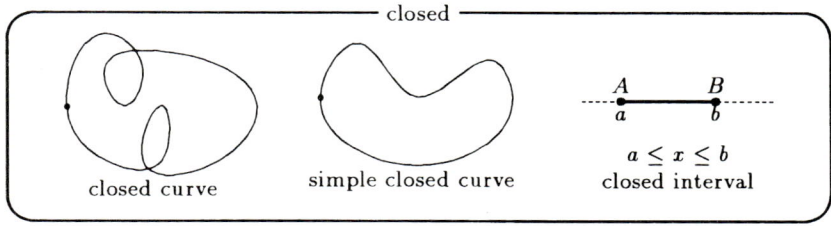

- closed -

closed curve

simple closed curve

$A \qquad B$
$a \qquad b$

$a \le x \le b$
closed interval

codomain
〔kòudouméin〕

공역 (共域)

함수(函數)에서 대응되는 쪽의 집합을 말한다. 예를 들어 집합 $A = \{4, 5, 6\}$에서 집합 $B = \{9, 10, 11, 12\}$로의 함수 function f가 배수(倍數)를 대응시켜 주는 것으로 정의될 때 정의역(定義域)은 집합 A가 되고, B를 공역(共域) codomain이라 한다. 또 f의 상(像)의 집합 $\{10, 12\}$을 f의 치역(値域) image set, range 이라 한다. 일반적으로 치역은 공역의 부분집합(部分集合)이다.

함수 $y = \sqrt{x}$ 의 정의역(定議域)은 $\{x | x \geqq 0\}$이다. y가 취하는 값의 범위 $\{y | y \geqq 0\}$은 치역(値域) range이다.

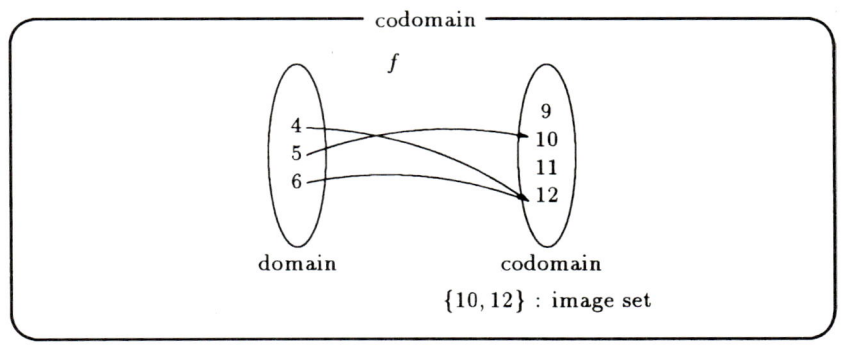

- codomain -

f

4
5
6

9
10
11
12

domain

codomain

$\{10, 12\}$: image set

coefficient
[kòuifíʃənt]

계수 (係數)

다항식(多項式)에서 문자 앞에 붙은 수를 그 문자의 계수라고 한다. 예를 들어, $4x^2 + 12xy + 9y^2$에서 x^2의 계수는 4, xy의 계수는 12, y^2의 계수는 9 이다. 단, 이 식을 y에 관한 식으로 보는 경우에는 y의 계수는 $12x$가 된다. $4x^2$은 y를 포함하지 않기 때문에 상수항 constant term이 된다.

collinear
[kəlíniər]

동일 직선 상의, 공선 (共線) 의

여러 개의 점이 동일한 직선 상에 있을 때 그들을 '동일 직선 상에 있다, 공선이다'라고 말한다.

combination
[kàmbənéiʃən]

조합 (組合)

서로 다른 n개의 원소로 이루어진 집합 M으로부터 순서를 고려하지 않고 r개의 원소를 뽑아내는 방법을 n개로부터 r개의 원소를 뽑아내는 조합(組合)이라고 한다. 예를 들어, a, b, c 라고 하는 세 사람 중에서 두 사람을 선택하는 방법은 $\{a, b\}$, $\{b, c\}$, $\{c, a\}$의 세 가지가 있다. 이를 $_3C_2 = 3$ 이라 쓰며, 일반화하여 $_nC_r$ 또는 $\binom{n}{r}$으로 표현한다. $n! = 1 \cdot 2 \cdot 3 \cdots n (= n$의 계승 factorial n)이라 할 때,

$$_nC_r = \frac{n!}{r!(n-r)!}$$
$$= \frac{n(n-1)(n-2)\cdots(n-r+1)}{r!}$$

이다. → permutation

common
[kámən]

공통의, 공유 (共有) 의

- ~ denominator 공통 분모 (共通分母)

두 개 이상의 분수를 통분했을 때의 공통인 분모를 말함. 예를 들면, $\frac{1}{6}$ 과 $\frac{5}{9}$ 는 분모의 공배수를 이용하여, $\frac{1}{6} = \frac{1\times3}{6\times3} = \frac{3}{18}$, $\frac{5}{9} = \frac{5\times2}{9\times2} = \frac{10}{18}$ 처럼 분모를 공통으로 할 수 있다. 이를 공통 분모라 한다. 보통 공통 분모는 최소공배수 lowest common multiple를 이용한다.

■ ~ difference 공차(公差)
등차 수열 arithmetic progression에서 이웃하는 숫자와의 차(差)를 말한다. 홀수를 만드는 등차 수열 1, 3, 5, 7, ... 의 공차는 2이다.

■ ~ divisor 공약수(公約數) = common factor, common measure
두 개 이상의 수에 공통된 약수를 말하고, 이들 중 가장 큰 수를 최대공약수 greatest common divisor, G.C.D.라 한다.

■ ~ factor 공통 인수(共通因數), 공약수(公約數)
2개 이상의 정수 또는 다항식에 공통적으로 들어 있는 인수(因數)를 가리킨다. 두 다항식 $x^2 - 3x + 2 = (x-1)(x-2)$, $x^2 + x - 2 = (x-1)(x+2)$에서 $x-1$을 공통 인수 common factor라 한다.

■ ~ logarithm 상용대수(常用對數)
10을 밑으로 한 로그를 말함. $\log_{10}x$로 표현하며 일반적으로 밑을 생략하며 $\log x$로 나타낸다.

■ ~ multiple 공배수(公倍數)
2개 이상의 정수에서 공통인 배수를 말한다. 예를

들면 6의 배수는 6, 12, 18, 24, ..., 4의 배수는 4, 8, 12, 16, 20, 24, ... 이므로 공배수는 12, 24, ... 이다. 공배수는 무한이지만 그 중에서 최소의 수를 최소공배수 lowest common multiple, least common multiple라 한다. 6과 4의 최소공배수는 12이다. 공배수는 최소공배수의 배수(倍數)이다.

■ ~ point 공유점(共有點)
두 개의 도형에 공통인 점을 말한다. 만나고 있을 때는 만나는 부분에 있는 점, 접하고 있을 때는 접점이 공유점이다.

■ ~ ratio 공비(公比)
등비수열 geometric progression에 있어서 이웃하는 항의 비율을 말한다. 등비수열 1, 3, 9, 27…의 공비 common ratio는 3이다.

commutative
[kəmjúːtətiv]

서로 바꿀 수 있는, 가환(可煥)의, 교환의

임의의 a, b에 대해 $a*b=b*a$가 성립할 때 연산 $*$를 교환적 commutative이라고 한다. 덧셈, 곱셈은 가환(可煥) 또는 교환이 이루어진다. 그러나 $5-2\neq2-5$, $6\div3\neq3\div6$이 될 수 없으므로 뺄셈, 나눗셈은 비가환(非可煥) 또는 비교환 non-commutative이다. 행렬(行列) matrix의 곱셈도 비가환(非可煥)이다. → **matrix**

compare
[kəmpέər]

비교하다

■ **comparison** 비교(比較)
두 개의 수를 비교하면 크거나 작거나 또는 같거나 중의 하나이다. 이를 기호로 나타내면 $>$, $<$, $=$가 된다. 예를 들면, $3^2<10$, $3^2>2^3$, $3^2=9$와 같은 경우이다.

complement
[kámpləmənt]

여집합 (餘集合), 보집합 (補集合)

집합 A의 원소가 아닌 원소로 이루어진 집합을 A의 여집합이라 한다. A^c 또는 $\overline{A}$로 나타낸다. 예를 들어 보면, 전체집합 ∪ whole set, universal set를 {1, 2, 3, 4, 5}로 하고, $A=\{2, 4\}$일 때 A^c $=\{1, 3, 5\}$가 된다.

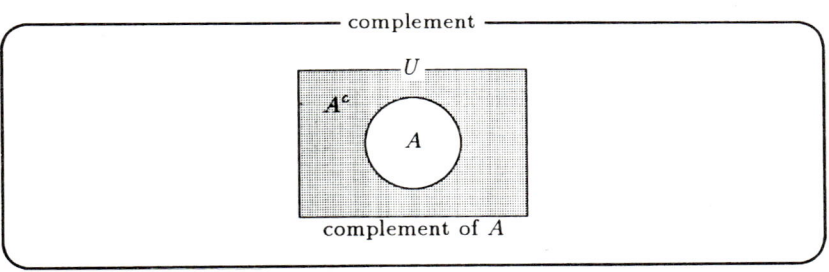

— complement —

complement of A

complementary angle   여각 (餘角)

더해서 $90°$가 되는 2개의 각은 서로 여각을 이룬다. 즉 $25°$의 여각은 $65°$가 된다. 직각 삼각형의 직각 이외의 각은 서로 여각을 이룬다. 여각의 sine은 cosine이다. → sine, cosine, trigonometric function

complete
[kəmplíːt]

완성된

complete number   완전수 (完全數)

→ perfect number

completing the square   제곱 완성

완전제곱식을 만드는 것을 말한다. 이차방정식 해법의 하나이다. 전개식 $(x+a)^2 = x^2 + 2ax + a^2$을 이용한다.

예 Solve $x^2 - 4x - 2 = 0$.

식(式)을 변형해서 $x^2 - 4x = 2$ 양변에 $4x$의 계수

4의 $\dfrac{1}{2}$ 인 2를 제곱해서 더한다.

$$x^2 - 4x + 4 = 2 + 4$$

이를 변형하여,

$$(x-2)^2 = 6$$

이로써 제곱식이 되었다. 양변의 제곱근 square root 을 취해 $x - 2 = \pm\sqrt{6}$. 이렇게 해서 $x = 2 \pm \sqrt{6}$ 을 얻는다.

complex number
〔kəmpléks nʌ́mbər〕

복소수 (複素數)

임의의 실수 a, b와 허수 단위 imaginary unit $i = \sqrt{-1}$로써 $a + bi$의 형태로 쓸 수 있는 수를 복소수라 한다. 이때, a를 복소수의 실수부 real part, bi를 허수부 imaginary part라고 한다. 복소수 $z = a + bi$에서 $a = 0$, $b \neq 0$일 때 순허수 pure imaginary number가 되고 $b = 0$이면 실수 real number가 된다. 복소수 z가 좌표 평면 위의 점 (a, b)로 표현될 때가 있다. 이때 복소수와 평면위의 점 사이에는 일대일 대응이 성립한다. 이와 같이 대응된 평면을 복소평면 complex plane 또는 가우스평면 Gaussian plane이라 하며, 이때 x축을 실수축 real axis, y축을 허수축 imaginary axis이라고 한다. 복소평면에 있어서 원점과 z의 거리 $\sqrt{a^2 + b^2}$ 를 절대치(絶對值) modulus라 하고 $|z|$라고 표시한다. z 와 원점 O를 연결하는 선분과 실수축(實數軸)의 각을 z의 편각(偏角) argument이라 한다. 복소수 z에 대응하는 점을 P, 원점을 O, 선분 OP의 길이를 r, x축의 양의 방향과 선분 OP가 이루는 각을 θ라 할 때 $r = |z|$가 되고 $a = r\cos\theta$, $b = r\sin\theta$ 가 성립한다. 또 복소수 $z = a + bi$에 대하여 복소수 $a - bi$ 를 z의 켤레복소수 conjugate complex number라고 하며 $\overline{z}$로

표시한다. $\overline{z}+z=2a$, $z-\overline{z}=2bi$ 이므로 z 의 실수부는 $\dfrac{z+\overline{z}}{2}$, 허수부는 $\dfrac{z-\overline{z}}{2}$ 가 된다.

계산은 $i^2=-1$ 이 되는 이외에는 식의 계산과 똑같다.

$$(a+bi)+(c+di)=(a+c)+(b+d)i$$
$$(a+bi)-(c+di)=(a-c)+(b-d)i$$
$$(a+bi)\times(c+di)=(ac+bdi^2)+(ad+bc)i$$
$$=(ac-bd)+(ad+bc)i$$

나눗셈은 다음과 같이 한다.

$$\frac{a+bi}{c+di}=\frac{(a+bi)(c-di)}{(c+di)(c-di)}=\frac{(ac+bd)-(ad-bc)i}{c^2+d^2}$$

예를 들어,

$$5+3i-(2+i)=(5-2)+(3-1)i=3+2i,$$
$$(5+3i)\times(3-i)=15-3i^2+(9-5)i=18+4i,$$
$$\frac{3+i}{i}=\frac{(3+i)\times i}{i^2}=-(3i-1)=1-3i.$$

complex number

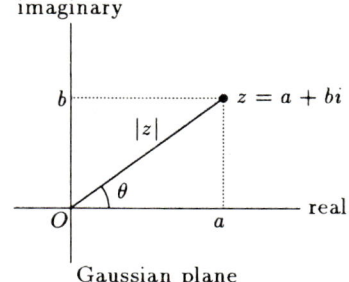

Gaussian plane

θ : argument of z

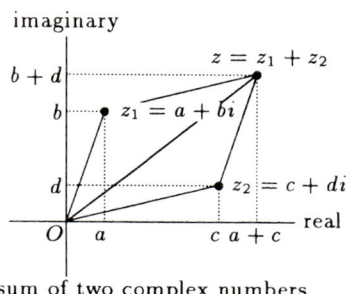

sum of two complex numbers

component
[kəmpóunənt]

성분 (成分), 구성요소 (構成要素)

벡터 vector와 행렬 matrix을 구성하는 요소.

$\vec{a} = (3, 4)$ or $\begin{pmatrix} 3 \\ 4 \end{pmatrix}$ 일 때 $\vec{a}$는 x-성분 3, y-성분 4를 갖는다 $\vec{a}$ has a component of 3 along the x - axis and a component of 4 along the y - axis. 이는 $\vec{a}$의 시점(始點)을 원점으로 했을 때 종점(終點)이 점 (3, 4) 인 것을 나타내고 있다.

composite
[kəmpázit]

합성의

composite function 합성함수

2개의 함수를 계속해서 작용시킬 수 있는 1개의 함수를 말한다. 함수 $f(x)$, $g(x)$에 대해 $y = f(g(x))$로 나타내는 함수를 g, f의 합성함수 composite function라 고 하고 f∘g라 쓴다.

예 $f(x) = x^2$, $g(x) = x + 2$ 일 때

$f \circ g(x) = f(g(x)) = f(x+2) = (x+2)^2$

$g \circ f(x) = g(f(x)) = g(x^2) = x^2 + 2$

이처럼 일반적으로 $f \circ g \neq g \circ f$ 이므로 함수의 합 성은 비교환 non - commutative이다.

composite number 합성수 (合成數)

1과 자신의 수 이외의 약수를 갖는 수를 말한다. 즉 소수 가 아닌 1보다 큰 수를 일컫는다. 합성수는 2개 이상의 소수의 곱으로 나타난다. 예를 들면, 35 는 $35 = 5 \times 7$ 로 나타낼 수 있으므로 합성수이다. 13 은 1과 13 이외의 약수를 갖지 않으므로 소수(素數) prime number이다.

compound
〔kámpaund〕

합성의, 복합의

- ~ fraction 번분수(繁分數)
  분수의 분자・분모 중 적어도 하나가 분수인 복잡한
  분수.

  예를 들면, $\dfrac{1}{2+\dfrac{3}{4}}$ 과 같은 분수.

- ~ statement 복합명제
  두 개 이상의 명제를 결합해서 만든 새로운 명제를
  말한다.

compound interest 복리 (複利)

이자 계산 방식의 하나로 이자를 원금에 더해서 그 합계
액을 다음 기간의 원금으로 하여 계산하는데 그 계산 방
법은 다음과 같다. 원금 A, 이율 r, 기간 n일 때, 복
리법에 의한 원리합계(元利合計) S는 $S = A(1+r)^n$ 이
다. 즉 원금이 만원이고 연 이자가 10%인 경우 복리
로 4년 후의 합계를 계산하면 $10,000\,(1+0.1)^4 =$
14,641이 된다. 단리(單利)와 복리(複利)의 비교표를
다음과 같이 나타낼 수 있다.

기간＼종류	단리	복리
원금	10,000	10,000
1년	10,000+1,000=11,000	10,000+1,000=11,000
2년	11,000+1,000=12,000	11,000+1,100=12,100
3년	12,000+1,000=13,000	12,000+1,210=13,310
4년	13,000+1,000=14,000	13,310+1,331=14,641

concave
〔kankéiv〕

오목한

→ convex

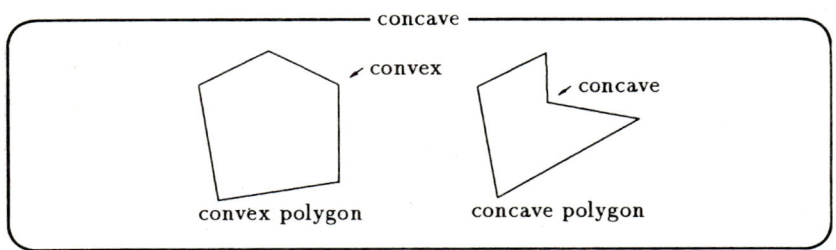

concentric
[kənséntrik]

동심 (同心) 의
중심(中心)이 같은 것을 말한다.

- ~ circle 동심원(同心圓)
  중심이 같은 원.

conclude
[kənklúːd]

결론을 내리다
예 This concludes the proof. 증명(證明) 끝.

conclusion
[kənklúːʒən]

결론 (結論)

concurrent
[kənkə́ːrənt]

한 점에 모이는, 공점 (共點) 의
점을 공유하는 것을 말하고 동일한 점(點)을 통과하는
직선들을 공점(共點)에 있다고 한다.

condition
[kəndíʃən]

조건

- necessary ~ 필요조건
  명제 A, B에 대해서 명제 A가 참이면 명제 B도
  반드시 참일 때 명제 A는 명제 B를 유도한다고 하
  며 $A \Rightarrow B$로 표현한다. 이때 B를 A이기 위한 필
  요(必要)조건이라 한다.

- sufficient ~ 충분조건

명제 A, B에 대해서 명제 A가 참이면 명제 B도 반드시 참일 때 명제 A는 명제 B를 유도한다고 하며 $A \Rightarrow B$로 표현한다. 이때 A를 B이기 위한 충분(充分)조건이라 한다.

예 $x=1 \Rightarrow x^2=1$이므로 $x=1$은 $x^2=1$이 되기 위한 충분조건이지만 $x^2=1$일 때 $x=1$라고 할 수 없기 때문에($x=-1$의 경우가 있다) $x=1$은 $x^2=1$이 되기 위한 필요조건은 아니다.

cone
〔koun〕

추 (錐), 뿔모양
원추(圓錐) 또는 원뿔 circular cone과 같은 말이다.

- **elliptic ~** 타원뿔
  밑면이 타원인 원뿔을 말한다.

- **oblique ~** 빗원뿔
  꼭지점에서 내린 수선(垂線)의 발 foot of perpendicular이 밑면의 중심과 일치하지 않는 원뿔형을 말한다.

- **right ~** 직원뿔
  꼭지점에서 내린 직선이 밑면의 중심과 직각을 이루는 원뿔형을 말한다.

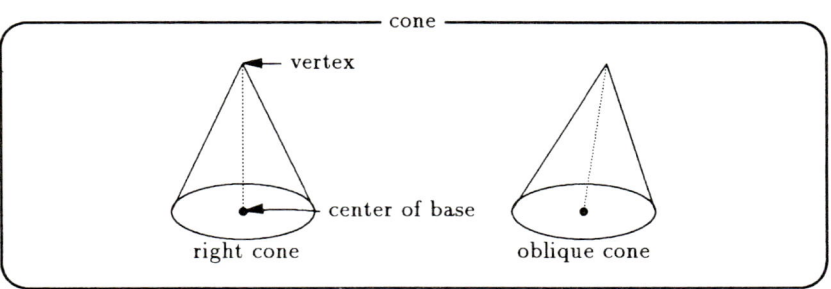

— cone —

vertex

center of base

right cone   oblique cone

congruence
〔káŋgruəns〕

합동 (合同)

congruent
〔káŋgruənt〕

합동 (合同) 인

두 개의 도형이 형태와 크기를 변화시키지 않고 완전히 포개질 경우 합동이라 한다.

$\triangle ABC$와 $\triangle A'B'C'$는 $AB = A'B'$, $BC = B'C'$ $CA = C'A'$, $\angle A = \angle A'$, $\angle B = \angle B'$, $\angle C = \angle C'$ 가 동시에 성립할 때에 합동이고 $\triangle ABC \equiv \triangle A'B'C'$ 라고 쓴다. → **triangle**

도형의 형태가 변화하지 않는 변환을 합동변환 congruent transformation이라 한다. 기본적인 합동변환은 평행이동 translation, 대칭이동 reflection, 회전 rotation 등이 있다. 합동변환은 이 3종류를 조합해서 만들 수 있다.

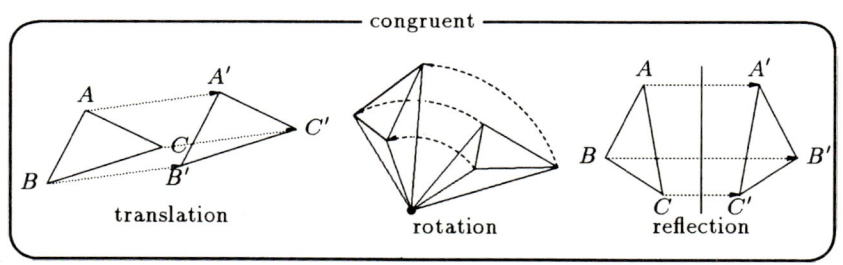

congruent

translation　　　rotation　　　reflection

conic
〔kánik〕

원뿔의

원뿔곡선을 뜻할 때도 있다.

conic section

원뿔곡선, 원추곡선 (圓錐曲線)

직원뿔을 그 꼭지점을 지나지 않는 평면으로 잘랐을 때 그 단면에 생기는 평면곡선을 원뿔곡선이라 한다. 원뿔의 축에 대한 평면의 기울기가 모선(꼭지점에서 원뿔면을 따라 밑면까지 그은 임의의 선)의 기울기에 비하여 작은가, 같은가, 큰가에 따라서 각각 타원 ellipse, 포물선 parabola, 쌍곡선 hyperbola이 된다. 또한 꼭지점을 지나는 평면으로 잘랐을 때 곡선이 아닌 두 개의 직선이 나타나는데 이들도 원뿔곡선이라 한다.

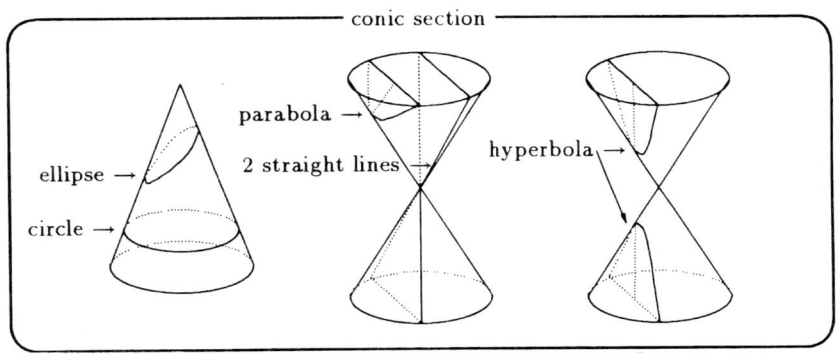

conic section

ellipse →
circle →
parabola →
2 straight lines
hyperbola →

conjecture
[kəndʒéktʃər]

추측 (推測), 예상 (豫想)

conjugate
[kándʒugèit]

켤레의, 공역 (共役)의

두 각의 합이 360° 일 때 켤레 conjugate라고 한다. 복소수 complex number $z=a+bi$일 때 켤레복소수 conjugate complex는 $\overline{z}=a-bi$가 된다.

[예] $2+3i$의 켤레복소수는 $2-3i$가 된다. $(2+3i)+(2-3i)=4$, $(2+3i)(2-3i)=13$이므로 이들은 이차방정식 quadratic equation $x^2-4x+13=0$ 의 해(解)가 된다. 일반적으로 실수계수의 2차방정식에서 허수해(虛數解) imaginary roots를 가지면 그 두 근은 켤레복소수이다.

conservation
[kànsərvéiʃən]

불변 (不變), 보존 (保存)

평행이동 translation이나 회전 rotation에 의해 두 점간의 거리나 각도가 변화하지 않는 것을 말한다. '보존(保存)된다' be conserved라고도 한다. 이러한 불변인 성질을 불변성 conservation이라 한다.

consistent
〔kənsístənt〕

일치하는, 양립하는, 모순이 없는

const.

상수 (常數) → constant

constant
〔kánstənt〕

상수 (常數) ; 일정한

변하지 않거나 정해져 있는 수를 말한다. 다항식 polynomial x^2-2x+3에 있어서 x는 변수로 여러 값을 취하지만 -2와 3은 상수이다. 특히 -2는 계수라 한다. 원주의 길이는 지름 diameter에 비례하여 $l=\pi d$가 된다. 이때 d는 변수이지만 π는 상수로 원주율 circular constant이다.

constant term

상수항 (常數項)

미지수 즉, 문자를 포함하고 있지 않는 항.

예 $3x^2-5x-6$의 상수항은 6이 된다. x의 다항식 $ax^2 + bx + c$ 에서 a, b, c 는 상수이며 상수항은 c 이다.

construct
〔kənstrʌkt〕

작도 (作圖) 하다

construction
〔kənstrʌkʃən〕

작도 (作圖)

일반적으로 어떤 조건에 맞는 도형(圖形)을 그리는 일을 말하며, 기하학에서는 자와 컴퍼스만을 사용하여 도형을 그리는 일을 말한다. 작도의 기본은 다음과 같다.
첫째, 직선을 그린다.
둘째, 원을 그린다.

셋째, 직선과 직선, 원과 직선, 원과 원의 교점(交點)을 구한다.

그 외에도 '주어진 각과 동일한 각을 구한다, 합동인 3각형을 그린다, 각을 이등분한다, 선분을 수직으로 이등분한다' 등이 있다.

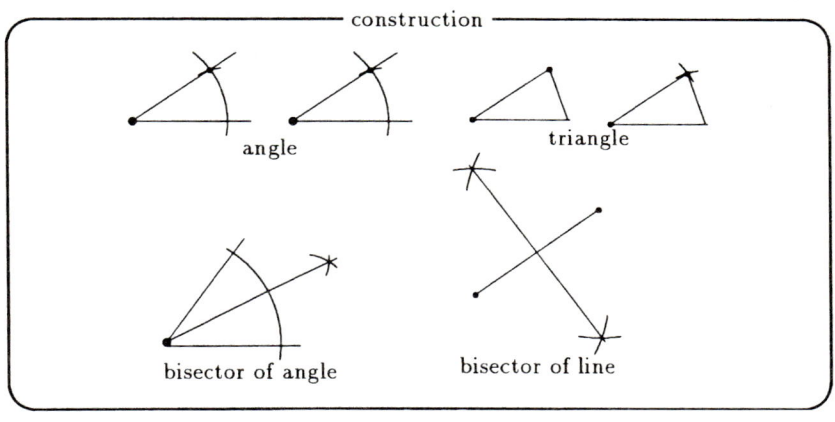

content
〔kəntént〕

용적(容積) ; 내용(內容)

continuous
〔kəntínjuəs〕

연속적인

한 개의 직선은 평면을 두 개의 영역으로 나눈다. 직선은 끊어짐이 없이 서로 연결되어 있기 때문에 한쪽 영역에서 다른 쪽 영역으로 이동하려면 반드시 직선을 통과해야만 한다. 이를 직선의 연속성 continuity이라 한다. 실수 real number 전체는 직선으로 표시되므로 연속적이다. 이에 비해 자연수(自然數)는 불연속적인 수(數)이므로 '이산적(離散的)' discrete이다. 길이나 무게는 연속적인 값을 가질 수 있지만 개수(個數)나 사람 수는 이산적(離散的)인 수이다.

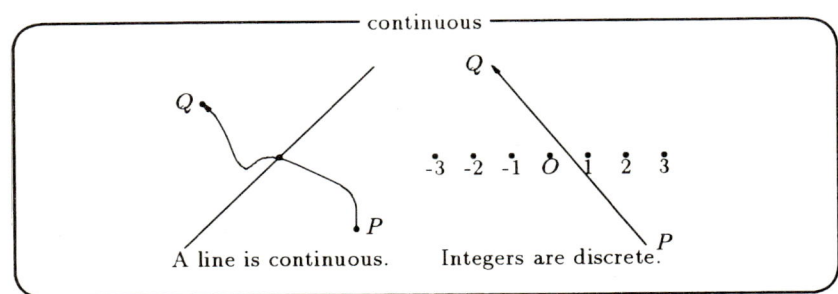

A line is continuous.   Integers are discrete.

contradiction
〔kàntrədíkʃən〕

모순 (矛盾), 불합리 (不合理)

논리에 반(反)하고 있는 것을 모순(矛盾) contradiction
이라고 한다. 또 2개의 사항이 서로 논리적으로 반(反)하
고 있을 때, 그들은 '모순된다' contradict고 한다.

contraposition
〔kàntrəpəzíʃən〕

대우 (對偶)

명제(命題) '$A \rightarrow B$ (A이면 B이다)'에 대하여 명제
'$\sim B \rightarrow \sim A$ (B가 아니면 A가 아니다)'를 처음 명제
$A \rightarrow B$의 대우(對偶) contraposition라고 한다. 어느
한 명제와 그 대우는 동치(同值) equivalent이다. 예를
들어, 명제 $x=1 \Rightarrow x^2=1$ 이 참인 경우 대우 $x^2 \neq 1 \Rightarrow$
$x \neq 1$ 역시 참이다.

converge
〔kənvə́ːrdʒ〕

수렴하다 ↔ diverge
→ convergence

convergence
〔kənvə́ːrdʒəns〕

수렴 (收斂)

n을 1, 10, 100, 1000…. 으로 무한히 크게 하면 $\frac{1}{n}$
은 1, $\frac{1}{10}$, $\frac{1}{100}$, $\frac{1}{1000}$ …. 로 0에 한없이 가까워진

다. 이처럼 어떤 특정값 a에 무한히 접근하는 것을 a에 수렴한다 converge to a고 한다. 다음은 0에서 시작하여 2까지의 $\frac{1}{2}$인 1까지 진척시키고, 또 다음 나머지의 $\frac{1}{2}$까지 진척시킨다. 이처럼 나머지의 $\frac{1}{2}$의 진척을 계속하면 $1 + \frac{1}{2} + \frac{1}{4} + \frac{1}{8} + \ldots$ 가 되고 결국 2에 수렴한다.

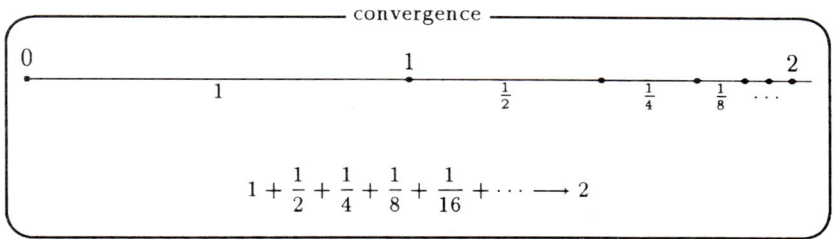

converse
[kənvə́ːrs]

역 (逆)

명제(命題) 'A이면 B이다'에 대해 'B이면 A이다'를 역(逆)이라 한다. 명제가 참이라고 해서 역(逆)이 반드시 참이라고는 할 수 없다.

명제(命題) P가 $x=1 \Rightarrow x^2=1$라고 할 때 그것의 역(逆) Q는 $x^2=1 \Rightarrow x=1$인데, P는 참인 명제이지만 $x=-1$인 경우 $x^2=1$이므로 Q는 성립하지 않는다.

conversely

역으로

conversion
[kənvə́ːrʒən]

환산 (換算), 전환 (轉換)

1 inch 는 2.54cm이므로 5 inches $= 12.7$cm 이다. 이처럼 단위를 변화시키는 것을 환산이라 한다. 섭씨 Celsius를 화씨 Fahrenheit로 환산하기 위해서는 공식

formula $F = C \times \dfrac{9}{5} + 32$ 을 이용한다.

— conversion table —

양	단위	계산값
길이	1 in = 1/36yd	= 25.4mm
	l ft = 12in	= 30.48cm
	1 yd = 3ft	= 91.44cm
	1 mi = 1760yd	≒ 1.6093km
면적	in^2	= $6.4516cm^2$
	ft^2	≒ $929.03cm^2$
	yd^2	≒ $0.83613m^2$
	acre = $4840yd^2$	≒ $4046.9m^2$
	mi^2 = 640acre	≒ $2.5900km^2$
질량	oz	≒ 28.3495g
	lb = 16oz	≒ 453.59237g

convex
〔kanvéks〕

볼록한

↔ **concave** 오목한

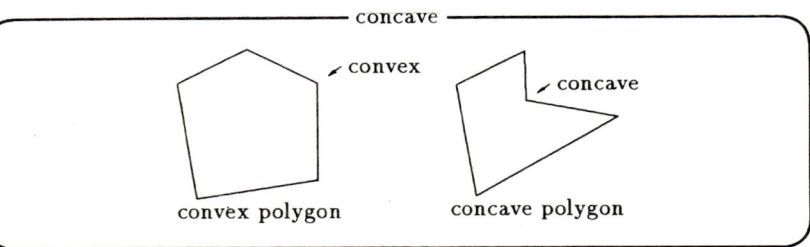

— concave —

convex

concave

convex polygon

concave polygon

coordinates
〔kouɔ́ːrdənəts〕

좌표 (座標)

직선 위의 점은 실수(實數) real number와 1 : 1 대응된다. 0에 대응하는 점을 원점 origin이라 하고 O 라 쓴다. 원점의 우측 점 A 에는 선분 OA 의 길이 a 를 대응시키고, 원점의 좌측점 B에는 선분 OB의 길이 b에 음의 부호를 붙인 $-b$를 대응시킨다. 점 A에 대응하는 실수가 a일 때 A의 좌표 coordinates는 a이고, $A(a)$처럼 쓴다. 이렇게 해서 만든 직선을 수직선(數直線) number line이라 한다.

평면에 직교하는 2개의 직선을 그려 교점을 $O(0, 0)$이라 할 때, 임의의 점 P에서 각각의 축에 내린 수선(垂線)의 발의 좌표를 a, b라 한다면 P의 좌표는 (a, b)이다. → Cartesian coordinates

원점 O에서 우측으로 늘어진 반직선을 OX라 할 때, 임의의 점 P에 대해 $OP = r$, $\angle POX = \theta$를 이용하여 $P(r, \theta)$를 P의 좌표로 결정한다. 이것도 좌표의 하나로 극좌표 polar coordinates라 한다.

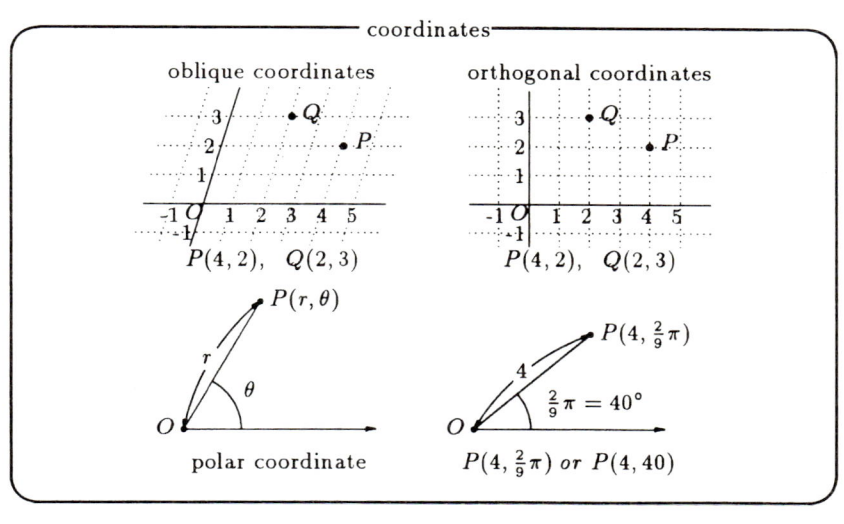

coordinates

oblique coordinates

$P(4, 2)$, $Q(2, 3)$

orthogonal coordinates

$P(4, 2)$, $Q(2, 3)$

$P(r, \theta)$

polar coordinate

$P(4, \frac{2}{9}\pi)$

$\frac{2}{9}\pi = 40°$

$P(4, \frac{2}{9}\pi)$ or $P(4, 40)$

---

coplanar
[kòupléinər]

동평면의, 공면 (共面)의

몇 개의 도형(圖形)이 동일 평면 위에 있을 때 이를 "공면(共面)한다"라고 한다.

coprime
[kóupraim]

서로 소 (素)
두 정수 사이에 1 이외의 공약수가 없을 때를 서로 소라
한다.

corner
[kɔ́ːrnər]

모서리
평면도형과 입체도형에서 2개 이상의 변(邊)과 면(面)
이 모여 있는 점을 모서리 corner라 한다. n각형에는
n개의 모서리 또는 꼭지점 vertex이 있다.

correct
[kərékt]

바른, 정확한
→ correct to

correct to

소수…자리까지 정확한
어떤 자리까지의 어림수 rounded number를 만들 때,
그것보다 아래의 자리를 바로 위의 자리의 1로 보아 더
하는 방법을 올림이라 하고, 아래의 자리를 전부 0으로
하는 방법을 버림이라 한다. 이런 방법을 사용하여 특정
한 자리까지 정확한 수를 만들 수 있다. 예를 들면, 정
수 14263이 주어졌을 때, "1000의 자리까지 정확한"
correct to the nearest thousand 수(數) 또는 "두 유효
(有效) 숫자까지 정확한" correct to two significant fi-
gures 수(數)를 만들면 14000이 된다.

correlation
[kɔ̀ːrəléiʃən]

상관 관계 (相關 關係)
두 변량(變量) 사이에 한쪽이 증가하면 다른 쪽도 증가
(또는 감소)하는 경향이 있을 때, 이 두 변량 사이에는
상관 관계(相關 關係)가 있다고 한다. 예를 들면, 키가
큰 사람은 작은 사람에 비하여 일반적으로 몸무게가 많

다. 이와 같이 한쪽이 증가하면, 다른 쪽도 증가하는 관계를 양(陽)의 상관 관계라고 한다. 또, 어떤 제품의 생산량이 늘어나면 그 제품의 가격이 떨어지는 경향이 있듯이, 한쪽이 증가하면 다른 쪽은 감소하는 관계를 음(陰)의 상관 관계라고 한다. 두 변량 사이의 상관 관계를 표로 나타낸 것을 상관표(相關表)라 하며 그림으로 나타낸 것을 상관도(相關圖)라고 한다. 상관도(相關圖)에서는 한쪽의 수치(키)를 가로축 위에, 다른 쪽의 수치(몸무게)를 세로축 위에 나타내고, 조사 인원에 해당하는 수만큼 점을 그려 넣는다. 점이 완전히 직선 주위에 몰리면, 거의 일차함수의 관계를 나타내는 것이 된다. 특히, 이와 같이 점들이 직선에 가깝게 분포(分布)되어 있을 때에는 강한 양(陽)의 상관 관계가 있다고 한다. 또 두 변량 x, y 사이의 상관 관계의 정도를 나타내는 수치를 상관계수(相關係數)라 한다.

correspond
[kɔ̀:rəspánd]

대응 (對應)하다

correspondence
[kɔ̀:rəspándəns]

대응 (對應)
한 집합의 원소를 다른 집합의 원소로 연결시켜 주는 것을 말한다. 두 개의 집합 A, B에서 A의 각각의 원소에 대하여 B의 원소가 정해질 때, A의 원소에 B의 원소가 대응한다고 한다. A에서 B로의 대응인 경우 A의 하나의 원소에 B의 두 개 이상인 원소가 대응할 수도 있으며 이를 일대다 대응(一對多對應) one to many correspondence이라고 한다. 또, A의 각각의 원소에 B의 원소가 하나 대응될 경우, 다대일 대응(多對一對應) many to one correspondence이라고 부르고, A의 원소 하나 하나에 B의 원소가 각각 한 개씩 대응할 때, 이 대응을 일대일 대응 one to one correspondence이라 한다.

corresponding
〔kɔ̀:rəspándiŋ〕

대응 (對應) 하는, 일치 (一致) 하는
합동(合同) 또는 같은 도형(圖形)에서 동일한 위치 관계에 있는 점이나 선분을 "대응하는" corresponding 점이나 직선이라 한다.

- ~ lines 대응선(對應線)

- ~ points 대응점(對應點)

- ~ sides 대응변(對應邊)

- ~ vertices 대응 꼭지점

───── corresponding lines, vertices ─────

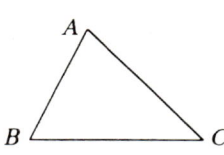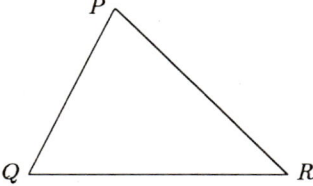

두 닮은꼴 삼각형 *ABC*와 *PQR*에서 각 꼭지점 *A*, *B*, *C*와 *P*, *Q*, *R*은 서로 대응하고, 또한 변 *AB*, *BC*, *CA*와 변 *PQ*, *QR*, *RP*도 서로 대응한다.

corresponding angle   동위각 (同位角)

어떤 도형(圖形)에서 같은 위치 관계에 있는 2개의 대응하는 각. 즉 두 직선에 다른 한 직선이 만나서 이루는 같은 위치의 각을 말함. 평행인 두 직선이 다른 한 직선과 만나서 되는 동위각은 같고, 또 동위각이 같을 때, 두 직선은 평행이다.

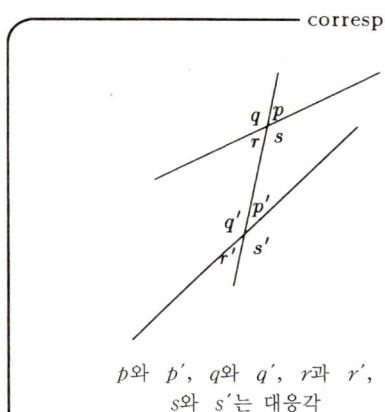

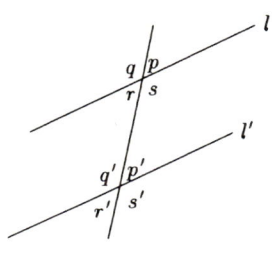

corresponding angles

p와 p', q와 q', r과 r',
s와 s'는 대응각

l과 l'가 서로 평행일 때, p와 p'는
동위각으로 $p = p'$이다. 마찬가지로,
$q = q'$, $r = r'$, $s = s'$이다.

cosec (ant)
〔kòusíːkənt〕

코시컨트

어떤 각(角) θ를 한 각(角)으로 하는 직각삼각형(直角
三角形)의 $\dfrac{빗변}{대변}$ 을 그 각의 코시컨트 cosecant 라고 하
고 cosec θ라고 쓴다. cosec $\theta = \dfrac{1}{\sin \theta}$ 이다.

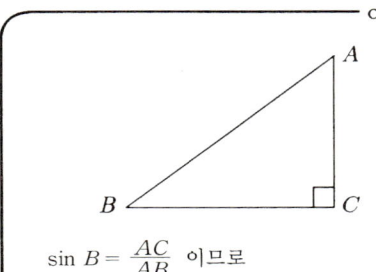

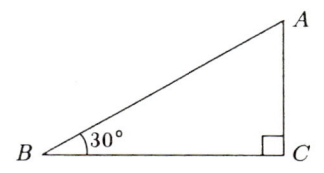

cosecant

$\sin B = \dfrac{AC}{AB}$ 이므로

cosec $B = \dfrac{AB}{AC}$

$B = 30°$ 일때, $AB : AC = 2 : 1$
이므로, cosec $30° = 2$

Dictionary of Mathematics for studying abroad

cos (ine)
[kóusain]

코사인

어떤 각(角) θ를 한 각(角)으로 하는 직각삼각형(直角三角形)의 $\dfrac{\text{밑변}}{\text{빗변}}$을 그 각(角)의 코사인 cosine이라고 한다. $\cos\theta$로 표시한다.

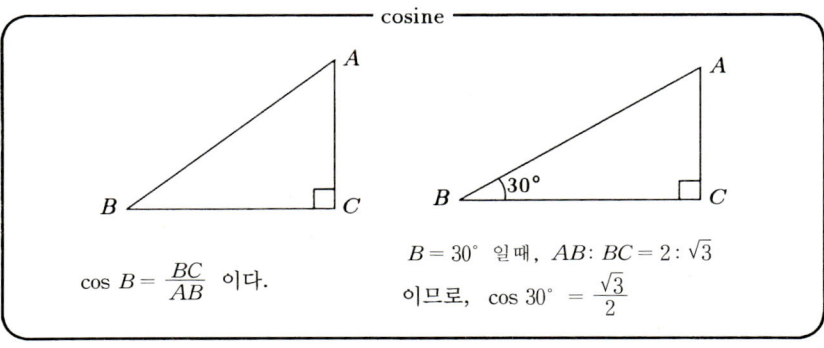

— cosine —

$\cos B = \dfrac{BC}{AB}$ 이다.

$B = 30°$ 일때, $AB : BC = 2 : \sqrt{3}$ 이므로, $\cos 30° = \dfrac{\sqrt{3}}{2}$

cot (angent)
[koutǽndʒənt]

코탄젠트

어떤 각(角) θ를 한 각(角)으로 하는 직각삼각형(直角三角形)의 $\dfrac{\text{밑변}}{\text{대변}}$을 그 각(角)의 코탄젠트 cotangent 라고 한다. $\cot\theta$로 표시한다. $\cot\theta = \dfrac{1}{\tan\theta}$ 이다.

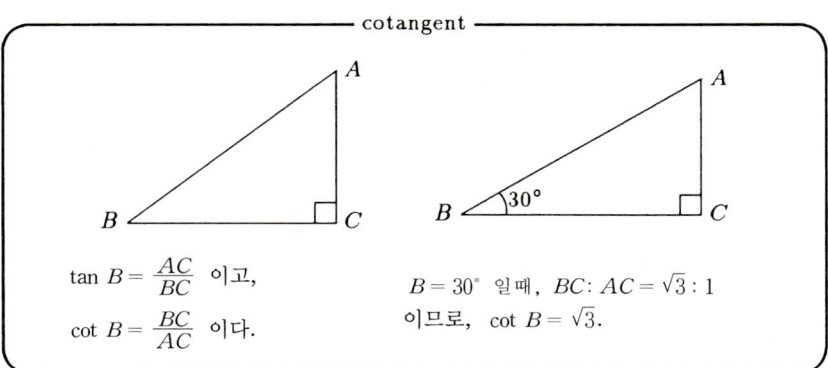

— cotangent —

$\tan B = \dfrac{AC}{BC}$ 이고,

$\cot B = \dfrac{BC}{AC}$ 이다.

$B = 30°$ 일때, $BC : AC = \sqrt{3} : 1$ 이므로, $\cot B = \sqrt{3}$.

counterexample
[káuntərigzǽmpl]

반례 (反例)

어느 명제 statement를 성립할 수 없게 하는 예를 그 명제의 반례 counterexample이라고 한다. 명제가 참인 것을 나타내기 위해서는 증명을 해야 하지만 참이 아닌 것은 반례(反例)를 하나만 보여 주면 된다.

예 명제 : $a > b \rightarrow a^2 > b^2$

반례 : $a = 2$, $b = -3$ 일 때 $a > b$이지만 $a^2 < b^2$이다.

cross
[krɔːs]

십자형, 교차

cross multiple

십자 곱셈

분수를 포함하는 방정식에 응용한다. 예를 들면, $\dfrac{2x-1}{3} = \dfrac{5+x}{2}$ 를 풀려면 양변에 $2 \times 3 = 6$을 곱해서 $(2x-1) \times 2 = (5+x) \times 3$이 되고, 따라서 $4x - 2 = 15 + 3x$, $\therefore x = 17$이다. 이처럼 양변에 6을 곱하지만 실제로는 좌변의 분모와 우변의 분자를 곱하고 우변의 분모와 좌변의 분자를 서로 곱하는 방법을 십자 곱셈 cross multiple 이라 한다.

cross product

외적 (外積)

공간 내의 2개의 벡터 $\vec{a}$, $\vec{b}$에 대해 $\vec{a}$, $\vec{b}$를 두 변으로 하는 평행사변형의 면적을 크기로써 가지고, $\vec{a}$에서 $\vec{b}$쪽으로 회전시켰을 때에 나사방향으로 회전하는 방향을 갖는 벡터를 $\vec{a}$, $\vec{b}$의 외적(外積) cross product이라 하고, $\vec{a} \times \vec{b}$라고 쓴다. $(\vec{a} \times \vec{b}) \perp \vec{a}$, $(\vec{a} \times \vec{b}) \perp \vec{b}$이다. $\vec{a} \times \vec{b}$와 $\vec{b} \times \vec{a}$에서는 나사방향과 반대가 되므로 $\vec{b} \times \vec{a} = -\vec{a} \times \vec{b}$가 된다.

$\vec{a}$와 $\vec{b}$가 평행($\vec{a} \parallel \vec{b}$ or $\vec{a} // \vec{b}$) 일 때, 평행사변형의 면적은 0이 되므로 $\vec{a} \times \vec{b} = \vec{0}$이다. 특히 $\vec{a} \times \vec{a} = \vec{0}$이다.

$\vec{a}$와 $\vec{b}$가 이루는 각을 θ로 하면, 평행사변형의 면적은 $|\vec{a}||\vec{b}|\sin\theta$이므로,

$$|\vec{a} \times \vec{b}| = |\vec{a} \parallel \vec{b}|\sin\theta$$

이다.

예를 들어, 기본 벡터를 $\vec{e_1}, \vec{e_2}, \vec{e_3}$ 로 하면,

$\vec{e_1} \times \vec{e_2} = \vec{e_3}, \qquad \vec{e_2} \times \vec{e_3} = \vec{e_1}$,

$\vec{e_3} \times \vec{e_1} = \vec{e_2}, \qquad \vec{e_2} \times \vec{e_1} = -\vec{e_3},$

$\vec{e_3} \times \vec{e_2} = -\vec{e_1}, \quad \vec{e_1} \times \vec{e_3} = -\vec{e_2}$ 이다.

위와 같은 결과를 이용하면, $\vec{a} = (a_1, a_2, a_3)$, $\vec{b} = (b_1, b_2, b_3)$ 일 때, $\vec{a} \times \vec{b} = (a_2 b_3 - a_3 b_2, a_3 b_1 - a_1 b_3, a_1 b_2 - a_2 b_1)$ 을 얻는다.

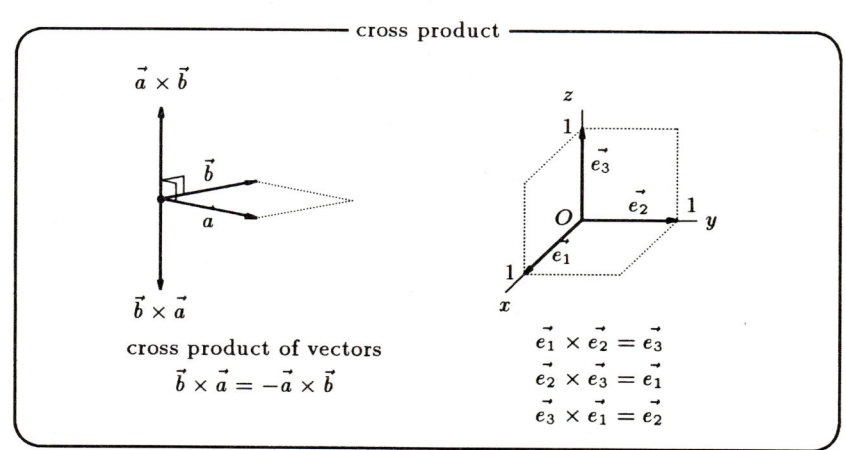

—— cross product ——

cross product of vectors
$\vec{b} \times \vec{a} = -\vec{a} \times \vec{b}$

$\vec{e_1} \times \vec{e_2} = \vec{e_3}$
$\vec{e_2} \times \vec{e_3} = \vec{e_1}$
$\vec{e_3} \times \vec{e_1} = \vec{e_2}$

cross section   단면 (斷面)

입체도형(立體圖形)을 한 개의 평면으로 절단했을 때 생기는 평면도형(平面圖形)을 말한다. 각기둥의 단면은 다각형(多角形)이고 구(球)의 단면은 언제나 원(圓)이다. 원뿔을 잘라 생기는 단면은 원 circle, 타원 ellipse, 포물선 parabola, 쌍곡선 hyperbola이고, 이들을 원뿔 곡선 conic section이라 한다.

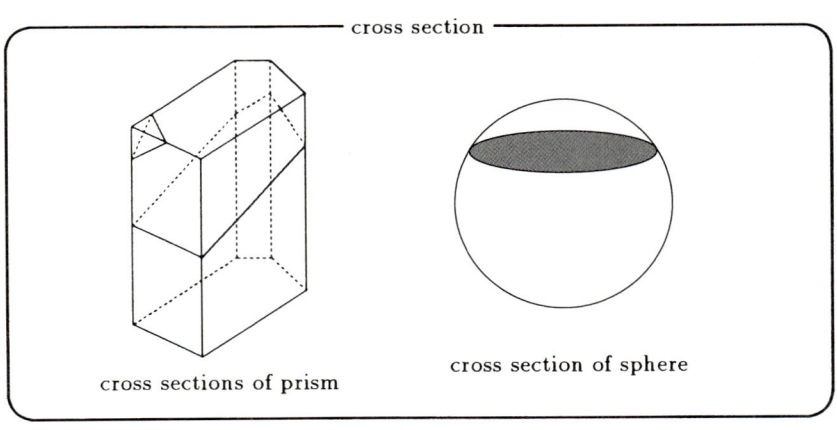

cross section

cross sections of prism

cross section of sphere

cross-sectional area   단면적 (斷面績)

cube
〔kjuːb〕

입방체 (立方體), 입방 (立方), 3승 (乘)

정육면체 regular hexahedron라고도 한다. 전체 면(面)이 같은 크기의 정사각형인 직방체(直方體) cuboid를 말한다. 정육면체의 한 변의 길이를 a라 하면, 그 체적은 a^3, 표면적은 $6a^2$이다.

$a \times a \times a$를 a^3이라 쓰고 a의 입방 cube이라 한다. 예를 들면, **five cubed**는 $5^3 = 125$라 표시하고 한 변(邊)의 길이가 5인 입방체의 부피와 값이 같다.

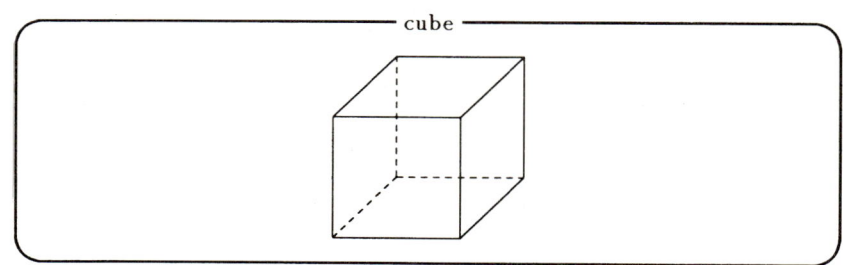

cube

cube root

세제곱근, 3승근 (乘根)

세제곱해서 a가 되는 수를 말한다. $2 \times 2 \times 2 = 8$이므로 8의 세제곱근은 2이다.

또 지수법칙 $a^x \times a^y = a^{x+y}$ 에 의해

$a^{\frac{1}{3}} \times a^{\frac{1}{3}} \times a^{\frac{1}{3}} = a^{\frac{1}{3}+\frac{1}{3}+\frac{1}{3}} = a^1 = a$ 이므로 a의 세제곱근은 $a^{\frac{1}{3}}$ 라고 쓴다. $4^3 = 64$이므로 64 의 세제곱근은 4 이고, $64^{\frac{1}{3}} = 4$가 된다. 1의 세제곱근을 복소수의 범위에서 생각하면 다음과 같다.

$x^3 = 1$일 때, $x^3 - 1 = 0$이므로 인수분해에 의해

$(x-1)(x^2+x+1) = 0$

$\therefore x - 1 = 0 \quad or \quad x^2 + x + 1 = 0$

이것을 풀면 $x = 1 \quad or \quad x = \dfrac{-1 \pm \sqrt{3}i}{2}$

따라서, 복소수의 범위에서, 1의 세제곱근은, 1과

$\dfrac{-1 \pm \sqrt{3}i}{2}$ 이다.

$\omega = \dfrac{-1 \pm \sqrt{3}i}{2}$ 라 하면 $\omega^3 = 1$, $\omega^2 = \dfrac{-1 \mp \sqrt{3}i}{2}$,

$\omega^2 + \omega + 1 = 0$가 성립한다. ω를 '허수의' 1의 세제곱근이라고 한다.

cubic
[kjúːbik]

3차의, 입방체의

- ~ **curve** 3차곡선
  3차방정식으로 나타내어지는 곡선을 말한다.

- ~ **equation** 3차방정식
  최고의 차수(次數)가 3인 방정식을 말한다. 예를 들면, $2x^3 - 4x^2 + 5x - 3 = 0$과 같은 것을 말한다.

- ~ **function** 3차함수
  최고의 차수(次數)가 3인 함수. 예를 들면 $y = x^3 - 3x + 1$을 말한다.

- ~ **number** 세제곱수
  어떤 정수(整數)를 세제곱해서 얻을 수 있는 수. 8, 27, 64, 125 등은 세제곱수이다.

cubic centimeter(cc)   세제곱 센티미터

체적, 용적의 단위. 한 변의 길이가 $1cm$인 입방체의 부피를 1세제곱 센티미터라고 말한다. $1cc = 1cm^3$.

cubic meter(㎥)   세제곱 미터

부피의 단위. 한 변의 길이가 $1m$인 입방체의 부피를 1세제곱 미터라 한다. $1m = 100cm$이므로,
$$1m^3 = 1000000cm^3 = 1000000cc$$이다.

cuboid
[kjúːbɔid]

직방체 (直方體)

모든 면(面)이 직사각형 rectangle인 6면체 hexahed-ron를 말한다. 직방체의 대면(對面)은 평행으로 같은 형태의 직사각형이다.

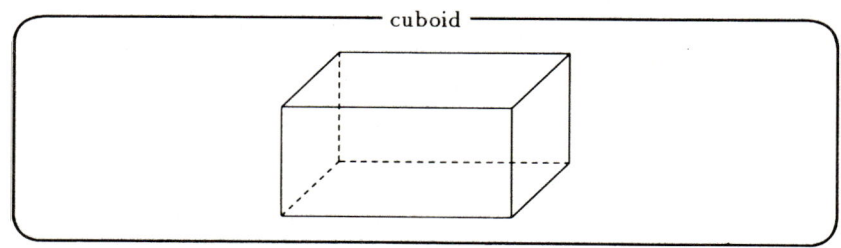

— cuboid —

cumulative frequency
〔kjú:mjulətiv
frí:kwənsi〕

누적 도수 (累積 度數)

도수 분포표(度數 分布表)에서 작은 계급에서 큰 계급으로 도수(度數)를 누적(累積)해 감으로써 얻을 수 있는 도수를 누적 도수 cumulative frequency라 한다. 누적 도수는 어떤 값 이하의 도수를 조사할 때나 순위를 구할 때 이용한다. 다음 표는 어느 테스트 점수의 도수 분포와 누적도수분포를 비교한 것이다.

— cumulative frequency —

도수분포표

계급	도수
20 ~ 29	2
30 ~ 39	2
40 ~ 49	6
50 ~ 59	12
60 ~ 69	12
70 ~ 79	8
80 ~ 89	5
90 ~ 99	3

누적도수분포표

계급	누적도수
29 이하	2
39 이하	4
49 이하	10
59 이하	22
69 이하	34
79 이하	42
89 이하	47
99 이하	50

cup
〔kʌp〕

합집합, U

2개의 집합 A, B에 대해 A, B의 원소를 전부 모아서 만든 A, B집합의 합 join을 말한다. 즉, $A =$

$\{1, 2, 3, 5\}$, $B = \{2, 4, 6, 8\}$일 때 $A \cup B = \{1, 2, 3, 4, 5, 6, 8\}$이다.

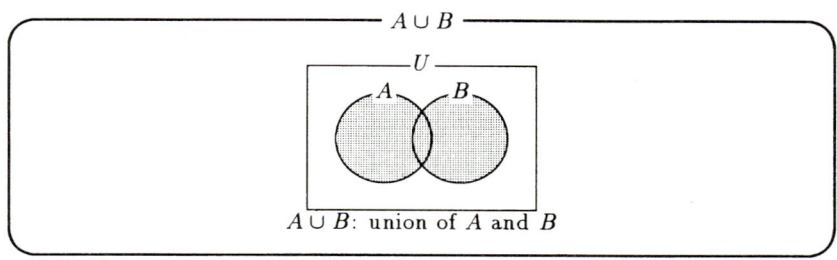

$A \cup B$: union of A and B

current
[kə́:rənt]

흐름 ; 현재의 ; 현행의

- ~ coordinate(s) 유통좌표
  일반적으로 도형의 궤적을 나타내는 방정식에 이용되어지는 변수는 x, y이고, 이들은 도형 위의 점의 좌표를 나타낸다. 이를 유통좌표 current coordinates라 한다.

curve
[kə́:rv]

곡선 (曲線)

- quadratic ~ 2차곡선
  2차 방정식에서 표현하는 곡선으로 포물선 parabola, 쌍곡선 hyperbola, 타원 ellipse, 원 circle을 생각할 수 있다. → conic section

- sine ~ 싸인곡선
  $y = \sin x$의 그래프를 말한다.
  $y = \cos x$의 그래프는 이 곡선을 x축의 마이너스 방향으로 $\dfrac{\pi}{2}$ 만큼 평행 이동한 것이다.

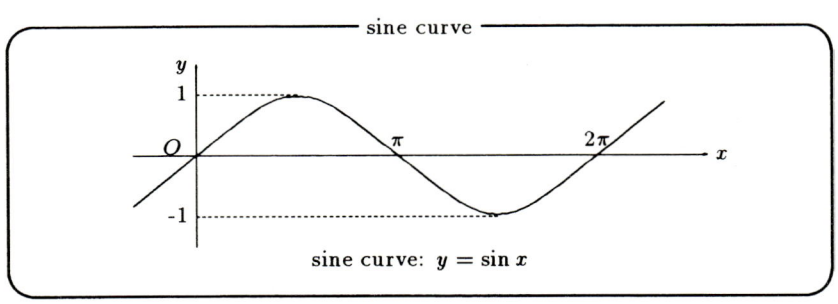

sine curve: $y = \sin x$

cusp
〔kʌsp〕

첨점 (添点)

2개의 곡선이 접선을 공유하듯이 한 점에서 만날 때 그 점을 뾰족점, 첨점(添点)이라고 한다.

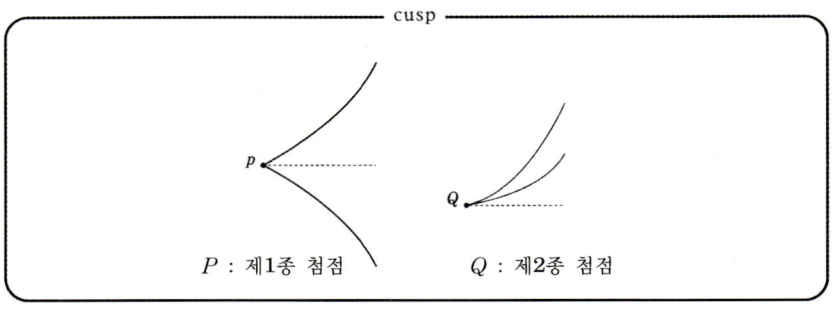

P : 제1종 첨점　　　　Q : 제2종 첨점

cut-off
〔kʌtɔ̀ːf〕

버림

근사값을 구할 때 구하는 자리수 아랫 자리수를 버리는 것 rounding down, rounding to zero을 말한다.

예를 들면, 36.4759 를 소수점 둘째 자리 이하를 버리고 소수점 첫째 자리까지만 구하면 36.4 가 된다.

cyclic
〔sáiklik〕

순환의, 주기적 (週期的) 인

원주(圓周) 위에 배열된 숫자처럼 계속 반복되는 형태

를 말한다. 예를 들면, 1에 3을 곱해 가면 1, 3, 9, 27, 81, 243, 729, 2187, … 의 행렬이 생기고 끝 수만 나타내면 1, 3, 9, 7, 1, 3, 9, 7, … 처럼 1, 3, 9, 7이 반복해서 나타나게 된다.

cyclic quadrilateral 내접 사각형

한 개의 원에 내접한 사각형을 말한다. 내접 사각형의 4개의 꼭지점은 같은 원주(圓周) 위에 있고 내각(內角)의 합은 180° 이다.

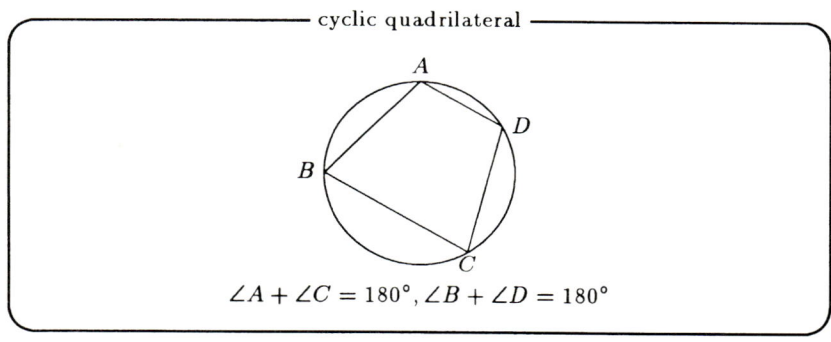

cyclic quadrilateral

$\angle A + \angle C = 180°, \angle B + \angle D = 180°$

cycloid
[sáiklɔid]

사이클로이드

직선 위에 놓여진 한 원을 1회전 시킬 때 처음 바닥에 접해 있던 원주 위의 한 점이 그리는 곡선을 말한다.

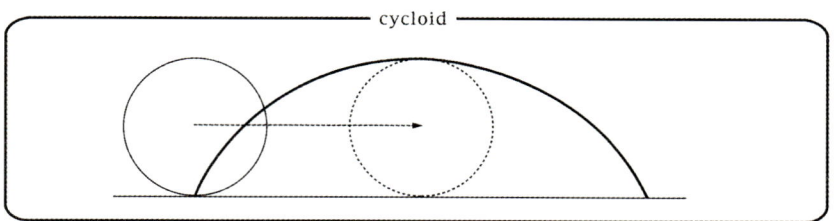

cycloid

cylinder
〔sílindər〕

원기둥

밑면이 구(球)인 기둥을 말함. 밑면의 반지름이 r, 높이가 h인 원기둥의 부피를 $\pi r^2 h$이고, 겉넓이는 $2\pi r^2 + 2\pi r h$이다.

■ circular ～ 원기둥
원기둥임을 강조하고자 할 때 **circular**를 붙인다.

■ elliptic ～ 타원기둥
밑면이 타원인 원기둥을 가리킨다.

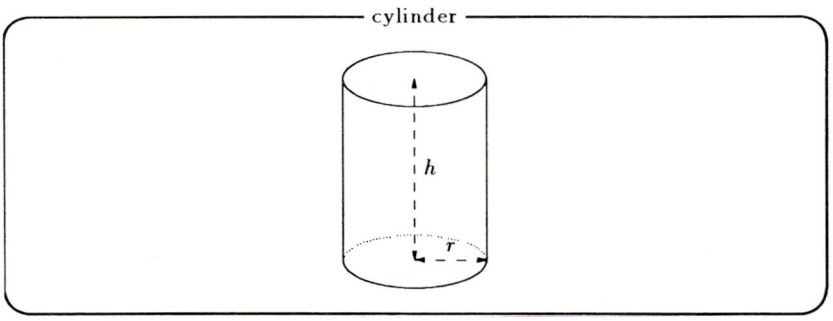

cylinder

data
[déitə]

데이터, 자료
시행에 의해 얻어질 수 있는 정보.

dec(a)-
[dék(ə)]

'10'의 뜻

decagon
[dékəgàn]

10각형, 10변형
10개의 변과 10개의 꼭지점에 의해서 만들어지는 다각형.

decahedron
[dèkəhíːdrən]

10면체
10개의 면 side에서 만들어지는 다면체 polyhedron를 말한다.

deci-
[désə, -si]

'$\dfrac{1}{10}$'의 뜻

decimal
[désəməl]

10진법의, 소수 (小數) 의 ; 소수 (小數)
10을 기본으로 하는 기수법을 나타낸다.

1, 10, 100, 1000 ..., $\dfrac{1}{10}$, $\dfrac{1}{100}$, $\dfrac{1}{1000}$ 을 사용한

다. 예를 들어, 245.12는 $2\times100+4\times10+5+\dfrac{1}{10}+$

$\dfrac{2}{100}$ 을 나타내고 two hundred and forty five point

one two라고 읽는다.

- finite ~ 유한소수
  소수점 이하가 유한개로 끝나는 소수.

- infinite ~ 무한소수
  소수점 이하가 무한대로 계속되는 소수. 무한소수가
  운데 소수점 이하에 몇 개의 숫자의 배열이 반복되어

가는 소수를 순환소수 repeating decimal라고 하고, 순환소수 외의 소수를 비순환소수 nonrepeating decimal라고 한다. 비순환소수는 무리수 irrational number이다.

- nonterminating $\sim$ = infinite decimal
- terminating $\sim$ = finite decimal

decimal place

소수 (小數) 자리
소수점 이하의 자리를 말한다. two decimal places라고 할 때에는, 소수점 이하를 두 자리로 표시하는 것이다. 즉, 25.4376은 25.44가 되며 25.4376 is 25.44 correct to two decimal places라고 한다.

decreasing
[dikríːsiŋ]

감소하는
줄어들어 가는 상태. 예를 들어, 함수 $y = \dfrac{1}{x}$ 에서 $x >$ 0일 때 x의 값이 커짐에 따라 y의 값은 작아지기 때문에 이 함수는 감소하고 있다고 한다.

deduce
[didjúːs]

추론 (推論) 하다 → deduction

deduction
[didʌ́kʃən]

추론 (推論) ; 공제, 차감액
어떤 가정과 조건에서 결론을 끌어내는 과정을 말한다.

definition
[dèfəníʃən]

정의 (定義)

degree
[digríː]

차 (次), 차수 (次數), 도 (度)
1. 각도의 단위 : 1회전각을 360으로 나눈 값. 1°라고 쓴다. 1회전각=360°, 반회전각=180°, 직각=90°이다.

1°의 $\dfrac{1}{60}$ 을 1′ (1분), 1′ 의 $\dfrac{1}{60}$ 을 1″ (1초)라고 한다. 따라서, 5.2°= 5°12′ 이 된다.

2. 온도의 단위 : 온도를 측정하기 위한 단위. 1°라고 나타낸다. 섭씨 Celsius는 어는 점을 0°, 끓는 점을 100°로 하는 단위이다. 또 화씨 Fahrenheit에서는 어는 점이 32°, 끓는 점이 212°이다.

3. 차수 : 다항식에서 각 항의 변수에 붙어 있는 수(거듭제곱)를 그 항의 차수 degree라고 한다. 다항식의 최고차(次)항의 차수를 다항식의 차수 degree of polynomial라고 한다.

예 $3x^5$의 차수는 5이고, $4x^3 + 2x^2 + 5x$의 차수는 3 이다.

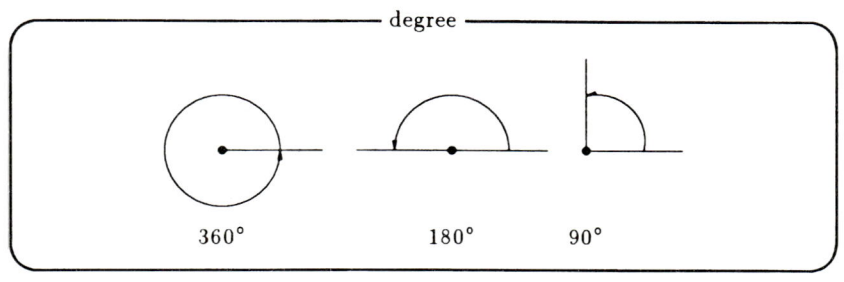

— degree —

360° 180° 90°

---

denary
[dénəri]

10의, 10진법의

decimal 과 같다.

■ ~ scale 10진법

denominator
[dinámənèitər]

분모 (分母)

분수의 선 아래에 적혀 있는 수(식)를 나타낸다. 즉, 분자 numerator를 나누는 값을 말한다. $\dfrac{5}{7}$ 의 분모는 7이다. 5는 $\frac{5}{7}$ 의 분자라고 한다. $\frac{5}{7}$ 는 **five over seven**이라고 읽는다.

depend
〔dipénd〕

종속하다

dependent
〔dipéndənt〕

종속되어 있는
변수나 사건이 다른 변수 또는 사건에 의해 영향을 받을 때를 말한다.

■ **~ events** 종속사건
확률에 있어서 사건 A가 일어나는 확률이 사건 B가 일어나고 있는 상황과 그렇지 않은 상황에서 달라질 때 '사건 A는 사건 B에 종속되어 있다'라고 한다. 예를 들어, 하나의 당첨 제비를 포함하는 10개의 제비를 A, B 두 사람이 차례로 뽑는 것을 생각해 보자. A가 당첨되었을 때 당첨될 수 있는 제비는 남아있지 않기 때문에 B가 당첨될 확률은 0이다. 그런데, A가 당첨되지 않았을 때, 남은 9개의 제비의 안에는 아직 당첨 제비가 하나 남아 있기 때문에 B가 당첨될 확률은 $\frac{1}{9}$ 이다. 따라서 'A가 당첨된다' 사건(事件)에 'B가 당첨된다' 사건은 종속되어 있다.

■ **~ variable** 종속변수
변수 x의 변화에 따라서 변수 y도 변화할 때 변수 y를 말한다. 이때 변수 x는 독립 변수 **independent variable**라고 한다. 예를 들어, y를 한 변의 길이가 x인 정사각형의 면적이라 하면 $y=x^2$이 되고, y의 값은 x의 값에 의해 정해지므로 y는 x에 종속 **depend**되어 있다.

depression
〔dipréʃən〕

부각 (俯角), 복각 (伏角)

- **angle of ~** 부각, 복각

  아래를 내려다보는 각도. 자신보다 밑에 대상이 있을 때 수평 방향에서 대상물까지의 각도를 말한다.

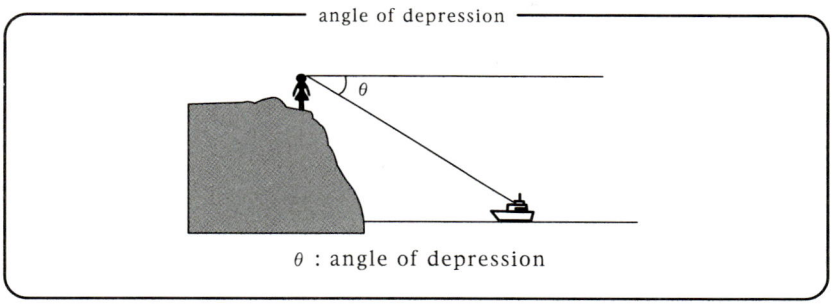

θ : angle of depression

derivation
〔dèrəvéiʃən〕

미분 (微分)
= **derivative**

derivative
〔dirívətiv〕

미분, 도함수 (導函數)

함수에서 순간의 변화율 rate of change. $y=f(x)$를 변수 x의 함수, $\varDelta x$를 x의 증가분이라고 할 때, y의 증가분 $\varDelta y$는 $f(x+\varDelta x)-f(x)$가 된다.

이때, $\dfrac{\varDelta y}{\varDelta x} = \dfrac{f(x+\varDelta x)-f(x)}{\varDelta x}$ 를 평균 변화율 average rate of change이라고 한다. 여기서 $\varDelta x$를 0에 가깝게 할 때의 평균변화율을 f의 미분 derivative 또는 미분계수 differential coefficient라고 한다. 각 점 x에서 미분계수의 값은 x의 함수가 되기 때문에 함수 f의 도함수 derivative, derived function라고 하며, f', $f'(x)$, y', $\dfrac{dy}{dx}$, $\dfrac{d}{dx}f(x)$처럼 쓴다.

→ **differentiation**

Dictionary of Mathematics for studying abroad

$y=f(x)=x^2$ 일 때, $f(x+\triangle x)=(x+\triangle x)^2$ 이므로,

$\triangle y=(x+\triangle x)^2-x^2=2x\triangle x+(\triangle x)^2$ 에 의해서,

$$\frac{\triangle y}{\triangle x}=\frac{2x\triangle x+(\triangle x)^2}{\triangle x}=2x+\triangle x$$

$$\therefore \quad \frac{dy}{dx}=\lim_{\triangle x\to 0}(2x+\triangle x)=2x$$

따라서, $y'=f'(x)=(x^2)'=2x$ 이다.

일반적으로 $n\neq 0$ 일 때, $(x^n)'=nx^{n-1}$ 이다. 예를 들어, $(x^3-x^2+x)'=3x^2-2x+1$ 이 된다.

derive
〔diráiv〕

끌어내다, 추론하다

- ~d function 도함수

determinant
〔ditə́:rmənənt〕

행렬식 (行列式)

정사각행렬 square matrix에 대응되는 하나의 값. 행렬식 determinant은 정사각행렬의 원소를 어떤 규칙에 따라 곱한 것의 합이다. 2차 정사각행렬 A= $\begin{pmatrix} a & b \\ c & d \end{pmatrix}$ 의

행렬식은 $a\times d-b\times c$ 이고, $det\,A$, $det\begin{pmatrix} a & b \\ c & d \end{pmatrix}$ 또는

$\begin{vmatrix} a & b \\ c & d \end{vmatrix}$ 이라고 쓴다. 따라서 $\begin{vmatrix} 3 & 4 \\ 1 & 2 \end{vmatrix}=3\times 2-4\times 1=$
2이다.

deviation
〔dìːviéiʃən〕

편차 (偏差)

확률 변수의 값과 평균과의 차를 말함. 예를 들어, 어떤 반의 수학 시험 평균이 55점일 때, 60점과의 편차는 60 $-55=5$ 점이고, 40점과의 편차는 $55-40=15$ 점이다.

- **mean ~** 평균편차
  편차의 평균.

2, 4, 6, 8의 평균은 $\dfrac{2+4+6+8}{4}=5$이기 때문에, 각각의 편차는 3, 1, 1, 3이다. 따라서 평균 편차는 $\dfrac{3+1+1+3}{4}=2$이 된다.

- **standard** ~ 표준편차
  편차 제곱의 평균을 분산 variance이라고 하고 분산의 제곱근을 말한다. 2, 4, 6, 8의 편차는 각각 3, 1, 1, 3이었기 때문에 분산은 $\dfrac{9+1+1+9}{4}=5$가 되고 표준편차 σ는 $\sigma=\sqrt{5}\fallingdotseq 2.236$이다.

diagonal
〔daiǽgənl〕

대각선

다각형에 있어서 서로 이웃하지 않는 두 개의 꼭지점을 연결해 생기는 선분을 나타낸다. 하나의 꼭지점에서는 자신과 이웃하는 두 개의 꼭지점을 제외하고 각 꼭지점에 대각선을 긋는 것이 가능하다. 따라서 n각형의 각 꼭지점에서 끌어낼 수 있는 대각선은 $n-3$개이다. 따라서 n개의 꼭지점이 있기 때문에 $n\times(n-3)$개이다. 그런데 1개의 대각선을(양측의 꼭지점에서) 2번씩 세고 있기 때문에 전부 $\dfrac{n\times(n-3)}{2}$개의 대각선이 있는 것이 된다.

예를 들어,

오각형의 대각선의 개수는 전부 $\dfrac{5\times(5-3)}{2}=5$개이다.

평행사변형 parallelogram의 대각선은 서로 다른 것을 이등분한다 bisect each other. 마름모 rhomb, rhombus의 대각선은 서로를 수직 이등분하고 있다.

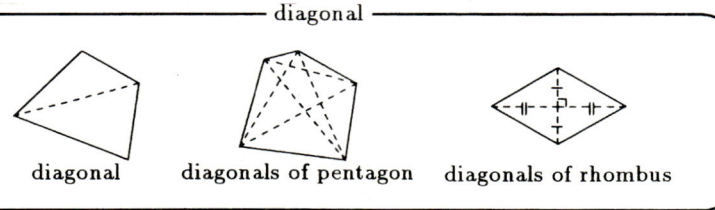

diagonal

diagonal   diagonals of pentagon   diagonals of rhombus

diagram
〔dáiəgræm〕

도표, 도형

diameter
〔daiǽmətər〕

직경, 지름
원의 중심을 통과하는 현 chord을 말한다. 또, 지름은
반지름 radius 길이의 2배이다.

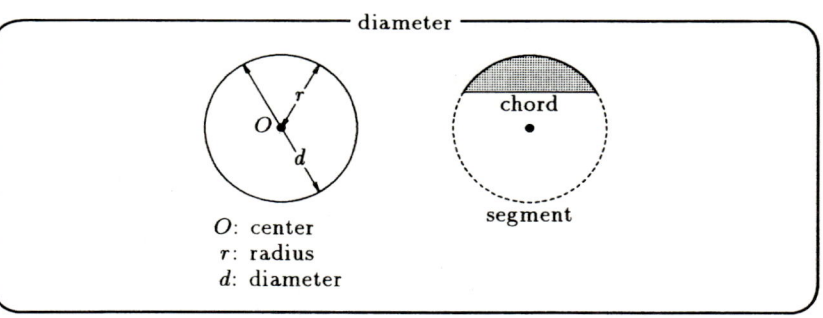

diameter

O: center
r: radius
d: diameter

chord

segment

difference
〔dífərəns〕

차, 차분
두 개의 수 중 큰 쪽에서부터 작은 쪽을 뺀 것을 말한
다. 예를 들어, 3과 7의 차 the difference between 3
and 7는 7−3=4이다. 또 26과 12의 차는 26−12=
14이다.

differential
〔dìfərénʃəl〕

미분의, 차(差)의 ; 미분
$y=f(x)$일 때, $dy=f'(x)dx$을 f의 미분 differential

이라고 한다.

differentiate
[dìfərénʃièit]

미분하다

도함수 derivative를 구하는 것 → derivative

differentiation
[dìfərènʃiéiʃən]

미분하기, 미분법

digit
[dídʒit]

자리 (수), 숫자

10진법에 있어서 0, 1, 2, 3, 4, 5, 6, 7, 8, 9를 '숫자' digit라고 한다. 수 26은 숫자 2와 6으로 구성되어 있다 26 has two digits 2 and 6.

digital
[dídʒətl]

숫자의, 계수형 (計數型) 의

숫자로 표현된다는 뜻. 연속적인 양의 표현보다 불연속적인 수량의 표현에 이용된다. 바늘로 속도를 보여 주는 속도계에 반해서, 속도가 숫자로 35.00 miles/h처럼 표현될 때, 이 속도계는 '디지탈' digital이라고 한다.

dimension
[diménʃən]

차원 (次元)

도형 위의 점을 표현할 때, 필요한 원소의 (최소의) 개수를 말한다. 길이만 있는 도형(직선 등)은 1차원, 넓이는 있지만 부피는 없는 도형(평면 등)은 2차원, 부피가 있는 것(공간)은 3차원이다.

예를 들어, 평면 내의 점을 표시하는 데는, 원점에서의 '가로 방향의 거리'와 '세로 방향의 거리'라고 하는 두 개의 원소가 필요하고, 좌표는(a, b)의 형식이 되기 때문에 2차원이다. 공간 내의 점의 경우는 '가로 방향', '세로 방향', '높이'의 3가지 원소를 가지고 있기 때문에 3차원이다. 좌표는(a, b, c)의 형식이 된다.

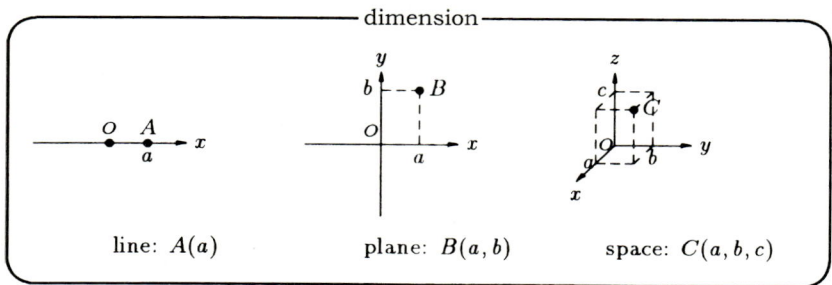

dimension

line: $A(a)$ plane: $B(a, b)$ space: $C(a, b, c)$

direct
〔dirékt, dai-〕

향하다 ; 직접적인

■ ~ **isometry** 정등장(正等長) 변환

평행이동 translation, 회전이동 rotation과 대칭이동 reflection처럼 선분(線分)의 길이를 변화시키지 않는 변환을 나타낸다. 등장 변환 중에서 도형을 반전시키지 않는 것을 정등장변환 direct isometry이라고 한다.

정등장 변환은 각도를 변화시키지 않기 때문에 합동변환 congruent transformation이다.

■ ~ **proportion** 정비례

두 변수의 비가 일정할 때 한쪽은 다른 쪽에 '정비례한다' be in direct proportion to라고 한다. 예를 들어, '속도가 일정할 때 움직인 거리는 시간에 비례한다' the distance traveled is in direct proportion to the time taken처럼 표현한다. 움직이는 시간이 2배, 3배가 되면, 움직인 거리도 2배, 3배가 된다. 두 개의 변수 x, y가 비례하고 있을 때 $y \propto x$와 같이 쓴다. $y \propto x$일 때 x와 y의 비가 일정하기 때문에 $\dfrac{y}{x} = k$, 즉, $y = kx$라고 쓸 수 있고, 이때, k는 비례상수 constant of variation라고 한다.

$y=3x$일 때, y는 x에 비례하고 $x=1$일 때 $y=3$이고 $x=4$일 때, $y=12$이다. 또 $y \propto x$에서 $x=8$일 때, $y=6$이 된다면 $y=kx$에 대입해서 $6=8k$이고 $k=\dfrac{3}{4}$이다. 따라서 $y=\dfrac{3}{4}x$이고 $x=4$일 때 $y=3$이 된다.

- ~ variation 정비례
  direct proportion과 같음. x와 y가 정비례하고 있을 때 ' x and y are in direct variation'처럼 표현한다.

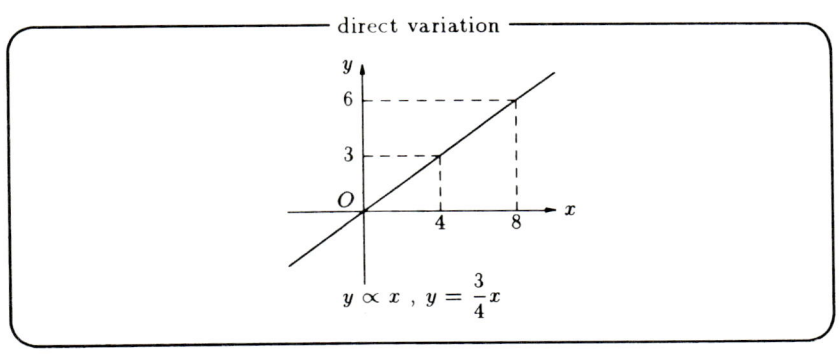

─ direct variation ─

$y \propto x$, $y = \dfrac{3}{4}x$

directed
〔diréktid〕

방향이 있는, 유향 (有向) 의

- ~ angle 유향각(有向角)
  방향을 가진 각도를 말한다. 일반적으로 반시계방향 anti-clockwise, 정시계방향 clockwise이 있다.

- ~ (line) segment 유향선분
  방향을 가진 선분을 나타낸다. 이때 선분 BA와 선분 AB는 방향이 반대이기 때문에 다른 유향(有向) 선분이다. 유향선분은 벡터 vector라고 생각된다.

■ ~ number 유향수

수에서 양(+) 또는 음(−)의 기호를 붙인 것을 나타 낸다. 유향수(有向數)는 보통 수직선(數直線) 상의 점으로 표현된다. 양(+) positive의 수는 원점 *O*의 우측, 음(−) negative의 수는 원점 *O*의 좌측에 둔다.

─── directed ───

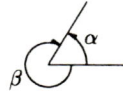
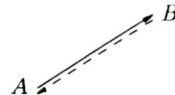
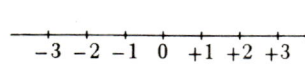

directed angle
$\alpha = 60°$
$\beta = -300°$

directed segment AB
$\overrightarrow{BA} = -\overrightarrow{AB}$

directed numbers

directrix
〔diréktriks〕

준선 (準線)

포물선 parabola은 한 개의 정점과 한 직선까지의 거리 가 같은 점이 만드는 도형이다. 한 정점을 초점 focus, 한 직선을 준선 directrix이라고 한다. 일반적으로 원뿔 곡선 conic section은 초점에서의 거리와 준선에서의 거

리의 비 ($\dfrac{\text{초점에서의 거리}}{\text{준선으로부터의 거리}}$) 가 일정한 점이 만

드는 도형이다. 이 일정한 비를 원뿔곡선의 이심율(離 心率) 이라고 한다. 이심율 eccentricity의 값에 의해 곡 선은 포물선, 타원 ellipse, 쌍곡선 hyperbola 중에 하나 가 된다. → eccentricity

준선과 초점은 포물선에서는 1쌍, 타원과 쌍곡선에는 2 쌍 존재한다.

아라비아 숫자의 시초는?

➡ 우리가 지금 사용하고 있는 숫자 0, 1, 2, 3, 4, 5, 6, 7, 8, 9를 흔히 아라비아 숫자라 고 하지만 아라비아인이 이들 숫자를 만든 것이 아니고, 인도에서 처음 시작한 것을 아라비아인들이 유럽으로 전한 까닭으로 그 이름이 생긴 것이다.

Dictionary of Mathematics for studying abroad

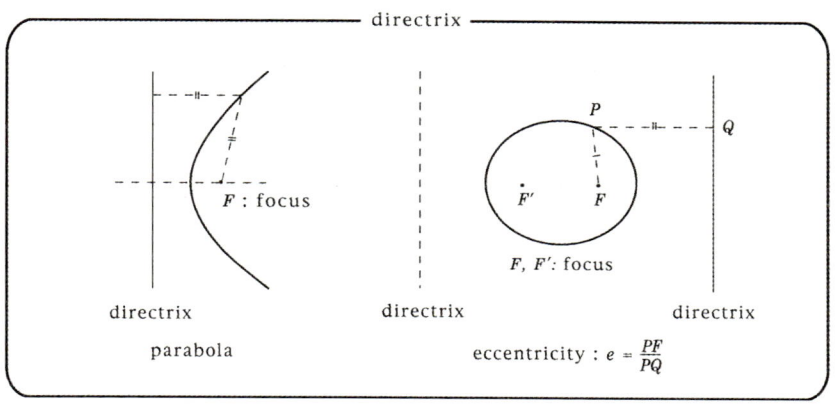

directrix

F : focus

F, F' : focus

directrix   directrix   directrix

parabola

eccentricity : $e = \dfrac{PF}{PQ}$

discontinuous
〔dìskəntínjuəs〕

불연속의

discrete
〔diskríːt〕

이산적 (離散的) 인

개수와 사람 수처럼 수를 셀 수 있는 띄엄띄엄한 수를 말한다. 이에 대해, 선분의 길이 등은 전부 실수의 값을 갖기 때문에 연속이다. 한편, 정수는 수직선 상에서 점으로 표현되므로 이산적이다.

discriminant
〔diskrímənənt〕

판별식

2차 방정식 $ax^2 + bx + c = 0$의 해는, 공식

$$x = \frac{-b \pm \sqrt{b^2 - 4ac}}{2a}$$

으로 구할 수 있다. 근호 안의 식 $b^2 - 4ac$을 2차 방정식의 판별식이라고 한다. $D = b^2 - 4ac$라고 놓을 때, D의 값에 의해 2차 방정식의 해의 종류를 판단할 수 있다. $D > 0$일 때 $\sqrt{D}$는 실수이기 때문에 해도 실수가 된다. $D = 0$일 때 $\sqrt{D} = 0$이기 때문에 해는 한 개의 실수

이다. $D<0$일 때 $\sqrt{D}$는 허수이므로 해도 허수이다.
요약해 보면, 2차 방정식 $ax^2+bx+c=0$은

$b^2-4ac>0$일 때 2개의 서로 다른 실근 real roots

$b^2-4ac=0$일 때 중근 equal roots

$b^2-4ac<0$일 때 2개의 허근 imaginary roots

을 가진다.

disjoint
〔disdʒɔ́int〕

교차하지 않는, 서로 소인, 배반의

두 개의 집합 A, B에 공통의 원소가 존재하지 않을 때, 이 두 개의 집합 A, B의 관계를 말한다. 집합 A, B가 서로 소인 경우 A와 B의 공통부분 intersection $A \cap B$은 공집합 ϕ이다. 예를 들어, $A=\{1, 3, 5, 7\}$, $B=\{2, 4, 6, 8\}$일 때 A, B는 서로 소이며 배반관계에 있다.

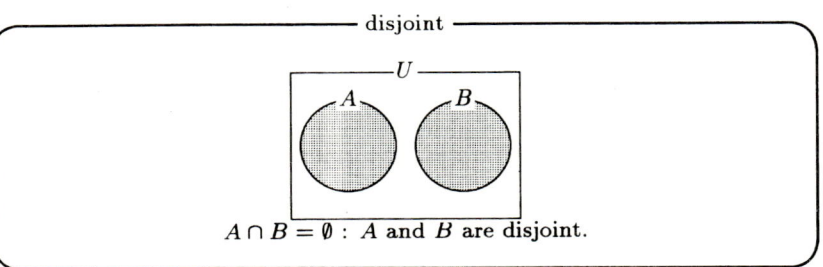

disjoint

$A \cap B = \emptyset$: A and B are disjoint.

dispersion
〔dispə́ːrʒən〕

흩어짐, 산포 (散布), 분산

시험점수의 분포를 나타내기 위해서는 평균을 자주 이용한다. 그러나 같은 평균이어도 점수분포가 평균 부분의 점수에 집중되어 있을 경우와 평균으로부터 떨어져 있는 경우로 생각할 수 있다. 이처럼 평균으로부터 떨어져 있는 모양을 흩어짐, 산포라고 한다.

흩어져 있는 정도는 평균편차 mean deviation, 표준편차 standard deviation 등을 이용하여 표시할 수 있고 흩어져 있는 모양은 산포도 measure of dispersion로 나타낼 수 있다. → deviation

displace
〔displéis〕

교체하다, 이동시키다, 치환하다

displacement
〔displéismənt〕

이동, 변위 (變位)
점과 도형 등을 다른 장소로 움직이게 하는 것을 말한다. 이동은 일반적으로 거리와 방향으로 나타낸다. 동쪽으로 4km 이동하고, 계속해서 북쪽으로 3km 이동하는 것을 벡터로 표시하면 $\binom{4}{3}$의 이동으로 나타내기도 한다.

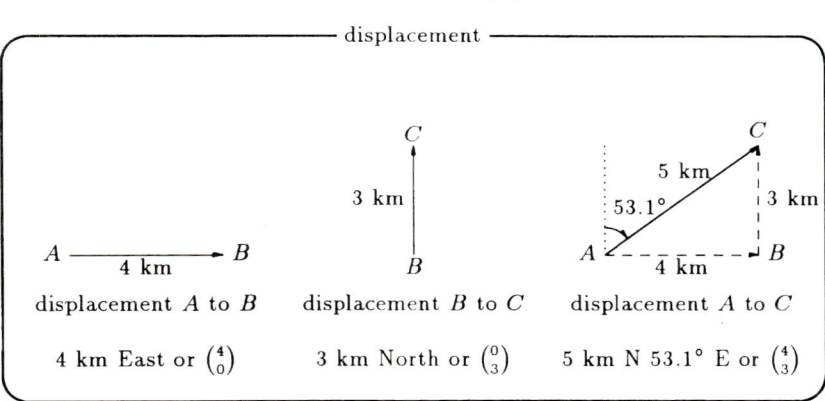

— displacement —

displacement A to B

4 km East or $\binom{4}{0}$

displacement B to C

3 km North or $\binom{0}{3}$

displacement A to C

5 km N 53.1° E or $\binom{4}{3}$

disproof
〔disprúːf〕

반증 (反證)
어떠한 사항이 틀리다는 것에 대한 증명을 말한다.

disprove
〔disprúːv〕

반증하다

distance
〔dístəns〕

거리

두 점 A, B를 연결하는 선분 AB의 길이를 두 점 A, B 사이의 거리라고 한다. 점과 직선 사이의 거리는 점에서부터 직선에 내린 수선의 길이이다.

일반적으로, 두 개의 도형의 거리는 각각 도형 위의 임의의 점 P, Q를 찍었을 때의 거리 PQ의 최소값이다.

예 The distance between A and B is two inches.

---

distribution
〔dìstrəbjúːʃən〕

분포

어떤 측정값 등에서 수치의 빈도(도수) 상태를 말한다.

- **frequency ~** 도수 분포

  오른쪽의 표는 여자 40명의 핸드볼 던지기의 결과를 모은 것이다. 각 계급에 들어가는 사람 수를 도수라고 하고, 각 계급의 중앙의 값을 계급값이라고 한다. 이 표에 의해 핸드볼 던지기의 도수 분포를 알 수 있다.

  frequency table

거리(m)	계급값	도수
8 ~ 10	9	2
10 ~ 12	11	3
12 ~ 14	13	7
14 ~ 16	15	12
16 ~ 18	17	10
18 ~ 20	19	4
20 ~ 22	21	1
22 ~ 24	23	1

- **normal ~** 정규 분포

  오른쪽의 도수 분포는 중앙에 사람 수가 집중해 있고 끝으로 갈수록 사람 수가 적어지고 있다. 이러한 벨형 bell-shaped의 분포를 정규 분포라고 한다. 큰 집단의 시험 점수와 신장 분포 등은 정규 분포를 이룬다.

---

distributive
〔distríbjutiv〕

분배의

곱셈($\times$)과 덧셈($+$)에 관해, 분배법칙 $a \times (b+c) =$

$a \times b + a \times c$이 성립하고, 이때 '곱셈은 덧셈에 대해 분배적이다' The operation $\times$ is distributive over $+$.라고 한다. 곱셈은 뺄셈에 대해서도 분배적이다.

다항식의 곱셈은, 분배법칙을 몇 번 사용해서 다음과 같이 계산한다.

$$(2x+3) \times (4x-5) = 2x \times (4x-5) + 3 \times (4x-5)$$
$$= 2x \times 4x - 2x \times 5 + 3 \times 4x - 3 \times 5$$
$$= 8x^2 + 2x - 15$$

diverge
[divə́ːrdʒ]

발산하다

n을 무한히 크게 할 때, $\frac{1}{n}$은 0에 수렴한다. 수렴하지 않을 때는 발산한다고 한다. n을 무한히 크게 할 경우, n^2도 무한히 커져가고 이때 n^2은 양의 무한대 $(+\infty)$로 발산한다고 한다. 또 $-n^2$은 무한대로 작아지고 음의 무한대 $(-\infty)$로 발산한다. $1-2+3-4+5-6+\ldots$의 최초의 1, 2, 3, ...항까지의 합은, 각각 1, -1, 2, -2, 3, -3 ....이 됨으로 이 합은 수렴하지 않는다. 따라서 이 합은 발산한다.

그런데 이 합은 양의 무한대까지도, 음의 무한대까지도 발산하지 않고 수렴도 하지 않는다.

dividend
[dívədènd]

피제수 (被除數)

나누어지는 수를 말함. 나눗셈 $a \div b$에 있어서 a가 피제수, b가 제수 divisor이다.

또, 주식 등의 이익배당을 **dividend**라고 한다.

divisibility
[divìzəbíləti]

정제성 (整除性)

정수가 정수로 나누어 떨어지는 성질을 말한다.

Dictionary of Mathematics for studying abroad

division
[divíʒən]

나눗셈, 제법 (除法)

곱셈의 역 연산을 말하며 $a \div b$는 방정식 $b \times x = a$의 해 x를 구하는 연산이다.

정수는 나눗셈에 관해 닫혀 있지 않다. 즉 정수의 범위에서는 나눗셈의 결과가 정수가 되지 않을 수도 있다. 유리수는 나눗셈에 관해 닫혀 있다. 나눗셈의 결과 분수 fraction의 형태로 $a \div b = \dfrac{a}{b}$ 처럼 쓰여진다.

나눗셈에는 예를 들어서, $24 \div 6 = 4$는 '24개를 6개로 나누어, 4개씩' 이라는 사고와 '24 가운데 6이 4개 들어 있다' 라고 하는 사고방식이 있다.

divisor
[diváizər]

제수, 인수, 약수

나누는 수를 말함. 나눗셈 $a \div b$에 있어서, a가 피제수, b가 제수이다. 또, '3은 6의 약수이다' 라고 할 때는 나누어 떨어지는 수의 의미로 인수 factor와 같다 1, 2, 3 and 6 are divisors of 6.

dodeca-
[doudékə]

12의 뜻

dodecagon
[doudékəgàn]

12각형

12개의 변과 각을 가지는 다각형을 나타낸다.

dodecahedron
[doudèkəhíːdrən]

12면체

5개 밖에 없는 정다면체 regular polyhedron의 하나로 정 12면체가 있다. 정12면체는, 12개의 동일한 정5각형 regular pentagon으로부터 생기는 다면체로서 20개의 꼭지점 vertices과 30개의 변 edges을 갖는다.

domain
〔douméin〕

정의역 (定義域)

함수가 독립변수로 쓸 수 있는 영역의 값들을 나타낸다. 예를 들어, 집합 $A=\{1,\ 2,\ 3\}$으로부터 집합 $B=\{1,\ 2,\ 3,\ 4,\ 5,\ 6\}$으로의 함수 function f가 $f(x)=2x$로 정의되어 있다고 하면 집합 A를 정의역, 집합 B를 공역 codomain이라고 한다. 또, f의 상(像) $\{2,\ 4,\ 6\}$을 f의 치역 image set, range이라고 한다.

함수 $y=\sqrt{x}$의 정의역은 $\{x \mid x \geq 0\}$이고 이때 y가 취하는 값의 범위인 $\{y \mid y \geq 0\}$이 치역이 된다.

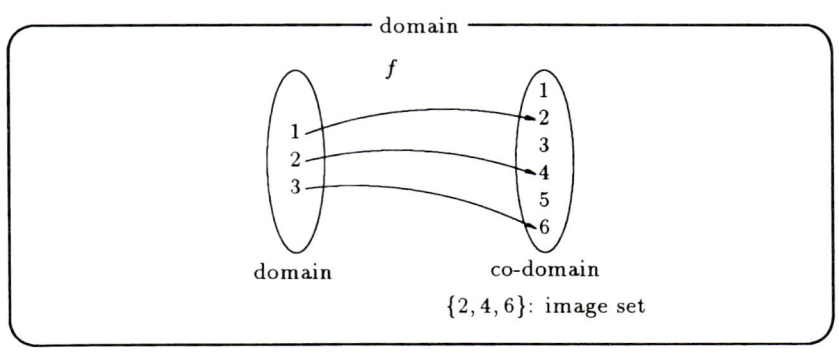

domain   co-domain

$\{2, 4, 6\}$: image set

dot product
〔dat prádʌkt〕

내적 (內積) = inner product

벡터 $\vec{a}$, $\vec{b}$가 이루는 각을 θ라고 할 때 $|\vec{a}||\vec{b}|\cos\theta$을 벡터 $\vec{a}$, $\vec{b}$의 내적 dot product이라고 하고 $\vec{a} \cdot \vec{b}$라고 쓴다.

$\vec{a} = (a_1, a_2, a_3)$, $\vec{b} = (b_1, b_2, b_3)$일 때

$\vec{a} \cdot \vec{b} = a_1 b_1 + a_2 b_2 + a_3 b_3$ 이다.

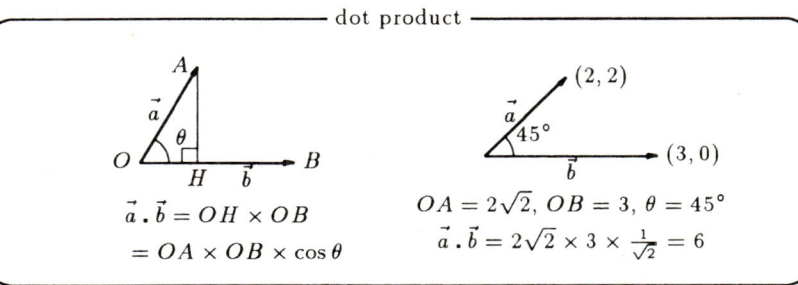

— dot product —

$$\vec{a} \cdot \vec{b} = OH \times OB$$
$$= OA \times OB \times \cos\theta$$

$OA = 2\sqrt{2},\ OB = 3,\ \theta = 45°$
$$\vec{a} \cdot \vec{b} = 2\sqrt{2} \times 3 \times \frac{1}{\sqrt{2}} = 6$$

dual
〔djúːəl〕

쌍대 (雙對) 의, 쌍대적인, 이중의

예를 들어, 삼각형의 세 변의 중점을 선분으로 연결하면 새로운 삼각형이 만들어진다. 이처럼 두 개의 도형을 쌍대 다각형 dual polygon이라고 한다. 쌍대 평면도형은 점을 직선으로, 직선을 점으로 바꾸어 놓으면 만드는 것이 가능해진다.

또, 정다면체의 각 면의 중심을 서로 연결시키면 다른 정다면체가 생기는데 이것들은 쌍대다면체 dual polyhedra라고 불린다.

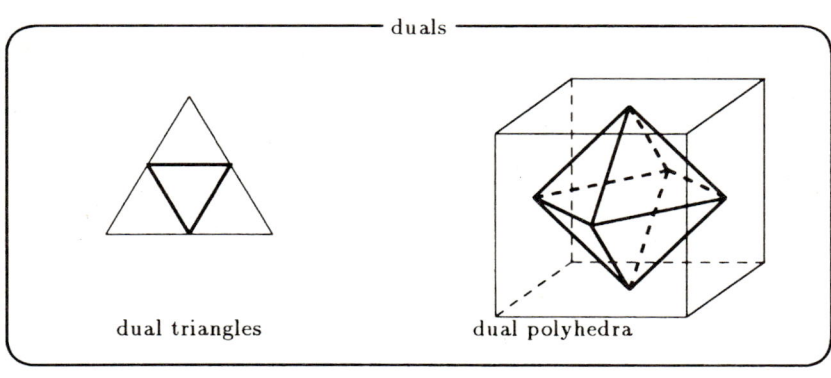

— duals —

dual triangles

dual polyhedra

duodecimal
〔djùːədésəməl〕

12진법의

12를 기본으로 하는 기수법을 말한다. 12진법은 1, 12,

$12^2 \cdots \dfrac{1}{12}$, $\dfrac{1}{12^2} \cdots$ 을 사용한다. 12진법에서 123.9

는 $1 \times 12^2 + 2 \times 12 + 3 \times 1 + 9 \times \dfrac{1}{12}$ 을 의미하므로 10진

법에서 171.75이다. 12진법에서는 10과 11을 표시하는 기호가 필요하게 되는데 그것들은 각각 'T'와 'E'로 표현하는 경우가 많다. 예를 들어, 5T는 10진법으로는 $5 \times 12 + 10 = 70$이다. 또, E2는 10진법으로 $11 \times 12 + 2 = 134$가 된다.

e
[iː]

자연대수의 밑

n을 무한대로 크게 했을 때의 $\left(1+\dfrac{1}{n}\right)^n$의 극한을 e 라고 쓰고, 자연로그의 밑 base of logarithm이라고 한다. 즉,

$$e = \lim_{n \to \infty} \left(1+\frac{1}{n}\right)^n$$

실제로 $e=2.71828\ldots$이다. 함수 $y=e^x$의 그래프 위의 점 $(0, 1)$에 있어서 접선의 기울기는 1이 된다.

eccentricity
[èksəntrísəti]

이심율 (離心率)

포물선은 한 정점 F와의 거리 PF와 한 정직선 L과의 거리 PQ가 같은 점 P가 그리는 도형이다. 이때, 한 정점 F를 포물선의 초점 focus, 한 정직선 L을 준선 directrix이라고 한다. 일반적으로 원뿔곡선 conic section은 초점에서의 거리와 준선에서의 거리의 비인

$$\frac{\text{초점에서의 거리 } PF}{\text{준선에서의 거리 } PQ}$$

가 일정한 점 P가 그리는 도형이다.

이 일정의 비 $e=\dfrac{PF}{PQ}$ 를 원뿔곡선의 이심율이라고 한다.

원뿔곡선은 이심율 e의 값에 의해 다음의 3가지 종류로 나눠질 수 있다.

$e<1$일 때 타원

$e=1$일 때 포물선

$e>1$일 때 쌍곡선

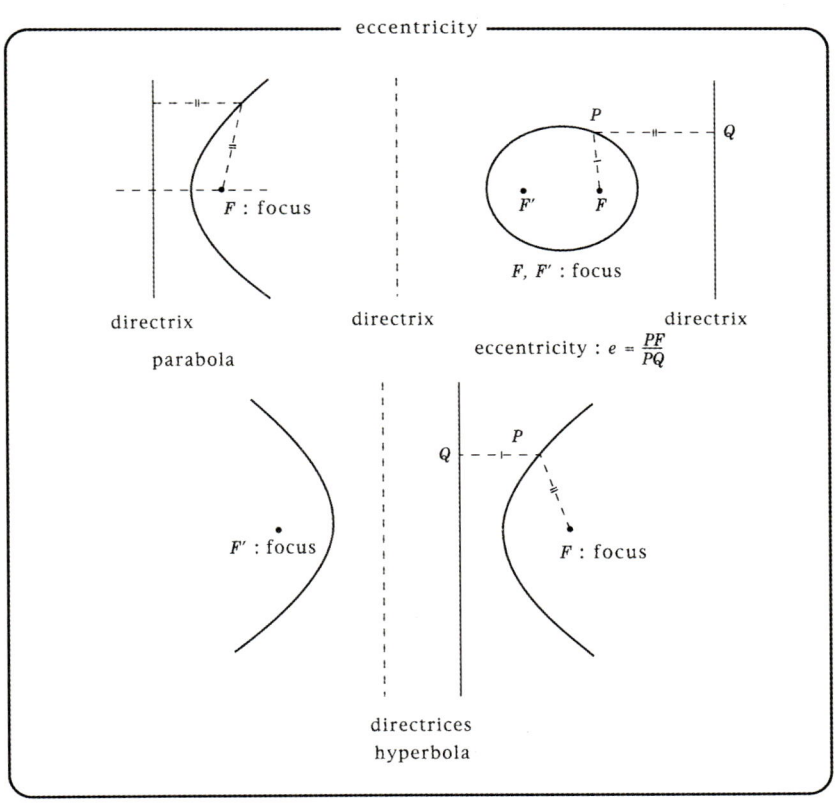

eccentricity

F : focus

directrix

parabola

F, F' : focus

directrix

directrix

eccentricity : $e = \dfrac{PF}{PQ}$

F' : focus

F : focus

directrices

hyperbola

ecenter
〔iséntər〕

방심 (傍心)

삼각형의 방접원의 중심을 말함. 방심은 삼각형의 한 개의 내각의 이등분선과 나머지 두 각에서 외각의 이등분선의 교점이다.

→ ecircle

ecircle
〔isə́:rkl〕

방접원 (傍接圓)

삼각형의 한 변과 다른 두 변의 연장선에서 삼각형의 바깥에서 접하는 원을 방접원이라 한다. 한 개의 삼각형에 세 개의 방접원을 그릴 수 있다. 방심은 한 변에 대한 내각의 이등분선과 그 내각에 대한 두 외각의 이등분선의 교점이다.

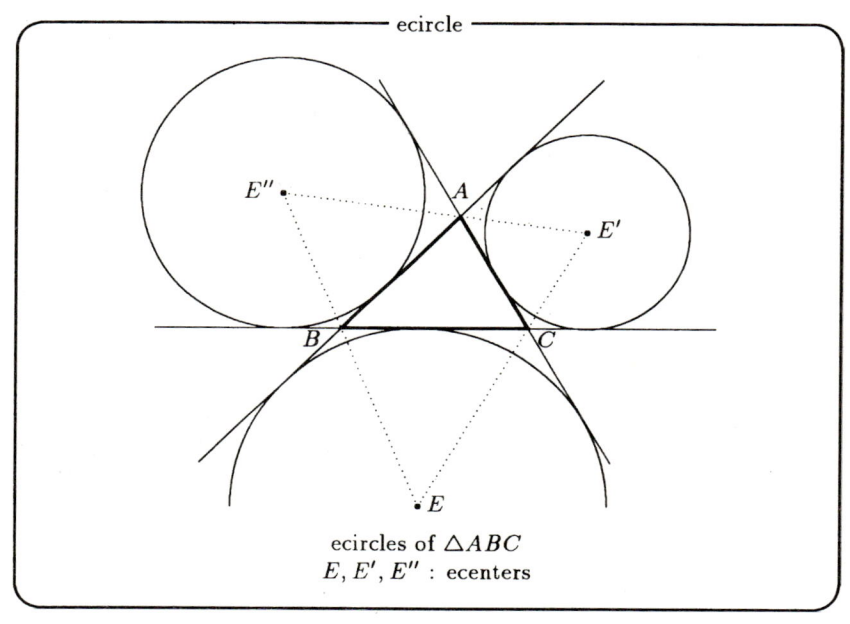

ecircle

ecircles of $\triangle ABC$
E, E', E'' : ecenters

edge
〔edʒ〕

변, 모서리
다면체 polyhedron의 두 개의 면 face이 서로 만나는 선분을 말한다. 2개 이상의 변이 만나는 점은 꼭지점 vertex이라고 한다.

e.g.
〔íːdʒíː〕

예를 들면

element
〔éləmənt〕

원소
[matrix] 행렬을 구성하는 하나 하나의 수(문자)를 말함.

예를 들면, 행렬 $\begin{pmatrix} a & b \\ c & d \end{pmatrix}$의 원소는 a, b, c, d이다.

또, 가로의 배열을 행 row, 세로의 배열을 열 column 이라 한다. 위의 예에서 b는 1행 2열의 원소(성분) the element in the first row, second column라 한다.

[set] 집합에 속한 하나 하나를 집합의 원소 element of a set라 한다. a가 집합 A의 원소일 때, $a \in A$라고 쓴다.

예를 들어, 10 이하의 양의 짝수의 집합을 B라고 하면 $B = \{2, 4, 6, 8, 10\}$이므로 $4 \in B$, $7 \notin B$이다.

elevation
〔èləvéiʃən〕

입면도(立面圖), 정면도(正面圖)

입체를 정면에서 본 그림을 말한다. 측면에서 본 그림은 측면도 side elevation, 후방에서 본 그림은 후방도 rear elevation라 한다. 평면도는 정확히 위에서 본 그림이다.

■ **angle of ~ , ~ angle** 앙각(仰角)
물체를 위로 올려다볼 때, 그 방향의 수평면 방향 으로부터의 각도를 말한다.

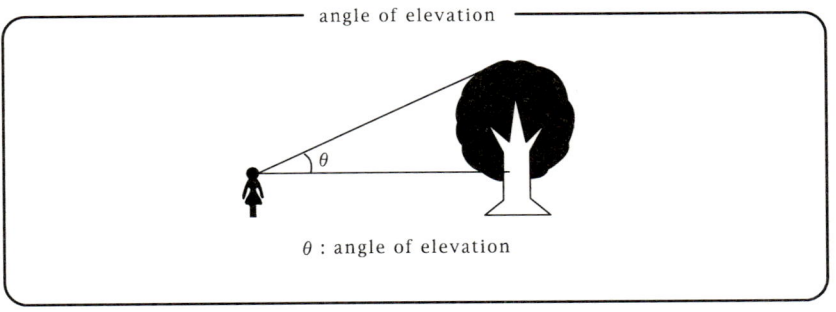

angle of elevation

θ : angle of elevation

eliminate
〔ilímənèit〕

소거하다

elimination
〔ilìmənéiʃən〕

소거, 소거법

ellipse
〔ilíps〕

타원

두 개의 정점 F, F'에서의 거리의 합 $PF + PF'$가 일정한 점 P가 그리는 곡선을 말한다. 정점 F, F'를 타원의 초점이라고 한다. F, F'를 각각 $(c, 0)$, $(-c, 0)$라고 하고, 거리의 합을 $2a$라고 할 때에 타원의 방정식은 $b^2 = a^2 - c^2$이라 두면 $\dfrac{x^2}{a^2} + \dfrac{y^2}{b^2} = 1$이 된다.

또, 이 타원을 x축으로부터 잘라낸 부분을 장축 major axis이라고 부른다. 장축, 단축의 길이는 각각 $2a$, $2b$이다. 게다가 타원은 장축, 단축에 관해서 대칭(따라서 원점에 관해서도 대칭)인 도형이다. 타원은 원뿔곡선의 하나로, 원뿔을 비스듬한 평면으로 잘랐을 때 생기는 곡선이고 또 이심율 eccentricity e는 1보다 작다.

→ **conic section, eccentricity**

【강 건너기】 한 농부가 한 마리의 여우와 한 마리의 산양, 그리고 양배추를 갖고 여행하고 있었다. 도중에 그들은 강을 만났으나 다리가 없었다. 이 강을 건너려면 한 가지밖에 가지고 갈 수 없었다. 그러나 여우와 산양을 남겨 두면, 산양은 여우에게 잡아먹히게 되고, 산양과 양배추를 남겨 두면 산양이 양배추를 먹어 버린다고 한다. 이 농부가 모두 무사히 건너려면 어떻게 하면 좋을까?

➡ 우선 산양을 데리고 강을 건넌다. 산양을 강 건너편에 놓아두고 되돌아 와서 여우를 데리고 건너간다. 여우를 반대편 강변에 놓아두고 산양을 데리고 돌아온다. 다음 산양을 놓아두고 양배추를 가지고 건너가서 강변에 두고 되돌아와서 산양을 데리고 건너면 된다.

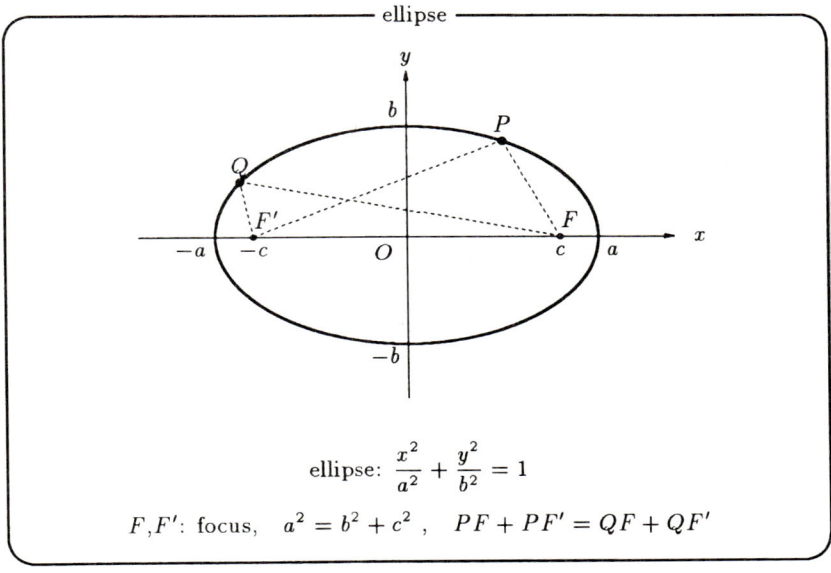

$$\text{ellipse}: \frac{x^2}{a^2} + \frac{y^2}{b^2} = 1$$

F, F': focus, $\quad a^2 = b^2 + c^2$, $\quad PF + PF' = QF + QF'$

elliptic
〔ilíptik〕

타원의

- ∼ **cone** 타원뿔
  바닥면이 타원인 뿔을 말한다.

- ∼ **cylinder** 타원기둥
  바닥면이 타원인 기둥을 말한다.

empty
〔émpti〕

비어 있는

- ∼ **event** 공사건(空事件)
  아무 일도 일어나지 않는 사건을 나타낸다. 공사건의 확률은 0이다.

- ∼ **set** 공집합
  원소를 하나도 가지지 않는 집합을 말하고 ϕ로 나타낸다. 예를 들어, A={1, 3, 5}, B={2, 4, 6}일 때 A 와 B에는 공통원소가 없기 때문에 $A \cap B = \phi$이다.

enlarge
[inláːrdʒ]

확대하다

→ enlargement

enlargement
[inláːrdʒmənt]

확대

도형을 일정 배율로 늘리는 것을 말한다. 한 점 C를 정하고 도형 상의 모든 점 P에 대해서 $CP' = r \times CP$가 되는 점 P'을 직선 CP 위에 두었을 때 점 C를 확대의 중심 center of enlargement, r을 확대 배율 scale factor of enlargement이라고 한다. 또, 점 P'를 점 P의 상(像)이라고 한다.

확대는 그 중심과 배율에 의해서 정해진다. 배율이 1보다 작을 때 도형은 축소되지만, 이 경우도 enlargement를 이용한다. $r < 0$일 때 확대된 도형은 중심 C에 대해서 원래의 도형에 반대측에 생긴다. 따라서 이 경우 도형은 180° 회전된 형태가 된다.

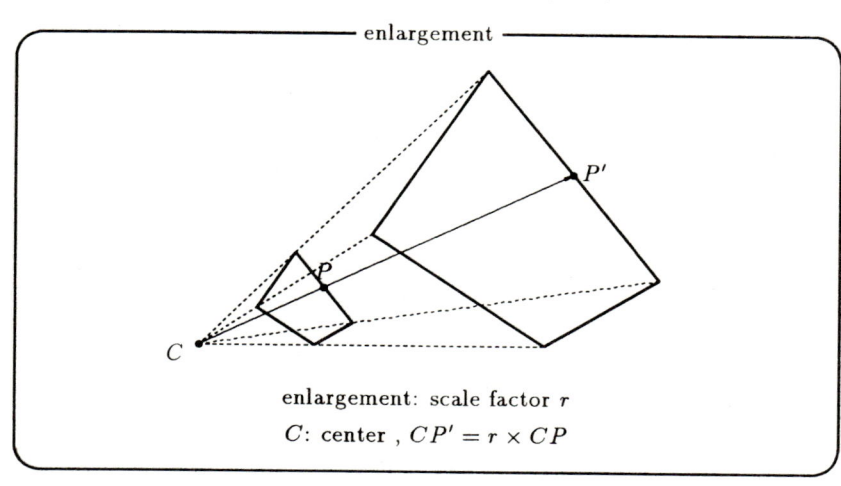

enlargement: scale factor r

C: center, $CP' = r \times CP$

enneagon
〔éniəgàn〕

9각형

enneahedron
〔èniəhíːdrən〕

9면체

ensemble
〔ɑːnsɑ́mbl〕

집합
= set

enumerate
〔injúːmərèit〕

수를 세다, 열거하다

envelope
〔énvəlòup〕

포락선 (包絡線)

어떤 곡선 군 group의 모든 곡선이 일정한 곡선에 접해 있을 때 그 곡선을 곡선 군의 포락선이라 한다.

예를 들어, x축에 접하는 원 $(x-t)^2+(y-1)^2=1$을 생각해 보자.

t를 연속적으로 변화시킬 때, 방정식은 원의 족(族)을 정의한다. 이 원족(圓族)의 포락선은 직선 $y=2$이다.

길이가 일정한 선분 PQ의 끝점 P, Q가 각각 x축의 양의 부분, y축의 양의 부분에 있도록 움직이게 할 때에 선분 PQ의 전부에 접한 곡선을 그릴 수 있다. 다음 페이지 오른쪽 그림에 나타난 곡선이 직선 족의 포락선이다.

【풀】 넓이가 $10km^2$인 어떤 목장에서 작년에는 200마리의 젖소를 길렀다. 이 소들은 1년에 $2km^2$의 목초지의 풀을 뜯어 먹는다고 한다. 목초지의 여유가 있어 금년에는 300마리의 젖소를 더 키우려고 했다. 그렇다면 이 소들이 이 목장의 풀을 모두 뜯어 먹으려면 몇 년이 걸릴까?

➡ 몇 년이 지나도 풀을 모두 뜯어 먹을 수 없다. 1년이 지나면 풀은 다시 자란다.

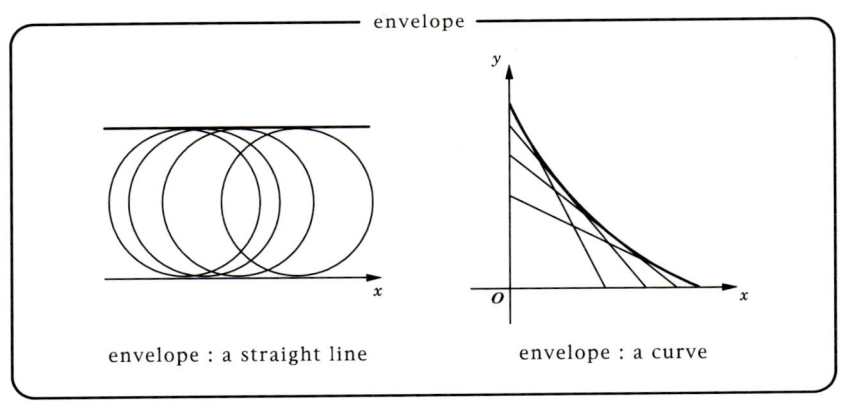

envelope

envelope : a straight line   envelope : a curve

epicycloid
〔èpəsáikloid〕

외파선 , 외 (外) 사이클로이드, 에피사이클로이드
한 개의 원을 다른 한 개의 원에 외접시키면서 회전시킬
때, 그 외접된 원의 원주 위의 한 점이 그리는 도형을
말한다.

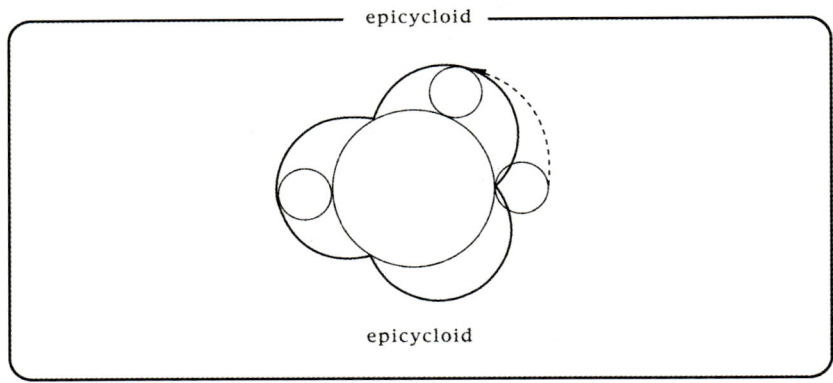

epicycloid

epicycloid

e.q.   → equals, equality, equation, equivalence

equal
〔íːkwəl〕

동등한, 같다
두 개의 수량 a, b가 같은 값을 가지고 있을 때를 뜻하

고 $a = b$라고 쓴다. 예를 들어, $3^2 = 9$, $6 \div 3 = 2$이다. 또, 두 개의 식 f, g를 변형해서 같은 식이 될 때 같다 equal라고 하고 $f = g$라고 쓴다. 예를 들어, $ab - ac = a(b-c)$, $(a+b)^2 = a^2 + 2ab + b^2$이다.

두 개의 집합 A, B는 완전히 같은 원소로 구성될 때 같다 equal라고 하고 $A = B$라고 쓴다.

$A = \{1, 2, 3\}$, $B = \{3, 2, 1\}$일 때, $A = B$이다.

equality
[ikwáləti]

등식 (等式)

같은 수량과 식을 등호를 이용하여 연결한 것을 말한다.

$\dfrac{1}{2} = \dfrac{4}{8}$, $a^2 - b^2 = (a+b)(a-b)$ 등은 등식의 예이다.

equation
[ikwéiʒən]

방정식 (方程式)

등식 가운데, 어떤 특정의 값에 대해서만 성립하는 것을 말한다. 방정식은 '어떤 미지수가 만족하고 있는 등식'이라고 할 수 있다. 미지수의 개수와 차수, 또한 형식과 표현에 의해 분류되어 다음과 같은 종류가 있다.

- **cubic ~ 3차 방정식**

  3차식으로 표현되는 방정식을 말한다. $x^3 + 2x^2 - 4x - 8 = 0$은 3차 방정식이다. 좌변이 $(x+2)^2(x-2)$로 인수분해가 되어 이 방정식의 답은 $x = \pm 2$가 된다.

- **differential ~ 미분방정식**

  도함수에 의한 방정식을 말한다. 예를 들어, 직선 상을 운동하고 있는 물체의 가속도 acceleration a와 속도 velocity v 사이에는 미분방정식 $\dfrac{dv}{dt} = a$가 성립한다. t는 시간을 나타낸다.

- **~ with _n_ unknowns** n원(元) 방정식

  미지수 unknown를 n개 포함하는 방정식을 말한다. $2x+3y=5$는 2원 방정식이다. 이 방정식의 해는 무한히 많다.

- **exponential ~** 지수(指數) 방정식

  지수에 미지수를 포함하는 방정식을 말한다. $2^{2x+1}=32$는 지수 방정식이다. $32=2^5$이기 때문에, $2x+1=5$에 의해 $x=2$이다.

- **fractional ~** 분수 방정식

  분수식을 포함하는 방정식을 뜻한다. $\dfrac{3x+1}{x-1}=5$는 분수 방정식이다. 분모를 제거해서, $3x+1=5(x-1)$에 의해서 $x=3$을 얻게 된다.

- **irrational ~** 무리 방정식

  무리식을 포함하는 방정식을 말한다. $\sqrt{4x+1}=3$ 은 근호 $(\sqrt{\ })$ 안에 미지수 x를 포함하고 있기 때문에 무리 방정식이다.

  $3=\sqrt{9}$ 이기 때문에, $4x+1=9$에 의해서 $x=2$이다.

- **linear ~** 1차 방정식

  최고차 항의 차수가 1인 방정식을 말한다. $7x-1=4x+11$은 1차 방정식이다. $7x-4x=11+1$이기 때문에 $3x=12$이므로 $x=4$가 된다.

- **quadratic ~** 2차 방정식

  최고차 항의 차수가 2인 방정식을 말한다. $x^2-3x-4=0$은 2차 방정식이다. 좌변을 인수분해해서 $(x-4)(x+1)=0$이 되기 때문에 $x=4$ 또는 $x=-1$이다.

- **quartic** ~ 4차 방정식

  최고차 항의 차수가 4인 방정식을 말한다.

- **simultaneous** ~s 연립방정식

  2개 이상의 미지수가 들어 있는 방정식이다. 2개 이상의 방정식을 짜 맞추어서 해를 구해야 한다. 두 개의 방정식 $x+2y=5$, $3x+y=5$는 연립방정식 simultaneous equations이다. 후자의 양변을 2배 해서 $6x+2y=10$, 거기에 앞의 식을 빼서 $6x-x+2y-2y=10-5$에 의해서 $5x=5$ 즉, $x=1$이 된다. 두 번째 식에 의해 $y=2$. 따라서 해는 $x=1$, $y=2$가 된다.

equator
〔ikwéitər〕

적도 (赤道)

지구를 북극 North Pole과 남극 South Pole을 연결하는 직선에 수직임과 동시에 지구의 중심을 지나는 평면으로 자를 때 생기는 원을 '적도'라고 한다. 적도는 대원 great circle의 하나이다. 적도와 평행한 평면으로 자를 때 생기는 원은 위선 line of latitude이라고 한다.

【짝수】 연속되는 세 짝수를 더하였더니 60이 되었다. 이때 가장 작은 짝수는 얼마인가?

➔ 18 [a+(a+2)+(a+4)=60   a = 18]

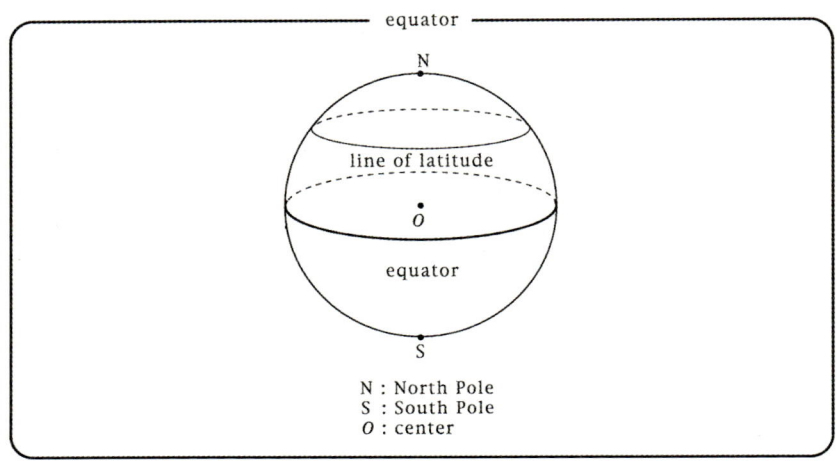

equi-
〔íːkwi〕

'같은~'의 뜻

equiangular
〔íːkwiǽŋgjulər〕

등각의

각이 같을 때를 말한다. 또, 완전히 각이 같은 다각형도 **equiangular**라고 한다.

equidistance
〔ìːkwidístəns〕

등거리

equidistant
〔ìːkwidístənt〕

등거리의

포물선 parabola 등의 궤적을 구할 때, 또는 지도의 도법에 있어 잘 쓰인다.

equilateral
〔ìːkwilǽtərəl〕

등변의 ; 등변형

변이 같은 것, 또는 변이 같은 도형을 나타낸다.

- **equilateral polygon** 등변다각형

모든 변의 길이가 같은 다각형

- **equilateral triangle** 정삼각형
  정삼각형의 3개의 각은 전부 60°로 같다.

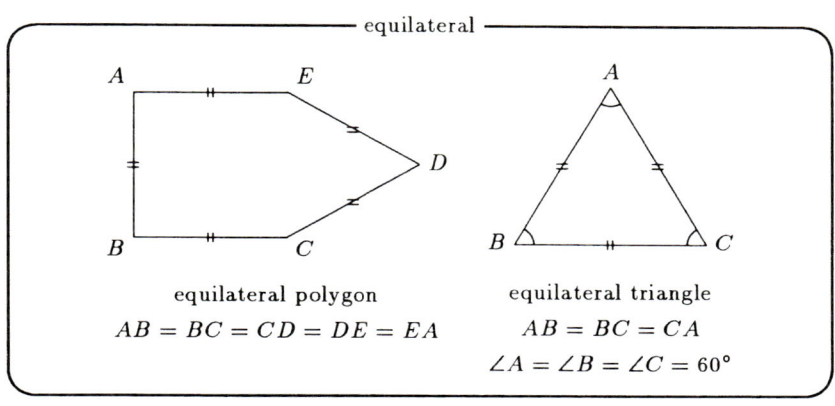

equilateral

equilateral polygon
$$AB = BC = CD = DE = EA$$

equilateral triangle
$$AB = BC = CA$$
$$\angle A = \angle B = \angle C = 60°$$

equilibrium
〔iːkwəlíbriəm〕

평형 ; 균형

서로 반대로 작용하는 힘이 같아서 움직이지 않는 상태
에 있을 때를 말한다. 이때를 '평형 상태에 있다' be in
equilibrium라고 한다.

- **stable ~** 안정 평형
  어떤 것이 원래의 위치에서 조금만 움직여도 다시
  제위치로 돌아올 때의 상태를 말한다. 입방체를 평
  면 위에 놓을 때 입방체는 안정 평형의 상태 be in
  stable equilibrium가 된다.

- **unstable ~** 불안정 평형
  어떤 것이 평형 상태에 있어도 조금 움직이면 원래
  의 위치로부터 이탈해 버릴 때를 말한다. 공 ball을
  한 점으로 지탱하고 있을 때를 '불안정 평형의 상태
  에 있다' be in unstable equilibrium라고 한다.

equivalence
[ikwívələns]

동치 (同値), 동등, 등가
→ equivalent

equivalent
[ikwívələnt]

동치 (同値) 인, 동등한, 같은
완전히 동일한 값이거나 내용을 가질 때 두 대상의 관계를 말한다.
일반적으로 두 항의 관계에 있어서
1. $a \sim a$,
2. $a \sim b$이면 $b \sim a$,
3. $a \sim b$, 동시에 $b \sim c$ 이면 $a \sim c$
의 3가지가 성립할 때, 관계 $\sim$를 '동치관계' equivalence relation라고 한다. a, b에 관해서, $a \sim b$가 성립할 때 a, b는 동치(同値)라고 한다.

equivalent fraction 동치 분수

2개의 값이 같은 분수를 말한다. $\dfrac{4}{6}$, $\dfrac{6}{9}$, $\dfrac{8}{12}$ 는 전부 $\dfrac{2}{3}$ 로 동치이다 be equivalent to. 분수의 계산 결과는 동치인 기약 분수 irreducible fraction로 해 놓지 않으면 안 된다. $\dfrac{1}{5} + \dfrac{2}{7} = \dfrac{7}{35} + \dfrac{10}{35} = \dfrac{17}{35}$ 이기 때문에, $\dfrac{1}{5} + \dfrac{2}{7} = \dfrac{17}{35}$ 이 된다.

Eratosthenes' sieve 에라토스테네스의 체

어떤 수가 소수(素數)인 것을 확인하기 위해서는 몇 개의 수로 그 수를 나누어 볼 필요가 있다. 예를 들어, 100까지의 소수를 전부 발견하기 위해서는 하나하나 수를 조사해 보아야 하기 때문에 엄청난 계산량이 된다. 그리스의 철학자 에라토스테네스는 계산을 많이 필요로 하지 않는 '에라토스테네스의 체'라고 불리는 다음과 같은

소수 찾는 법을 발견했다.

100까지의 수를 쓰고 2에 동그라미 표시를 하고 2의 배수 부분을 지운다. 다음 3에 동그라미 표시를 하고 3의 배수 부분을 지운다. 4는 이미 지울 필요가 없기 때문에 다음 수는 5이다. 여기서 5에 동그라미 표시를 하고 5의 배수를 지운다. 이와 같은 방법으로 이 조작을 진행시키면 간단하게 100까지 소수를 발견할 수 있다. 수를 체 sieve에 거름으로써 합성수가 떨어져 나가고 소수만이 남게 되는 것이다. 이것이 에라토스테네스의 체이다.

error
〔érər〕

오차

근사값 approximation과 참값의 차(差)를 말한다. 참의 길이가 6.34cm인 것을 측정했더니 6.35cm였다. 이때의 오차는 6.35cm−6.34cm=0.01cm이다. 오차의 크기 즉, 오차의 절대값을 '절대 오차' absolute error라고 한다. 또, 오차(E)의 참값(A)에 대한 비율($\dfrac{E}{A}$)을 '상대오차' relative error라고 하고 상대 오차를 퍼센트로 나타낸 것을 '백분율 오차' percentage error라고 한다. 예를 들어, 10cm인 것을 측정해서 10.2cm를 얻었다면 오차는 0.2cm, 상대 오차는 $\dfrac{0.2}{10}$ =0.02이고, 백분율 오차는 2%이다.

escribe
〔iskráib〕

방접시키다

삼각형의 한 변과 다른 두 변의 연장선에 접하게 하는 것을 말한다.

- ■ **~d circle** 방접원

estimate
〔éstəmèit〕

추정값, 평가

측정 등의 근사값을 말한다. 또 계산 등의 결과를 근사
값으로 구하는 경우 그 근사값을 나타낸다.

자신의 보폭을 알고 있다면 걸음 수에 의하여 거리를 추
정값으로 구할 수 있다. 예를 들어, 보폭이 80cm인 사
람이 역까지 걸어서 500보라고 한다면 역까지의 추정
치는 400m가 된다.

51m×39m의 토지 면적은 10자리까지 어림수를 이용
하여 50×40=2000㎡라고 생각할 수 있다. 이 2000이
51×39의 추정값이다.

estimation
[èstəméiʃən]

추정, 개산 (槪算)

추정값을 구하는 것. 또는 어림수를 이용하여 계산하는
것을 말한다.

Euclidean
[juːklídiən]

유클리드의

그리스의 수학자 유클리드 Euclid는 기하학을 체계적으
로 정리하고 '원론' Elements, Stoikeia을 저술했다. 이
원론을 기본으로 한 기하학을 '유클리드 기하학' Euclid-
ean geometry이라고 한다. '유클리드 기하학의' 또는 '유
클리드 기하학적인'이라는 의미로도 **Euclidean** 을 이용
한다.

Euclid's algorithm

유클리드 호제법

→ mutual, algorithm

Euler's formula

오일러의 공식

일반적으로 다면체 polyhedron에 있어서 V를 꼭지점
vertex의 수, E를 변 edge의 수, F를 면 face의 수라고
하면 $V - E + F = 2$가 성립되는데 이 공식을 말한다.

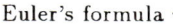

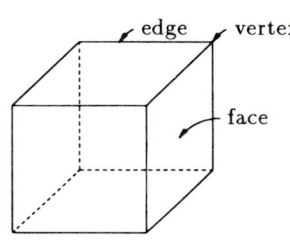

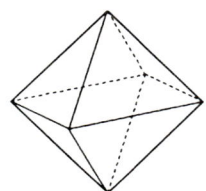

$V = 8, \ F = 6, \ E = 12$
$V - E + F = 2$

$V = 6, \ F = 8, \ E = 12$
$V - E + F = 2$

evaluate
〔ivǽljuèit〕

값을 구하다

식 등의 값을 구할 때를 말한다. 예를 들어, 'Evaluate $3\,a+5\,b$ when $a=2$, $b=6$'은 '$a=2$, $b=6$일 때 $3\,a+5\,b$의 값을 구하시오'의 뜻이고 계산을 하면 $3a+5b= 3\times2+5\times6=36$이다.

evaluation
〔ivǽljuéiʃən〕

값을 구하는 것, 계산

even
〔íːvən〕

짝수의

2로 나누어 떨어지는 정수를 말한다. 짝수는 n을 임의의 정수로써 $2n$의 형태로 쓸 수 있다. 2, 4, 6,...은 짝수이다.

evens
〔íːvənz〕

반반의

일어날 확률이 $\frac{1}{2}$인 사건(事件)을 말한다. 즉, 일어날 확률과 일어나지 않을 확률이 같은 경우이다.

event
〔ivént〕

사건 (事件)

어떤 시행 trial에 있어서 일어날 수 있는 모든 경우의 각각을 말한다. 예를 들어, 주사위를 던지는 행위에 있어서 '짝수의 눈이 나온다'는 하나의 '사건'이고 눈의 수가 2, 4, 6 중 어느 한 가지일 때 사건이 '일어났다'라고 한다.

주사위를 던지는 행위에 있어서 1, 2, 3, 4, 5, 6의 수가 나올 확률은 각각 같게 $\frac{1}{6}$이라고 생각된다. 이때, 이들 사건이 일어나는 것은 같은 정도로 확실하다 equally likely to happen라고 하며 확률이 같은 사건은 같은 정도로 확실한 사건 equally likely events이라고 한다.

■ **complementary ~** 여사건(餘事件)

'어떤 사건 A가 일어나지 않는다' 라고 하는 사건을 사건 A의 '여사건'이라고 하고, A^c 라고 쓴다. '짝수의 수가 나온다'의 여사건은 '홀수의 수가 나온다'이다.

■ **compound ~** 복합 사건

몇 개의 사건을 조합시킨 사건을 말한다. 예를 들어, '짝수의 눈이 나오거나 3의 배수의 눈이 나온다'는 복합 사건이다.

■ **dependent ~** 종속 사건

어떤 사건 A가 일어날지 말지가 다른 사건 B의 확률에 영향을 줄 때 사건 B를 사건 A의 종속사건이라고 한다.

■ **elementary ~** 근원(根元) 사건

단 하나의 결과로 구성된 사건을 말한다. 크기가 다른 두 개의 주사위를 던지는 행위에 있어 나올 수 있는 경우의 수는 $6 \times 6 = 36$ 가지이다.

큰 주사위 수가 a, 작은 주사위 수가 b일 때 (a, b)라고 쓰면 각각의 (a, b)는 근원 사건이다.

- **empty** ~ 공사건(空事件)
  '아무것도 일어나지 않는다' 라고 하는 사건을 말한다. 공사건은 근원 사건을 한 개도 포함하지 않는다.

- **exclusive** ~ 배반 사건(排反事件)
  두 개의 사건 A, B에서 한 쪽이 일어나면 다른 쪽은 일어나지 않을 때 서로 '배반이다' exclusive라고 한다. 또 사건 A와 사건 B가 서로 배반이면 이들은 배반사건이라 부른다. '2 이하의 수가 나온다' 사건과 '4 이상의 수가 나온다' 사건은 동시에 일어나지 않기 때문에 배반이다. '짝수가 나온다' 사건과 '3의 배수가 나온다' 사건은 6이 나오면 동시에 일어나기 때문에 배반이 아니다.

- **independent** ~ 독립 사건
  두 개의 사건이 종속되어 있지 않을 때를 말한다. 즉, 사건 A가 일어나거나 안 일어나거나에 상관하지 않고 사건 B가 일어나는 확률이 일정할 때 사건 B는 사건 A와 독립한다고 하며 그 사건을 '독립 사건'이라고 한다.

- **whole** ~ 전(全)사건
  어떤 시행에 있어서, 생각할 수 있는 모든 사건을 말한다. 전사건의 확률은 1이다.

excenter
[ikséntər]

방심(傍心)
방접원의 중심을 말한다. → ecenter

exception
[iksépʃən]

예외

exchange
[ikstʃéindʒ]

교환하다, 교환

- ~ **rates** 교환 비율, 환율

   외국을 여행할 때에는 통화를 그 나라의 유통 화폐 currency로 교환하지 않으면 안 되는데 국가간의 유통 화폐의 가치 관계를 표현한 것을 말한다. 미화와의 관계를 예로 들면, 1달러를 구입하기 위해서 지불해야 할 원화의 양을 환율이라고 한다.

excircle
[iksə́ːrkl]

방접원

삼각형의 한 변과 다른 두 변의 연장선에 동시에 접하는 원을 말한다. → ecircle

expand
[ikspǽnd]

전개하다

식의 괄호를 벗기는 것 remove the brackets을 말한다. 전개를 하기 위해서는 '분배법칙'을 이용한다.

$(x+y)^2 = x^2 + 2xy + y^2$

$(x+y)(x-y) = x^2 - y^2$

$(ax+b)(cx+d) = acx^2 + (ad+bc)x + bd$

$(x+y)^3 = x^3 + 3x^2y + 3xy^2 + y^3$ 등의 공식이 있다.

이러한 공식을 이용해서 $(x+3)^2$과 $x(x+3)(x-1)$을 전개하면,

$(x+3)^2 = x^2 + 6x + 9$,

$x(x+3)(x-1) = x(x^2 + 2x - 3) = x^3 + 2x^2 - 3x$이 된다.

expansion
[ikspǽnʃən]

전개

전개 혹은 전개한 결과를 **expansion** 이라고 한다.

- **binomial** ~ 이항 전개

   특히 이항식 binomial의 n승 $(a+b)^n$을 전개한 것

을 '이항 전개'라고 한다.

$$(a+b)^2 = a^2+2ab+b^2$$
$$(a+b)^3 = a^3+3a^2b+3ab^2+b^3$$
$$(a+b)^4 = a^4+4a^3b+6a^2b^2+4ab^3+b^4$$
$$(a+b)^5 = a^5+5a^4b+10a^3b^2+10a^2b^3+5ab^4+b^5$$
………이다.

expectation
[èkspektéiʃən]

기대값, 기대

주사위를 던져 나온 수의 100배의 상금을 받을 수 있다고 한다면, 한 번 주사위를 던져 받을 수 있는 상금은 평균으로 얼마 정도 되는 것일까? 1, 2, 3, 4, 5, 6의 수에 대해 100, 200, 300, 400, 500, 600원의 상금을 받을 수 있고 각각의 수가 나올 확률은 $\frac{1}{6}$이기 때문에 받을 수 있는 상금의 경우 평균은

$$\frac{100+200+300+400+500+600}{6} = 350$$

이 된다. 따라서 받을 수 있는 상금은 350원이라고 기대할 수 있다. 이것을 기대값이라고 한다. 이 게임에 참가하기 위해 400원이 든다고 하면, 기대되는 상금 쪽이 적기 때문에 참가하지 않는 것이 좋다.

explicit
[iksplísit]

명백한, 양 -

■ ~ function 양함수

$y=f(x)$의 형태의 함수를 나타낸다. $y=x^2+3x+1$은 양함수이다. 이 함수는 x의 값을 알면 직접 구해진다. $x=2$이면 $y=2^2+6+1=11$이다. 이에 대해, $xy+y=3x-1$같은 함수에서 y의 값은 x의 값을 알아도 직접 구할 수 없다. $x=3$일 때 $3y+y=9-1$

이 되기 때문에 이것을 풀어서 $y=2$를 구해야 한다. 이러한 함수를 음함수 implicit function라고 한다.

exponent
〔ikspóunənt〕

지수 (指數), 거듭지수

a^n이라고 쓸 때 n을 지수라고 말하고 a를 밑 base 이라고 한다.

- **law of ~s** 지수 법칙

지수에 관해서는, 다음과 같은 지수 법칙이 성립한다.

1. $a^m \times a^n = a^{m+n}$

2. $\dfrac{a^m}{a^n} = a^{m-n}$

3. $(a^m)^n = a^{mn}$

4. $(ab)^n = a^n b^n$

5. $\left(\dfrac{a}{b}\right)^n = \dfrac{a^n}{b^n}$

$a^{-n} = \dfrac{1}{a^n}$ 이라고 정하면, 지수 법칙은 모든 정수에 대해서도 성립한다. 이때, 지수 법칙의 (2), (5)는 각각 (1), (4)의 특별한 경우가 된다. 따라서 지수 법칙은 일반적으로 (1), (3), (4)를 가리킨다. 지수는 모든 수에 대해서 정의되고 모든 수에 대해서 지수 법칙이 성립한다.

$2^3 \times 2^5 \div 2^7 \times (2^2)^3 = 2^{3+5-7+6} = 2^7 = 128$이다.

exponential
〔èkspounénʃəl〕

지수 (指數) 의

- **exponential function** 지수 함수

$y = a^x$의 형태로 쓸 수 있는 함수.

a는 정해진 수이고 밑 base이라고 한다. 또 변수

x를 지수에 포함하는 $y=3^{2x-1}$같은 함수를 지수 함수라고 한다.

expression
[ikspréʃən]

식 (式), 표시

수학의 대상이 되는 것을 수, 기호, 문자 등을 사용해 표시한 것을 말한다. $3x-2$, x^2+y^2, $\sin x$, $\log(2x+5)$, $e^{x-1}+5$ 등은 식이다.

- **congruence** ~ 합동식

    a를 p로 나눈 나머지와 b를 p로 나눈 나머지가 같을 때 'a와 b는 p를 법으로 하여 합동이다' 라고 하며 $a \equiv b \pmod{p}$라고 쓴다. 이것을 '합동식' 이라고 한다. $29-14=15$이고 15는 5의 배수이기 때문에, $29 \equiv 14 \pmod 5$이다.

- **integral** ~ 정식

    미지수가 양의 누승으로 된 항의 합으로서 표시된 식을 말한다. x^{-n}과 $\dfrac{x+1}{x^2-2}$와 같은 음수제곱이나, 분수식을 포함하는 것은 정식이 아니다. $6x^3-5x^2+4x-8$, x^2y-y^2+2은 정식이다.

- **linear** ~ 1차식

    1차항과 상수항으로서 구성되는 정식을 말한다. $x-2y+3z$는 1차식이다.

exterior
[ikstíəriər]

외부의, 밖의

- ~ **angle** 외각

    다각형의 한 변의 연장과 이웃한 변으로 만들 수 있는 다각형의 각을 말한다. 이것에 대해 이웃해 있는 두 변이 만드는 각을 내각 interior angle이라 한다.

삼각형에 있어서 '외각은 나머지 두 개의 내대각의 합과 같다'가 성립한다.

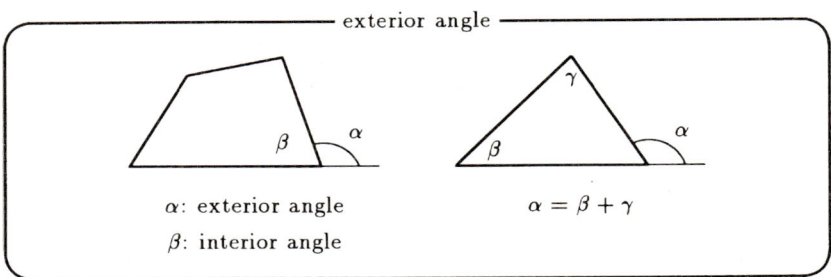

α: exterior angle
β: interior angle

α = β + γ

extraction
[ikstrǽkʃən]

개방

근호 root를 벗기는 것을 말한다.

■ **extraction of square root** 개평(開平)

근호(√)를 이용해서 표현된 수의 값을 구해서 근호를 벗기는 것을 말한다. √9를 개방하면 3이다. 또 √2를 개방하면 1.41421356......이 된다.

face
〔feis〕

면 (面), 표면

입체도형의 표면으로, 평면이 되는 것을 말한다. 면은 3개 이상의 변 edge으로 둘러싸여져 있는 부분이다. 또한, 이웃해 있는 두 개의 면은 한 개의 변을 공유한다.

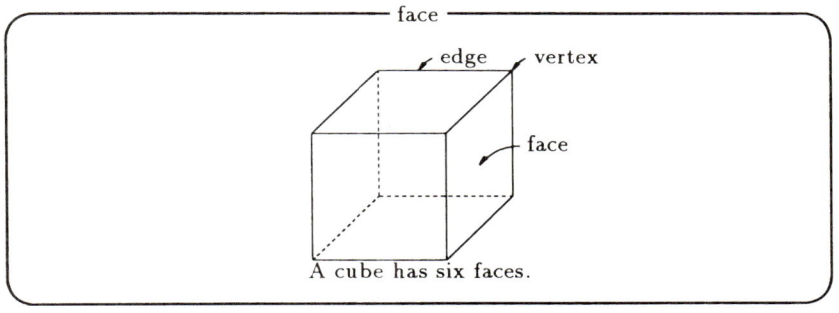

A cube has six faces.

faciend
〔féiʃiènd〕

피승수 (被乘數)

곱셈 $a \times b$에 있어서, 수 a를 말하고 b는 승수 multiplier라고 한다.

factor
〔fǽktər〕

인수 (因數), 인자 (因子)

어떤 정수 whole number n을 나누어서 떨어지는 정수를 n의 인수라고 한다. 인수는 양의 범위에서 생각하는 경우가 많다.

두 개의 인수(즉, 1과 자기 자신) 밖에 가지고 있지 않은 수를 소수 prime number라 하고 소수가 아닌 수는 합성수 composite number라 한다. 예를 들어, 3의 인수는 1과 3의 두 개뿐이기 때문에 3은 소수이나 8의 인수는 1, 2, 4, 8이므로 합성수이다.

■ **common ~** 공통인수

두 개 이상의 수에서 각 수의 인수 중 공통의 인수를

말한다. 예를 들어, 6의 인수는 {1, 2, 3, 6}, 9의 인수는 {1, 3, 9}이므로 6과 9의 공통인수는 1과 3이다.

- ■ ~ theorem 인수정리

  $f(x)$를 정식(整式)으로 할 경우, '$f(a)=0$이면, $f(x)$는 $x-a$로 나누어 떨어진다'가 성립한다. 이것을 '인수정리'라고 한다. 예를 들어, $f(x) = x^3 - 7x+6$일 때, $f(1)=1-7+6=0$이 성립하고 있기 때문에 $f(x)$는 $x-1$로 나누어 떨어진다. 실제로 $f(x) \div (x-1) = x^2 +x-6$이다.

- ■ prime ~ 소인수

  소수의 인수를 말한다. 12의 인수는 1, 2, 3, 4, 6, 12이기 때문에, 12의 소인수는 2와 3이다. 이 소인수를 이용해서 $12=2^2 \times 3$이라고 쓰는 것이 가능하다. 이처럼, 수를 소수의 곱의 형태로 쓰는 것을 소인수 분해 factorization into prime factors라고 한다.

factorial
〔fæktɔ́ːriəl〕

팩토리알, 계승, 연속적으로 곱한 값

1부터 정수 n까지 모든 정수의 곱을 말하고 $n!$이라고 쓴다.
$3!=1\times2\times3=6$, $4!=1\times2\times3\times4=24$,
$5!=4!\times5=24\times5=120$, $n!=1\times2\times3\times4\times\ldots\ldots n$이다.

factorization
〔fæ̀ktərizéiʃən〕

인수분해

수와 식을, 그 인수의 곱의 형태로 쓰는 것을 말한다. 예를 들어, $24=2\times12$ 라고 쓰는 것도 인수분해이다. 12는 다시 $4\times3=2\times2\times3$으로 분해될 수 있기 때문에 $24=2\times2\times2\times3=2^3\times3$으로 인수분해된다. 일반적으로 인수분해는 더 이상 인수분해될 수 없는 상황까지 행한다.

인수분해의 기본은 공통인수 common factor를 발견하는 데 있다. 공통인수가 간단하게 발견되지 않을 때에는 항을 적당히 짜 맞추어서 grouping 생각한다.

$$x^3 - 3x^2 - 4x + 12 = x^2(x-3) - 4(x-3)$$
$$= (x^2 - 4)(x-3)$$
$$= (x+2)(x-2)(x-3)$$

2차식의 인수분해는 전개공식 expansion formula을 역방향으로 한

1. $x^2 + 2ax + a^2 = (x+a)^2$

2. $x^2 - y^2 = (x+y)(x-y)$

3. $(x+a)(x+b) = x^2 + (a+b)x + ab$

4. $(ax+b)(cx+d) = acx^2 + (ad+bc)x + bd$

을 이용한다.

$$x^2 - 6x + 9 = (x-3)^2$$

$$4x^2 - 9 = (2x+3)(2x-3)$$

$$x^2 - 3x - 4 = (x-4)(x+1)$$

3차의 공식에는 다음과 같은 것이 있다.

1. $x^3 + 3ax^2 + 3a^2x + a^3 = (x+a)^3$

2. $x^3 - 3ax^2 + 3a^2x - a^3 = (x-a)^3$

3. $x^3 - a^3 = (x-a)(x^2 + ax + a^2)$

4. $x^3 + a^3 = (x+a)(x^2 - ax + a^2)$

이들의 공식을 사용할 수 없을 때인 고차식의 인수분해는 쉽지가 않기 때문에 인수정리 factor theorem를 이용해서 인수를 발견하는 것이 좋다.

$f(x) = x^3 - 7x + 6$일 때 $f(1) = 0$ 이므로, 인수정리에 의해 $f(x)$는 $x-1$로 나누어진다. 나누기를 해서, $f(x) \div (x-1) = x^2 + x - 6$이 되기 때문에, $f(x) = (x-1)(x^2 + x - 6) = (x-1)(x-2)(x+3)$을 얻을 수 있다.

- ~ **into prime factors** 소인수 분해

수를 소수의 곱으로 분해하는 것을 말한다. 소인수 분해를 하기 위해서는 주어진 수를 계속해서 소수로 나누어 가고 1이 될 때까지 계속한다. 주어진 수는 나온 소수의 곱이 된다. 소인수 분해는 일의적(一意的)인 것으로 알려져 있다(즉, 1가지 방법 밖에 소인수 분해가 될 수 없다).

$$
\begin{array}{r|r}
2 & 60 \\
\hline
2 & 30 \\
\hline
3 & 15 \\
\hline
5 & 5 \\
\hline
 & 1
\end{array}
$$

$\therefore\ 60 = 2^2 \times 3 \times 5$

factorize
〔fǽktəràiz〕

인수분해하다

인수의 곱으로 분해하다. → factorization

Fahrenheit
〔fǽrənhàit〕

화씨

온도를 측정하는 단위의 하나로 어는점 freezing point 을 32°, 끓는점 boiling point을 212°로 한 것을 말한다. 섭씨 Celsius는 어는점이 0°, 끓는점이 100°이므로, 섭씨와 화씨의 환산식은 $C = (F - 32) \times \dfrac{5}{9}$ 이 된다.

fair
〔fɛər〕

바른, 치우침이 없는

동전을 던졌을 때 앞이 나올 확률과 뒤가 나올 확률은 각각 $\dfrac{1}{2}$ 이고 서로 같다. 이때 동전은 '바르다, 치우침이 없다' 라고 한다. 예를 들어, 숫자 1이 나오기 쉬운 주사위는 1이 나오는 쪽에 치우쳐 있는 unfair 주사위라고 하고 바른 fair 주사위에서는 1부터 6까지의 숫자가 나올 확률은 전부 $\dfrac{1}{6}$ 로 같다.

false
[fɔːls]

거짓의, 틀린

어떤 명제 statement가 바르지 않을 때를 말한다. 예를 들어, 어떤 명제 '$x^2 > 4$이면 $x > 2$이다'는 $x = -3$일 때 $x^2 = 9 > 4$가 되기 때문에 옳지 않고 거짓이다.

falsity
[fɔ́ːlsəti]

거짓

family
[fǽməli]

족(族), 군(群)

같은 성질을 가진 개체를 모은 것을 말한다. 예를 들어, r이 임의의 실수값을 취할 때 방정식 $x^2 + y^2 = r^2$으로 나타나는 곡선은, 원점을 중심으로 하는 동심원 concentric circles이 만드는 족(族)을 구성한다. 또, k를 변화시킬 때 직선 $y = kx - k$의 족(族)은 모두 정점(1, 0)을 지나간다.

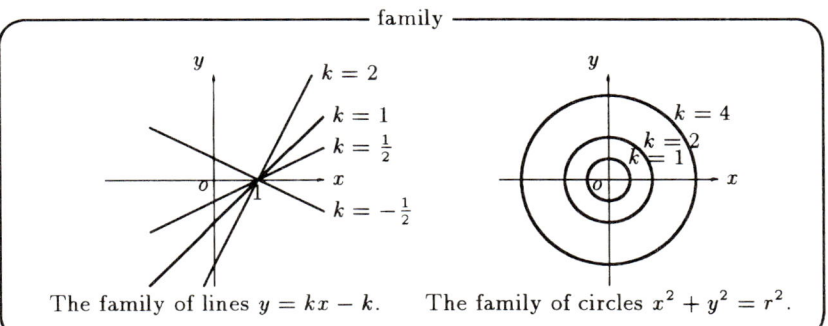

──── family ────

The family of lines $y = kx - k$.　　The family of circles $x^2 + y^2 = r^2$.

Fibonacci sequence　　피보나치 수열

$n \geqq 3$일 때, $a_n = a_{n-1} + a_{n-2}$으로 정의되어진 수열 sequence을 말한다.

$a_1=1$, $a_2=3$ 일 때의 피보나치 수열은, $a_3=a_1+a_2$ $=1+3=4$, $a_4=a_2+a_3=3+4=7$,...이므로, 1, 3, 4, 7, 11, 18, ...이 된다.

$a_1=1$, $a_2=1$ 일 때의 피보나치의 수열은 1, 1, 2, 3, 5, 8이고 자연계에서 많은 예를 볼 수 있다. 해바라기 씨의 수와 솔방울 비늘 열의 수, 파인애플 열매 등이 그 예이다. 또 n이 무한히 커질 때 항의 비(比) $\dfrac{a_{n+1}}{a_n}$ 은 황금 분할의 비 golden ratio에 수렴한다.

figurate number
〔fígjurət nʌ́mbər〕

도형수 (圖形數)
점을 배열하여 삼각형, 사각형 등의 정다각형을 만들 때 필요한 모든 점의 개수를 총칭해서 말한다. 예를 들어, 1, 4, 9 …은 정사각형을 만들 수 있기 때문에 4각수 square number라 하고 3각수 triangle number는 1, 3, 6, 10, … 이고 삼각형의 형태를 만드는 수이다.

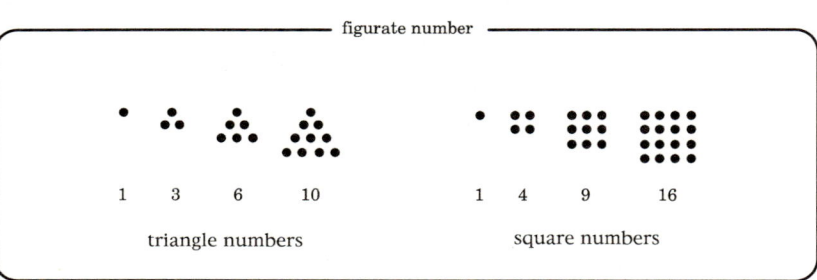

figurate number

triangle numbers   square numbers

figure
〔fígjər〕

도형, 도식 ; 숫자 ; 자리

finite
〔fáinait〕

유한의
한계가 있는 수(數)(개수)를 말한다. 유한한 수는 끝까지 셀 수 있다. 예를 들어, 집합 {1, 2, 3, 4, 5}는 유한

집합 finite set이고 끝까지 셀 수 없는 집합은 무한집합 infinite set이다. 모든 짝수의 집합은 무한집합 infinite set이다.

flip
[flip]

뒤집다, 반전하다

도형을 뒤집으면 반전된 도형이 만들어진다. 특히, 도형에서 직선을 기준선으로 뒤집으면 flip over a line 대칭의 도형이 만들어진다.

flow chart
[flou tʃɑːrt]

순서도

계산 등의 일련의 절차를 선, 또는 화살표로 연결해 보여 주는 그림을 말한다. 각 순서는 순서의 종류에 따라 둘러싸는 상자의 형태가 달라진다. '시작'과 '끝'은 긴 원, 일반적 순서는 '직사각형', 판단(yes or no)에 의한 분기(分岐)는 '마름모꼴'로 표시된다.

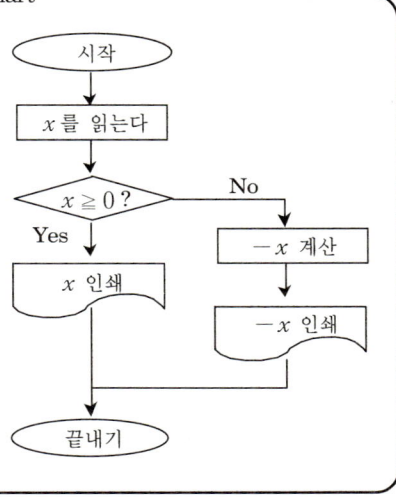

flow chart

다음은 x의 절대값을 구하는 순서도이다. x가 양수나 0이면 그대로 x를 인쇄하고 x가 음수이면 부호를 반대로 한 x를 인쇄하므로 $|x|$를 구할 수 있다.

focus
[fóukəs]

초점

포물선 parabola은 한 개의 정직선과 한 개의 꼭지점에서의 거리가 같은 점들의 자취로 나타낸다. 여기서 이 꼭지점을 초점이라 말하고 정직선을 준선 directrix이라 한다.

일반적으로 원뿔 곡선 conic section은 초점에서의 거리와 준선에서의 거리의 비

$$\frac{\text{초점에서의 거리}}{\text{준선에서의 거리}}$$

가 일정한 점이 만드는 도형이다. 이 일정비를 원뿔 곡선의 이심율 eccentricity이라고 한다. 이심율의 값에 의하여 곡선은 포물선 parabola, 타원 ellipse, 쌍곡선 hyperbola 중에 하나가 된다. → eccentricity

준선과 초점은 포물선에서는 한 쌍, 타원과 쌍곡선에서는 두 쌍이 존재한다.

또, 타원과 쌍곡선은 각각 두 개의 초점으로부터 거리의 합, 세 개의 초점으로부터의 거리의 차가 일정한 점이 그리는 도형이기도 하다. 포물선(면)의 초점에 광원(光源)을 두면, 빛은 포물선(면)의 축에 평행하게 나아간다. 이 성질은 회중전등과 파라볼라 안테나에 이용된다.

【달팽이의 여행】 깊이가 3m되는 우물 바닥에 있던 한 마리의 달팽이가 우물 밖으로 나오려고 하는데, 낮 동안 30cm만큼 기어 올라오고 밤사이 20cm를 미끄러진다고 하자. 이 달팽이가 우물 밖으로 기어 나오는 데는 며칠이 걸릴까?

➡ 28일 [이 달팽이는 결국 하루에 10cm씩 올라가는 셈이다. 그렇다고 해서 30일 이라고 생각해서는 안 된다. 28일째 아침에는 270cm 올라와 있으므로 28일 낮 동안에 30cm를 오르면 우물 끝에 다다른다.]

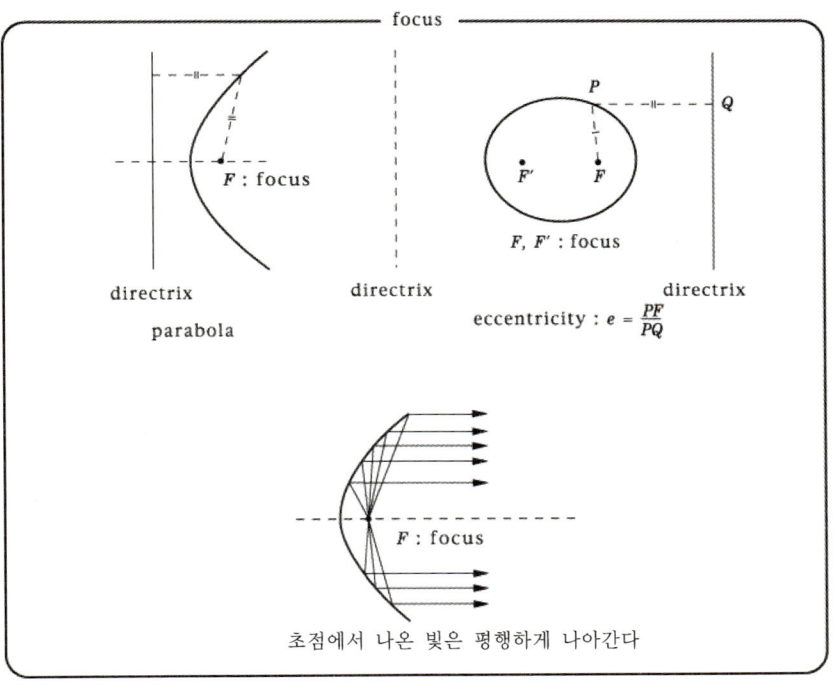

focus

F : focus

directrix   directrix   directrix

parabola

F, F' : focus

eccentricity : $e = \dfrac{PF}{PQ}$

F : focus

초점에서 나온 빛은 평행하게 나아간다

foot (feet)
〔fut〕

피트

길이를 나타내는 하나의 단위이고, 성인의 발을 기준으로 길이를 잰 것을 나타낸다.

1 foot＝12 inches≒30.48cm

1 yard＝3 feet, 1 mile≒5280 feet

이다.

■ ~ **of perpendicular** 수선(垂線)의 발

한 점 A에서 일직선 L에 내린 수선 perpendicular과 L의 교점을 말한다. 또는 평면에 수직인 선이 평면과 만나는 점을 나타내기도 한다.

formula
[fɔ́ːrmjulə]

공식

몇 개의 변량 사이에 성립하는 관계를 기호와 식을 사용해서 일반적으로 나타내는 것을 말한다. 예를 들어, 2차 방정식 $ax^2+bx+c=0$의 해 solution, root는 공식

$$x=\frac{-b\pm\sqrt{b^2-4ac}}{2a}$$

으로 구할 수 있다. 또 삼각형의 넓이를 구하는 공식 formula for finding the area of a triangle은

$$S=밑변\times높이\div2$$

이다.

formulate
[fɔ́ːrmjulèit]

공식화하다

four-square
[fɔ́ːrskwɛ̀ər]

정사각형의 ; 정사각형, 4각

fraction
[frǽkʃən]

분수 (分數)

전체에 대한 일부분을 표현하는 수이고, 한 개의 선분의 위, 아래에 정수를 쓴 것을 말한다. 예를 들어, 전체를 5개로 나눈 것의 하나의 양은 $\frac{1}{5}$ a fifth이라고 표시되고, 3개의 양은 $\frac{3}{5}$ three fifths이라고 표시된다.

분수의 선 위에 있는 수는 분자 numerator, 선의 밑에 있는 수는 분모 denominator라고 한다. 분수는 분자÷분모의 결과라고도 생각할 수 있다. 즉 $a\div b=\frac{a}{b}$이다.

대분수(帶分數) mixed number는 정수와 분수의 합으로 나타내어지는 수이고, 예를 들어, $2+\frac{1}{4}$는 $2\frac{1}{4}$로 표시한다. 여기서 1이란 전체를 4개로 나눈 가운데 전부

(4개)이므로, $1 = \dfrac{4}{4}$ 라고 생각할 수 있다. 따라서 $2\dfrac{1}{4}$ $= \dfrac{9}{4}$ 가 되며 이 경우를 가분수 improper fraction라고 한다.

분수의 분모, 분자에 같은 수를 곱해도 분수의 값은 변하지 않는다. 이것을 이용해서 분수의 덧셈과 뺄셈은 분모를 공통으로 통분해서 계산한다.

$$\frac{1}{3} + \frac{2}{5} = \frac{1 \times 5}{3 \times 5} + \frac{2 \times 3}{5 \times 3} = \frac{5}{15} + \frac{6}{15} = \frac{11}{15}$$

$$2\frac{1}{2} - \frac{2}{3} = 1\frac{3}{2} - \frac{2}{3} = 1\frac{9}{6} - \frac{4}{6} = 1\frac{5}{6}$$

곱셈, 나눗셈은 다음과 같이 한다.

$$\frac{3}{4} \times \frac{5}{6} = \frac{3 \times 5}{4 \times 6} = \frac{15}{24} = \frac{5}{8}$$

$$\frac{3}{4} \div \frac{5}{6} = \frac{3}{4} \times \frac{6}{5} = \frac{18}{20} = \frac{9}{10}$$

또, 비를 분수로 나타낼 수 있는데 예를 들어, $3 : 5$는 분수 $\dfrac{3}{5}$로 표시되고, 이것은 전항의 후항에 대한 비율을 나타내고 있다. 즉, 전항은 후항의 $\dfrac{3}{5}$이다.

fractional
〔frǽkʃənl〕

분수의, 끝수의

frequency
〔frí:kwənsi〕

도수 (度數), 빈수 (頻數); 진동수 (振動數)

예를 들어, 주사위를 120번 던졌을 때에 1이 나올 횟수를 조사했더니 23번이었다. 이 값을 수 1에 대한 도수라고 한다. 통계에 있어서 여러 가지 분포를 조사했을 때에 어떤 사건이 일어나는 횟수를 도수라고 한다. 도수는 다음과 같은 도수분포표 frequency table로 나타내는 것이 일반적이다. 이것은 여자 40명의 핸드볼 던지기의 결과이다.

— frequency —

frequency table

거리(m)	계급값	도수
8 ~ 10	9	2
10 ~ 12	11	3
12 ~ 14	13	7
14 ~ 16	15	12
16 ~ 18	17	10
18 ~ 20	19	4
20 ~ 22	21	1
22 ~ 24	23	1

frequency polygon 도수 분포 다각형

도수 분포의 결과를 꺾은선 그래프로 나타낸 것을 말한
다. 위 표의 도수 분포 다각형은 다음과 같다.

— frequency polygon —

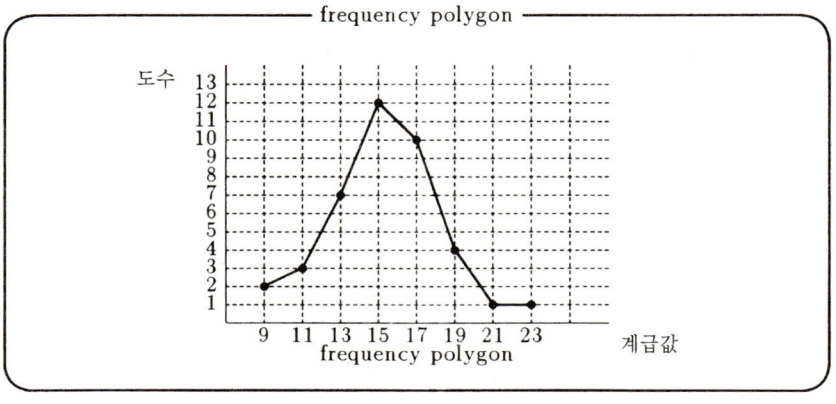

frustum
〔frʌ́stəm〕

원뿔대, 각뿔대

원뿔이나 각뿔의 머리 부분을 밑면에 평행한 평면으로
잘랐을 때 생기는 입체를 말한다.

■ ~ of a cone 원뿔대

원뿔의 머리를 잘라놓은 것을 말한다. 원추대는 등변사다리꼴을 회전시켜 생긴 입체이다.

- **~ of a pyramid** 각뿔대
  각뿔을 밑면에 평행하고 꼭지점을 지나지 않는 평면으로 잘라 꼭지점을 가진 쪽의 부분을 없앤 입체. 각뿔대나 원뿔대를 막론하고, 상하 양면 사이의 거리를 높이라고 한다.

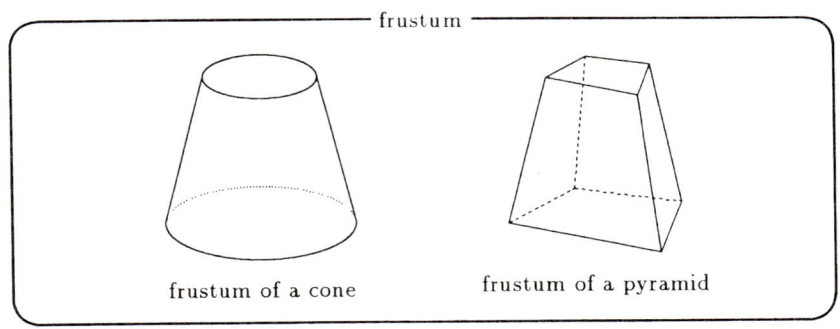

frustum

frustum of a cone   frustum of a pyramid

function
[fʌŋkʃən]

함수

집합 set A의 모든 원소 element에 대해서 집합 B의 원소가 하나씩 대응하고 있을 때 이 대응(또는 이 규칙)을 집합 A에서 집합 B로의 함수라고 한다. 이때 집합 A를 이 함수의 정의역 domain, 집합 B를 공역 co-domain이라고 한다.

일반적으로 함수는 문자 f를 이용해서 나타낸다. 또 함수 f에 의해 집합 A의 원소 x에 대응되는 집합 B의 원소 y를 x의 상(像)이라 하고 $f(x)$라고 쓴다. 예를 들어, $A=\{1, 2, 3\}$, $B=\{1, 2, 3, 4, 5, 6\}$, $f(x)=2x$라고 정의될 때, $f(1)=2$, $f(2)=4$, $f(3)=6$이다. 여기서 모든 상의 집합을 치역 image set, range라고 한다.

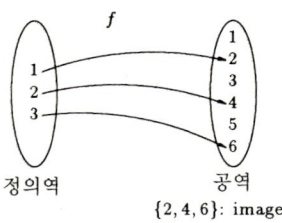

정의역   공역

{2, 4, 6}: image

함수는 일반적으로 x의 식으로 정의된다(위의 예에서는 $f(x)=2x$이다). 자연수 전체에서 자연수 전체로의 함수 g가, $g : x \rightarrow 3x-1$ 으로 정의되어 있을 때, $g(1)=2$, $g(2)=5$, ... $f(x)=3x-1$이고, g의 치역은 '3으로 나누면 2가 남는 수'가 된다.

함수는 그래프를 이용해서 표현되는 경우가 많다. 함수 $y=f(x)$의 그래프는, x와 그의 상(象) y의 조합으로 표시된 모든 점(x, y)의 집합이다.

예를 들어, 2차 함수 quadratic function, 3차 함수 cubic function의 그래프는 다음과 같이 된다. 그래프를 사용하면 함수 값의 변화를 한 눈에 볼 수 있다.

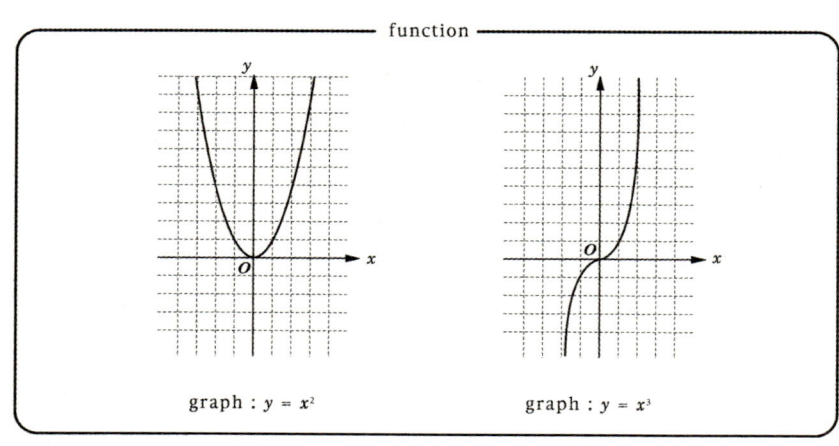

function

graph : $y = x^2$ graph : $y = x^3$

G ain – growth

gain
[gein]

이익 (利益)

한 개에 1000원 하는 물품을 100개 사들여 하나에 1200원에 판다고 했을 때 90개가 팔렸다. 이때 매입이 10만원이고 매출이 10만 8000원이므로 8000원 이익이 된다.

G.C.D.

최대 공약수

→ greatest common divisor

G.C.M.

최대 공약수

= greatest common measure

→ greatest common divisor

generalize
[dʒénərəlàiz]

일반화하다

몇 개의 예에 의한 결과가 모든 경우에 적용되는 결과로 도출되어질 때를 말한다.

예를 들어, 반지름이 1인 원의 넓이는 3.14이지만 이 결과를 일반화하면 원의 넓이는 반지름×반지름×3.14가 된다. 원의 반지름을 r, 넓이를 S라고 하면 이 결과는 $S = r \times r \times 3.14$라고 쓰는 것이 가능하다. 이렇게 해서 원의 넓이가 공식 formula 으로 얻어질 수 있다.

generate
[dʒénərèit]

생성하다

공식이나 규칙에 의해서 목적하는 것을 만들어 내는 것을 말한다. 특히 수열의 각 항은 일반항에 의해서 생성된다. 예를 들어, n번째의 홀수는 $2n-1$로 얻어질 수 있기 때문에 8번째의 홀수는 $2 \times 8 - 1 = 15$이다. 또 수열 $\{a_n\}$이 $a_1 = 1$, $a_{n+1} = a_n + n$으로 정의되어 있으면 제 2항은 $a = a_1 + 1 = 1 + 1 = 2$, 제 3항은 $a_3 =$

Dictionary of Mathematics for studying abroad

$a_2 + 2 = 2 + 2 = 4$처럼 생성된다.

geometric
〔dʒìːəmétrik〕

기하학의

geometric mean

기하 평균

직사각형의 넓이를 변화시키지 않고 정사각형으로 변환할 때의 한 변의 길이를 직사각형 두 변의 기하평균 geometric mean이라고 한다. 직사각형의 두 변을 a, b라고 하면 넓이는 ab이므로 같은 넓이의 정사각형의 한 변 x는 $x^2 = ab$를 만족한다. 따라서, $x = \sqrt{ab}$를 가진다. 그러므로 두 수 a, b의 기하평균은 $\sqrt{ab}$가 된다.

예를 들어, 6과 24의 기하평균은 $\sqrt{6 \times 24} = \sqrt{144} = 12$이다. 또, 산술평균(算術平均) arithmetic mean은 $\dfrac{6 + 24}{2} = 15$이고, 산술평균이 기하평균보다 크다.

일반적으로, $\dfrac{a + b}{2} \geq \sqrt{ab}$가 성립한다.

geometric progression   등비수열 (等比數列), 기하수열 (幾何數列)

서로 이웃해 있는 항의 비가 일정한 수열을 말한다. 등비수열 $\{a_n\}$의 첫째항을 a, 항의 비를 r이라고 할 때,

모든 자연수 n에 대해서 $\dfrac{a_{n+1}}{a_n} = r$ 즉, $a_{n+1} = a_n r$

이 성립하므로

$a_2 = a_1 \times r = ar,$

$a_3 = a_2 \times r = ar \times r = ar^2$

$a_4 = a_{3 \times r} = ar^2 \times r = ar^3$

이 된다. 따라서 $a_n = ar^{n-1}$을 얻는다.

a를 첫째항 the first term, r을 공비 common ratio

between the terms라고 한다. 예를 들어 첫째항 1, 공비 2의 등비수열은 1, 2, 4, 8, 16...이 되고 제 n항은 $1 \times 2^{n-1} = 2^{n-1}$이다. 이 수열 최초의 n항의 합은 $2^n - 1$이 되는데 이것은 등비수열의 최초의 n항의 합 S_n의 공식 $S_n = \dfrac{a(r^n - 1)}{r - 1}$에서 얻어질 수 있다.

geometry
[dʒiámətri]

기하학 (幾何學)
도형의 성질과 도형 사이에 성립하는 관계에 대해 연구하는 수학의 한 분야를 말한다. 여기에는 유클리드가 정리한 보통의 기하학인 유클리드 기하 Euclidean, 구면상의 성질에 대해 조사하는 구면기하 같은 비유클리드 기하 non-Euclidean, 도형의 형태가 아니고 선의 연결 모양에 주목한 위상기하학 topology 같은 여러 가지 기하학이 있다.

global
[glóubəl]

대역 (大域)의
물건을 국소적(局所的) local이 아니라, 크게 보는 관점을 말한다.

globe
[gloub]

구, 지구

gnomon
[nóumən]

노먼
평행사변형의 한 각에서 모양이 같은 평행사변형을 없앤 도형을 나타낸다.

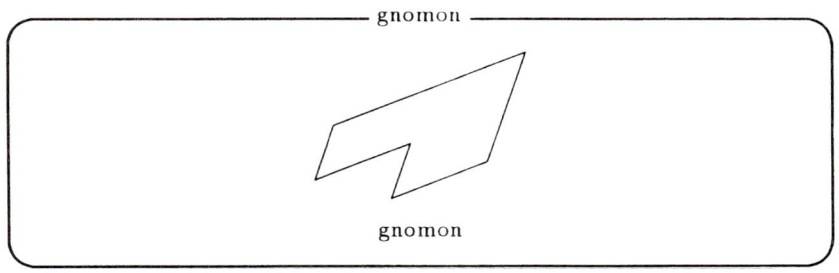
gnomon

gnomon

-gon
〔gan〕

-각형
다각형 polygon에서와 같이 '-각형'이라고 할 때 이용한다.

goniometer
〔gòuniámətər〕

각도계

googol
〔gúːgɔl〕

10의 100승
$= 10^{100}$

grade
〔greid〕

그레이드
90°를 100등분한 각도를 말한다.

gradient
〔gréidiənt〕

기울기, 경사
직선에서 수평 방향 horizon direction의 증가분에 대한 수직 방향 vertical direction의 증가분의 비율을 말한다. 이것은 수평 방향 1에 대한 수직 방향의 증가분과 같다. 수평 방향으로 100m 이동했을 때 5m 올라간 직선의 기울기는 5÷100＝0.05이다. 내려가는 언덕일 때는 경사가 (－)의 값을 갖는다. 곡선의 경사는 곡선 상 각각의 점에서의 접선의 기울기로 정의된다. 도로의 경우, 실제로는 수평 방향의 거리가 측정하기 어렵기 때문에 도로에 연한 거리에 대한 도로의 올라간 거리의 비로 표시하는 때가 많다.

【생선구이】 우리 집의 생선구이 기구는 생선을 2마리 밖에 넣을 수 없다. 게다가 한쪽 면을 굽는 데 5분 걸린다. 생선을 3마리(두 면 모두) 굽는 데 가장 빨리 구우려면 어떻게 하면 될까요?

➡ 15분에 전부 구울 수 있다 [생선을 A, B, C라 하자. 먼저, A, B의 한쪽 면을 굽자. 그런 후, A와 C의 한쪽을 굽는다. 이제, B와 C의 한쪽 면을 굽는다.]

— gradient —

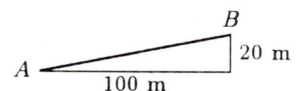

The gradient of the slope is 0.2.

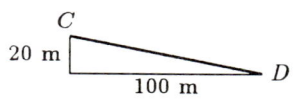

The gradient of the slope is −0.2.

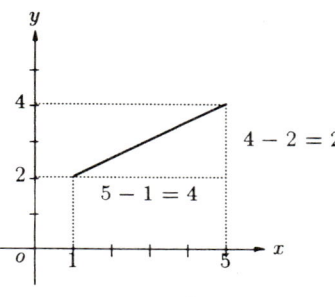

gradient: $\dfrac{2}{4} = \dfrac{1}{2}$

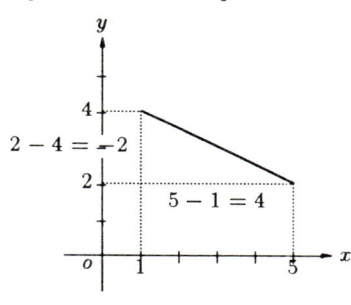

gradient: $\dfrac{-2}{4} = -\dfrac{1}{2}$

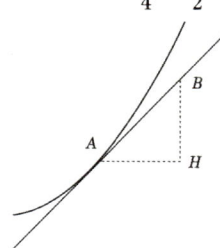

곡선 위의 점 A에 있어서, 곡선의
기울기는 점 A에서의 접선 AB의
기울기이다.

Gradient of tangent at $A = \dfrac{BH}{AH}$.

gram (g)
〔græm〕

그램

무게의 단위의 하나로 킬로그램(kg)의 1000분의 1을
나타내고, 1g이라고 쓴다. 1kg=1000g

graph
〔græf〕

그래프, 도식 (圖式)

수량과 성질 등을 도형을 이용하여 표시한 것을 말한다.
형태를 눈으로 봐서 확인할 수 있기 때문에 그래프는 여
러 가지 문제에서 유효한 수단이 된다. 그래프는 여러

가지 종류가 있어 각 문제에 적합한 것을 사용하면 된다. 주로 막대 그래프 bar graph, bar chart, 봉(棒)그래프 block graph, 좌표 그래프 coordinate graph, 선 그래프 line graph, 사상도 mapping diagram, 그림 그래프 pictogram, 원 그래프 pie chart, pie graph가 있다.

함수 값의 변화를 조사하는 데에는 그래프가 아주 적합하다. 함수 $y=f(x)$의 그래프는 대응하는 두 수 x, $y=f(x)$를 좌표가 가지는 점 (x, y)의 집합 $\{(x, y) \mid y=f(x)\}$로 정의한다. 이와 같은 그래프를 좌표 그래프라고 하며 간단한 그래프의 예로서 $y=x^2$, $y=x^3$을 들 수 있다.

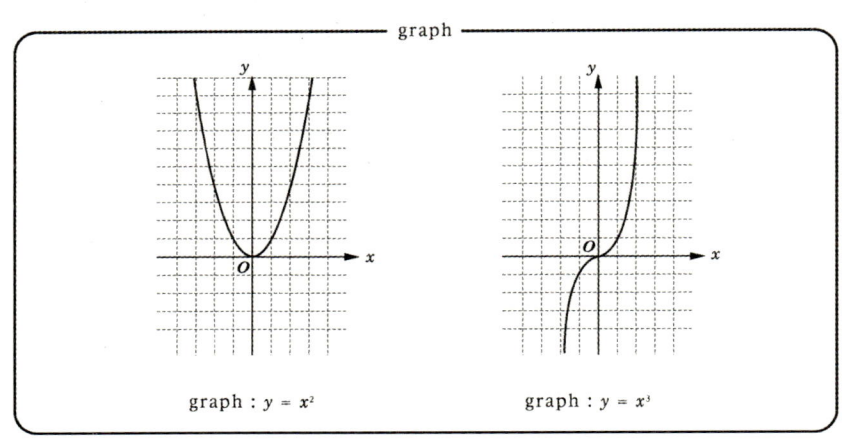

graph

graph : $y = x^2$ graph : $y = x^3$

gravitation
〔grӕvətéiʃən〕

인력 (引力) (작용), 중력 (重力)

gravity
〔grӕvəti〕

중력 (重力), 인력 (引力)

지구가 물체를 잡아당기는 힘이다. 일반적으로 만유인력이라고도 한다.

■ center of ∼ 중심 (重心)

삼각형의 각 꼭지점과 대변의 가운데 점을 연결하는 직선은 한 점에서 교차한다. 이 점을 삼각형의 중심 (重心)이라 하고 균일한 재질로 된 삼각형을 이 중심으로 받치면 수평으로 균형이 잡힌다.

■ ~ acceleration 중력 가속도
중력에 의해 생기는 가속도를 말하고, g로 표시한다. $g = 9.8 \text{m}/s^2$이다.

great circle
[greit sə́:rkl]

대원 (大圓)
구 sphere를 평면으로 자를 때 생기는 원 중 제일 큰 원을 '대원'이라고 한다. 대원은 구의 중심을 통과하는 평면으로 자를 때 생기는 원이다. 또한 대원 이외의 원은 '소원' small circle이라고 한다.
구면 상의 두 점을 지나는 대원은 한 개 밖에 없다(그 두 점과 구의 중심을 지나는 평면으로 자르면 좋다). 또, 구면 상의 임의의 두 점 간을 이동할 때, 그 두 점을 통과하는 대원을 따라서 이동하는 것이 가장 짧은 것으로 알려져 있다.

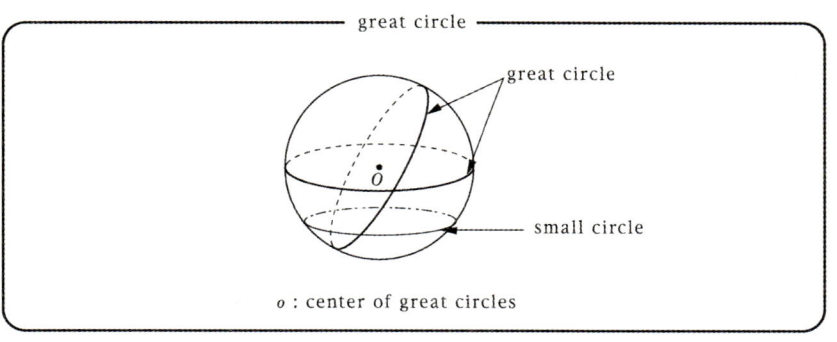

greater than
[gréitər ðæn]

보다 크다
수 a가 양 positive 일 때 $a > 0$이라고 쓴다. 두 수

a, b에 대해서 $a - b > 0$가 성립할 때 'a는 b보다 크다' a is greater than b라고 하고 $a > b$라고 쓴다. a가 b보다 크거나 또는 같을 때 $a \geq b$로 나타내고, 'a는 b 이상 greater than or equal to이다' 라고 한다. x가 실수일 때는 $x^2 \geq 0$이다.

greatest common divisor (G.C.D.)　최대공약수 (最大公約數)
〔greitist kámən diváizər〕

어떤 수의 공통 약수 중에서 가장 큰 약수를 말한다. 예를 들어, 12의 약수는 1, 2, 3, 4, 6, 12이고 8의 약수는 1, 2, 4, 8이므로 12와 8의 공약수는 1, 2, 4이다. 따라서 12와 8의 최대 공약수는 4이다. 최대 공약수를 표현하는 단어로서는 greatest common divisor, greatest common measure, highest common factor 같은 것이 있다. 이것은 차례로 G.C.D., G.C.M., H.C.F.라고 줄여서 쓰기도 한다.

group
〔gru:p〕

군 (群)

집합 G의 모든 원소에 대해, 2항 연산 ＊가 정의되어 있고, 다음의 성질을 만족할 때 G는 연산 ＊에 관해 군 (群) group을 이룬다고 한다.

1. 모든 원소 a, b에 대해서 $a＊b$는 G의 원소이다 (G는 ＊에 관해 닫혀 있다).

2. 모든 원소 a, b, c는 $(a＊b)＊c = a＊(b＊c)$가 성립한다(＊에 대한 결합법칙이 성립한다).

3. 모든 원소 a에 대하여 $a＊e = e＊a = a$가 성립하는 원소 e가 존재한다 (항등원 identity element e가 존재한다).

4. 각 원소 a에 대해 $a*b = b*a = e$를 만족시키는 원소 b가 존재한다. 이때 b를 a의 역원 inverse이라고 하고 a^{-1}이라고 쓴다.

정수 전체는 연산 $+$에 관해서 군(群)이다(항등원은 0, n의 역원은 $-n$이다).

0을 제외한 유리수 전체 Q는, 연산 $\times$에 관해서 군(群)이다(항등원은 1, a의 역원은 $\frac{1}{a}$ 이다).

집합 $P = \{1, 2, 3, 4\}$의 연산 $*$을 $a*b = a \times b$를 5로 나눈 나머지로 정의를 했다면,

$2*3 = 1$, $3*4 = 2$ 이 된다. 이때 P는 $*$에 관해 군이 된다(항등원은 1이다).

grouped data

그룹으로 분류된 자료

다양한 자료는 계급으로 분류되어 정리되는 경우가 많다. 특히 체중이나 신장처럼 연속적인 실수값을 취하는 경우에 많이 쓰인다.

예를 들어, 오른쪽 표는 여자 40명의 핸드볼 던지기의 결과를 폭 2m로 하는 계급으로 분류한 분포표이다. 계급의 대표값으로써 계급의 중앙값을 취하고 이것을 계급값이라고 한다. 이 표에서는 각각의 자료의 정보는 볼 수 없지만 분포 모습은 쉽게 파악할 수 있다. 이것을 계급으로 나뉘어져 분류된 자료라고 말한다.

frequency table

거리(m)	계급값	도수
8 ~ 10	9	2
10 ~ 12	11	3
12 ~ 14	13	7
14 ~ 16	15	12
16 ~ 18	17	10
18 ~ 20	19	4
20 ~ 22	21	1
22 ~ 24	23	1

growth
〔grouθ〕

증대, 성장

■ ~ curve 성장곡선
아이들의 각 연령에 대한 키의 크기를 그래프로 표시
한 것을 말한다. 연령이 높아지면 키가 커지고, 곡선
의 기울기가 클수록 성장 속도가 빠르다.

half line
〔hǽːf làin〕

반직선

한 점에서 한쪽으로 향하여 무한히 뻗어 있는 직선을 말한다. 직선 AB는 두 점 A, B를 지나 양쪽으로 뻗어 있는 직선이고, 반직선 AB는 점 A에서 점 B쪽으로만 뻗어있는 직선이다. 점 A는 반직선의 끝점 boundary of half line이라 한다.

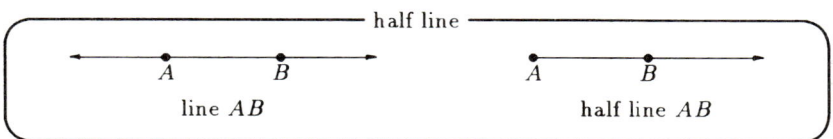

halt
〔hɔːlt〕

정지하다 ; 정지

halve
〔hæv〕

이(등)분하다

2개의 부분으로 나누는 것을 말한다.

happy number
〔hǽpi nʌ́mbər〕

행복수

각 자리의 숫자를 제곱해서 서로 더해 보는 조작을 반복할 때 최후에 1이 되는 수를 말한다. 예를 들면, 86은 $8^2 + 6^2 = 100$, $1^2 + 0^2 + 0^2 = 1$이고, 23은 $2^2 + 3^2 = 13$, $1^2 + 3^2 = 10$, $1^2 + 0^2 = 1$이므로 두 수 모두 행복수이다. 4는 $4 \rightarrow 16 \rightarrow 37 \rightarrow 58 \rightarrow 89 \rightarrow 145 \rightarrow 42 \rightarrow 20 \rightarrow 4$로 자기 자신에게 돌아와 버리기 때문에 행복수가 아니다. 이와 같은 수를 슬픈수 sad number라 한다.

harmonic
〔haːrmánik〕

조화된

- ~ **mean** 조화평균

양수 a, b에 대해서 $\dfrac{1}{a}$과 $\dfrac{1}{b}$의 평균의 역수를 뜻한다.

$$\frac{1}{c} = \frac{\dfrac{1}{a} + \dfrac{1}{b}}{2} = \frac{a+b}{2ab} \text{ 이므로 } \quad c = \frac{2ab}{a+b} \text{ 이다.}$$

이때 $\dfrac{1}{a}$, $\dfrac{1}{c}$, $\dfrac{1}{b}$는 등차수열 arithmetic progression을 이루고 있다.

예를 들면, 4, 2의 조화평균은 $\dfrac{2 \cdot 4 \cdot 2}{4+2} = \dfrac{8}{3}$ 이다. 실제, $\dfrac{1}{4}$, $\dfrac{3}{8}$, $\dfrac{1}{2}$은 공차가 $\dfrac{1}{8}$인 등차수열로 되어 있다.

- ~ **progression** 조화수열

등차수열의 역수가 만드는 수열을 말한다. 등차수열 1, 2 ,3, 4...의 역수 1, $\dfrac{1}{2}$, $\dfrac{1}{3}$, $\dfrac{1}{4}$ .. 은 조화수열의 대표적인 예이다.

h.c.f

최대공약수

가장 큰 공약수를 말한다. → **greatest common divisor**

hectare
〔héktɛər, -taːr〕

헥타르

면적을 측정하는 단위의 하나. 100m×100m의 정사각형의 면적을 1헥타르 hectare라 한다. 1헥타르는 100 아르 ares이고 10,000제곱미터(㎡)와 같다. 따라서 1 아르 ares는 한 변이 10m인 정사각형의 면적, 즉 100 ㎡이다.

helix
〔híːliks〕

나선, 나사

3차원의 나선 spiral을 말한다. 나선은 원주의 측면 위의 곡선이고 코일 용수철 같은 곡선이다. 또 원뿔 측면

위를 지나가며 감는 곡선도 **helix**라 한다.

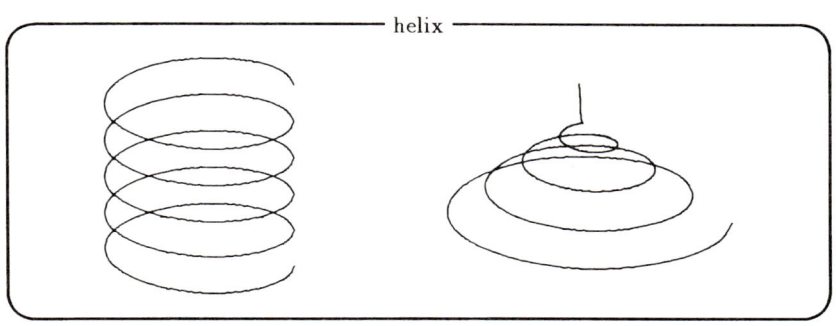

— helix —

hemi-
〔hémi〕

'반 (半)' 의 의미

hemicycle
〔hèmisáikl〕

반원 (半圓)
원을 그 중심을 지나는 직선으로 자르면 반원 hemi-cycle이 만들어진다.

hemisphere
〔hémisfìər〕

반구 (半球)
구 sphere를 그 중심을 지나는 평면으로 자를 때 생기는 곡면을 말한다. 잘린 부위는 대원이라 한다.

hepta-
〔héptə〕

'7'의 의미

heptagon
〔héptəgàn〕

7각형
7개의 꼭지점과 7개의 변이 만든 다각형을 말하며 sep-tagon 이라고도 한다.

Hero (n) 's formula   **헤론의 공식**
세 변의 길이를 알고 있을 때 삼각형의 넓이 area를 구하는 다음 공식을 말한다. 삼각형의 세 변의 길이를 a,

b, c라 하고, $s = \dfrac{a+b+c}{2}$라 두면 면적 A는

$$A = \sqrt{s(s-a)(s-b)(s-c)}$$

로 구할 수 있다.

예를 들어, 세 변이 5, 12, 13의 삼각형의 면적은

$$s = \frac{5+12+13}{2} = 15$$

이므로

$$\sqrt{15(15-5)(15-12)(15-13)} = \sqrt{900} = 30$$

이다. 실제로 이 삼각형은 빗변을 13으로 하는 직각 삼각형이고 면적은 $\dfrac{12 \times 5}{2} = 30$이 되고, 헤론의 공식에 의한 결과와 일치하고 있다.

hexa-
[héksə]

'6'의 의미

hexadecimal
[hèksədésəməl]

16 진법

16을 기수 base로 하는 기수법을 말한다. 컴퓨터 등에서 자주 사용된다. 0부터 9까지의 숫자와 A부터 F까지의 알파벳으로 16개의 기호를 사용한다. A에서 F까지는 10진법의 10에서 15까지에 해당한다. 16진법에서 abc라고 쓰여 있는 수는, $a \times 16^2 + b \times 16 + c$를 나타낸다. 예를 들어, 16진법의 $2B$는, 10진법으로 $2 \times 16 + 11 = 43$이다. 역으로 10진법의 245는 $245 \div 16 = 15$이고 나머지 5이므로 $245 = 15 \times 16 + 5$가 되고 16진법으로 $F5$라고 표시된다.

hexagon
[héksəgən]

6각형

hexahedron
[hèksəhí:drən]

6면체

6개의 면으로 된 입체를 말한다. 입방체(立方體) cube

는 정6면체 regular hexahedron이다.

histogram
[hístəgræm]

히스토그램, 막대그래프

도수를, 구간을 밑변으로 하는 직사각형(長方形)의 면적으로 표시하는 막대 그래프를 말한다. 구간의 폭을 반드시 동일하게 할 필요는 없고, 그 구간으로 표시된 계급의 도수가 그 구간을 밑변으로 하는 직사각형의 면적이 되도록 직사각형을 만들면 된다. 구간의 길이를 일정하게 한다면 도수는 직사각형의 높이로 표현된다.

─── histogram ───

오른쪽의 분포표는 어느 고등학교 3학년 여자 50명의 넓이뛰기 기록 결과를 모아놓은 것이다. 이 표를 근간으로 히스토그램을 그리면 다음과 같다.

frequency table for long jump

거리(cm)	계급값	도수
240 ~ 260	250	1
260 ~ 280	270	1
280 ~ 300	290	2
300 ~ 320	310	5
320 ~ 340	330	14
340 ~ 360	350	12
360 ~ 380	370	11
380 ~ 400	390	3
400 ~ 420	410	1

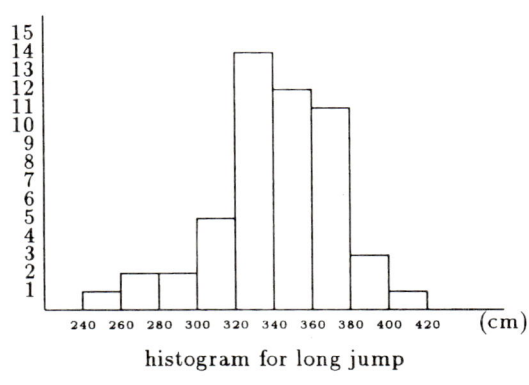

histogram for long jump

Dictionary of Mathematics for studying abroad

Hooke's law

훅의 법칙

'용수철과 고무밴드의 늘어남은 거기에 더해지는 힘에 비례한다'라는 법칙을 말한다. 예를 들어, 5kg의 추를 매달았을 때 1cm 늘어난 용수철에 10kg의 추를 매달면 용수철은 2cm가 늘어나게 된다. 이때 추의 무게를 F, 용수철의 늘어난 길이를 l이라 하면, $l = 0.2F$가 성립한다.

horizon
〔həráizn〕

수평선, 지평선

horizontal
〔hɔ̀ːrəzántl〕

수평의

수평선 또는 수평면에 평행인 것을 말한다. 추를 달았을 때에 생기는 직선은 수직선 vertical line이 된다. 직선과 평면이 수직선에 수직일 때 '그것들은 수평이다'라고 한다. 좌표축은 보통 수평 방향을 x축, 수직 방향을 y축으로 한다.

hyperbola
〔haipə́ːrbələ〕

쌍곡선

두 개의 정점에서 거리의 차가 일정한 점이 그리는 도형을 말한다. 이 두 정점을 쌍곡선의 초점 focus이라 한다. 초점의 좌표를 $(\pm c, 0)$로 하고 일정한 거리의 차를 $2a$라 하면 쌍곡선의 방정식은 $b^2 = c^2 - a^2$을 이용해서 $\dfrac{x^2}{a^2} - \dfrac{y^2}{b^2} = 1$이 된다.

이 쌍곡선은 x를 무한히 크게 할 때 $y > 0$이고 직선 $y = \pm \dfrac{b}{a} x$에 한없이 가까워진다. 이와 같은 직선을 쌍곡선의 점근선 asymptote이라 한다. 쌍곡선은 2개의

점근선($y=\pm\dfrac{b}{a}x$)을 가지는데 2개의 점근선이 직각

으로 교차할 때를 직각쌍곡선 rectangular hyperbola

이라 한다. 분수함수 $y=\dfrac{k}{x}$의 그래프는 x축, y축을

점근선으로 하는 직각쌍곡선이다. 또 쌍곡선은 이심율

eccentricity 이 1보다 큰 원뿔곡선 conic section 으로

도 정의된다.

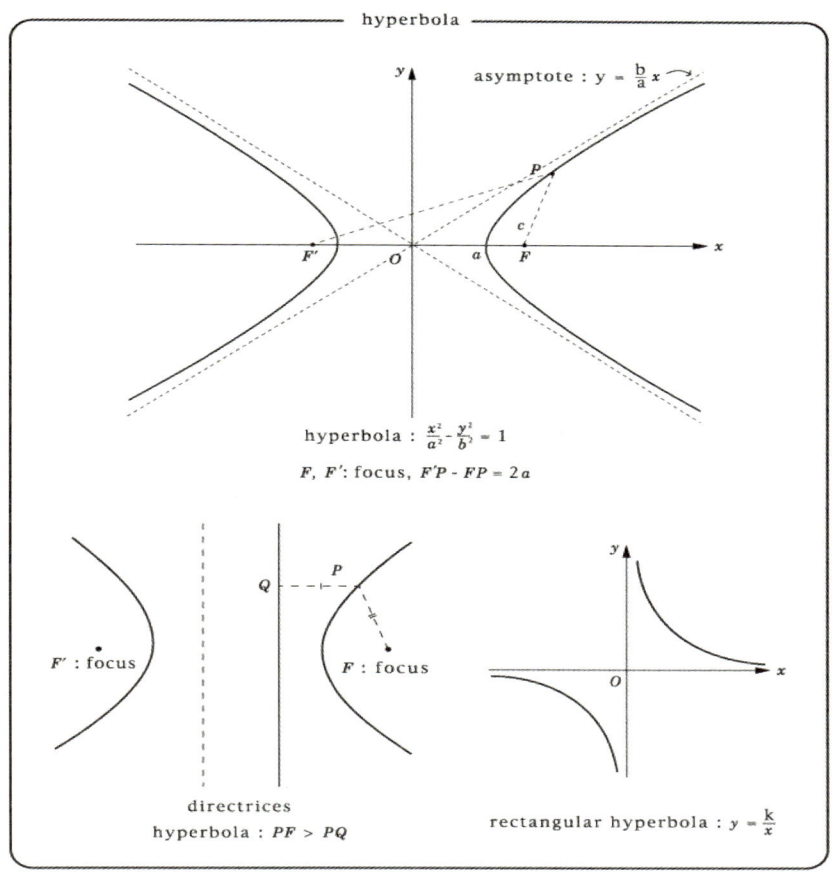

hyperbola

asymptote : $y = \dfrac{b}{a}x$

hyperbola : $\dfrac{x^2}{a^2}-\dfrac{y^2}{b^2}=1$

F, F': focus, $F'P - FP = 2a$

F' : focus

Q P

F : focus

directrices
hyperbola : $PF > PQ$

rectangular hyperbola : $y = \dfrac{k}{x}$

hypo-
〔háipou〕

'아래', '이하'의 의미

hypocycloid
〔hàipousáikləid〕

내 (內) 싸이클로이드

원을 다시 한 개의 원에 내접시키면서 회전시킬 때 원주 위의 한 점이 그리는 도형을 말한다.

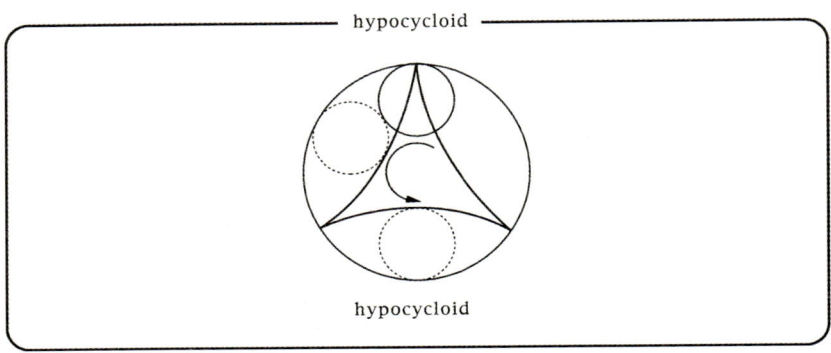

hypocycloid

hypocycloid

hypotenuse
〔haipátənjùːs〕

빗변

직각 삼각형 rectangular triangle의 최대변을 말한다. 빗변은 직각의 대변 opposite side이다. 또 피타고라스의 정리 Pythagorean theorem에 의해 빗변의 제곱은 다른 두 변의 제곱의 합과 같다.

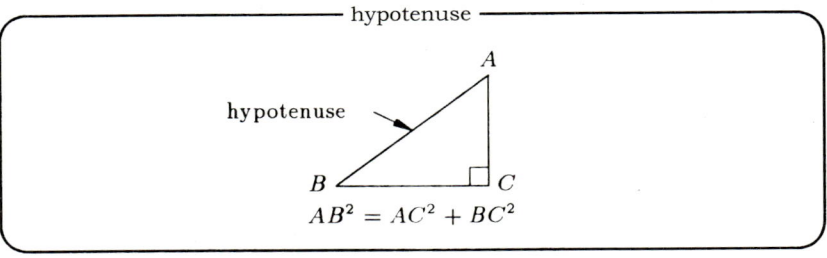

hypotenuse

hypotenuse

$$AB^2 = AC^2 + BC^2$$

hypothesis
〔haipáθəsis〕

가설, 가정

뉴튼은 사과가 나무에서 떨어지는 것을 보고 '지구가 사과를 잡아당기고 있다'고 추측했다. 이처럼 자연의 관찰에 의해 옳다고 생각되는 사항을 가설이라 한다. 뉴튼은 이 가설에서 만유인력을 발견했다. 과학은 실험과 관찰 및 이미 알고 있는 이론에서 추측되는 한 개의 가설을 세우고 (필요하면 수정도 덧붙여서) 그것을 실증한다. 수학의 증명에는 처음에 전제로서의 가정 hypothesis, assumption이 있고 이것들에서 출발해서 공리 axiom, 정리 theorem를 이용하여 결론 consequence을 도출시킨다.

i
〔ai〕

허수단위

　$\sqrt{-1}$을 i라고 쓰고 허수단위 imaginary unit라고 한다. $i^2=-1$이며 따라서, 방정식 $x^2+1=0$의 해 solution는 $x=\pm i$가 된다. → **complex number**

icosahedron
〔aikòusəhíːdrən〕

20면체

20개의 면 faces을 갖는 다면체 polyhedron를 말한다. 정20면체 regular icosahedron가 존재하고 그 면은 전부 정삼각형 equilateral triangle이며 12개의 꼭지점 vertices과 30개의 변 edges을 갖는다. 정20면체를 각 꼭지점에 모인 5개 변의 중점을 지나는 평면으로 자르면 정오각형과 정육각형이 되는 축구공 같은 형태가 나온다.

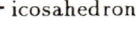

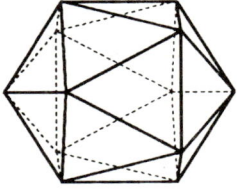

regular icosahedron
$V = 12, \ F = 20, \ E = 30$

identical
〔aidéntikəl〕

동일한, 항등의

완전히 같은 것을 말한다. 예를 들어, 동일한 도형은 형태도 크기도 모두 같은 (합동인)도형이다.

- ~ equation 항등식

임의의 변수값에 대하여 항상 성립하는 등식을 말한다. 항등식의 좌변과 우변은 모두 같은 식으로 변형이 가능하다. 예를 들어, $(x+y)^2 = x^2 + 2xy + y^2$는 항등식이다.

■ ~ transformation 항등변환
아무것도 변화시킬 수 없는 변환을 말한다.

identity
[aidéntəti]

항등, 항등식, 항등원

이항 연산 등에서 아무것도 변화시킬 수 없는 작용소(作用素)를 말한다. 예를 들어, $a+0=0+a=a$ 이므로 수에 0을 더해도 수는 변화하지 않는다. 따라서 0은 덧셈에 있어서 항등원이다. 또 곱셈에서 항등원은 1이다.

평행이동 translation을 $\begin{pmatrix} a \\ b \end{pmatrix}$로 나타낼 때 평행이동의 합성은 덧셈에 대응한다.

$\begin{pmatrix} 0 \\ 0 \end{pmatrix}$은 $\begin{pmatrix} a \\ b \end{pmatrix} + \begin{pmatrix} 0 \\ 0 \end{pmatrix} = \begin{pmatrix} a \\ b \end{pmatrix}$을 만족시키기 때문에 항등원이다.

또 원점을 중심으로 하는 회전을 $R(\alpha)$라고 하면 $R(\alpha)$와 $R(\beta)$의 합성은 $R(\alpha+\beta)$이 된다. $R(\alpha+0°) = R(\alpha)$, $R(\alpha+360°) = R(\alpha)$이므로 0° 또는 360°의 회전은 항등원이다. 이들은 모두 항등변환 identical transformation이 된다.

행렬 matrix의 곱셈은

$$\begin{pmatrix} a & b \\ c & d \end{pmatrix}\begin{pmatrix} s & u \\ t & v \end{pmatrix} = \begin{pmatrix} as+bt & au+bv \\ cs+dt & cu+dv \end{pmatrix}$$

로 정의된다. 이 곱셈에 관한 항등원은 $\begin{pmatrix} 1 & 0 \\ 0 & 1 \end{pmatrix}$이고 항등행렬 또는 단위행렬이라 한다.

if and only if

~일 때 또한 그때에 한해서

'A이면 B가 성립'하고, 'B이면 A가 성립'할 때

'B일 때 또한 그때에 한해서 A이다' A if and only if B라고 한다.

예를 들어 A, B를 2개의 집합으로 할 때 $A \subseteq B$ 이며 $A \supseteq B$일 때 그리고 그때에 한해서 $A = B$가 성립하며 이들은 'A set A is equal to a set B if and only if $A \subseteq B$ and $A \supseteq B$'처럼 표현한다.

if and only if 를 iff로 간단하게 적는 경우도 있다.

iff

~ 일 때 또한 그때에 한해서
= if and only if

image
〔ímidʒ〕

상 (像)

함수 f에 의해 x에 대응되는 원소 y를 x의 f에 의한 '상' image이라 한다. 예를 들어, $f(x) = x+2$일 때 수 3의 상(像) $f(3)$은 5이다. f의 정의역 domain에 포함되는 전체 x의 상(像)의 집합을 f의 치역 image set이라 한다. 점 A를 변환 f에 의해 변환시킨 후의 점을 A의 '상' image이라 하고 A'라고 쓴다. 예를 들어, 원점을 기준으로 90° 회전시킬 때 점 $(1, 2)$에 대한 상은 $(-2, 1)$이다.

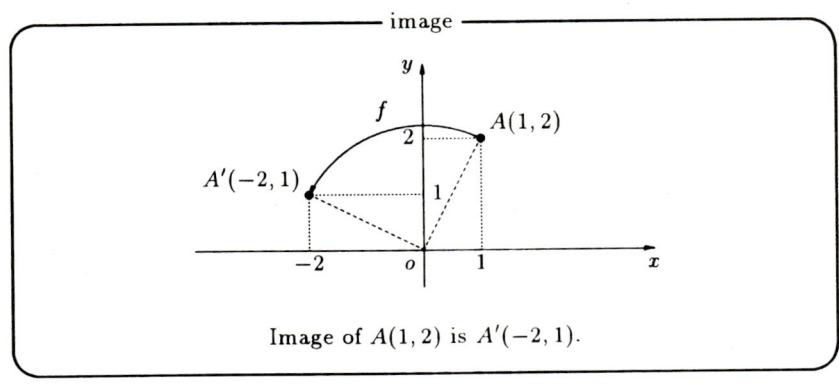

Image of $A(1, 2)$ is $A'(-2, 1)$.

imaginary
[imǽdʒənèri]

상상 속의, 허(虛)의, 허수(虛數)의

■ ~ **axis** 허축(虛軸)

복소수 $a+bi$를 점(a, b)로 표시하는 복소평면 complex plane에 있어서 세로축(y축)을 허수축 imaginary axis이라고 한다. 허수축의 성분으로 복소수의 허수 부분 imaginary part을 표시한다.

→ complex number

■ ~ **root** 허근(虛根)

방정식의 허수(虛數)의 해를 말한다.

2차 방정식 $ax^2+bx+c=0$의 해는 판별식 discriminant $D=b^2-4ac$가 음수일 때 허수가 된다.

■ ~ **unit** 허수 단위

$\sqrt{-1}$을 i라고 쓰고 '허수단위' imaginary unit라고 한다. $i^2=-1$이다.

imaginary number

허수(虛數)

허수 부분 imaginary part bi가 0이 아닌 ($i.e.$ $b\neq0$) 복소수 complex number $a+bi$를 말한다. $1+2i$, $5-3i$ 등은 허수이다. 특히 $a=0$일 때를 순허수라고 한다. $4i$는 순허수이며 순허수를 간단히 허수라고 하는 경우도 있다.

implicit
[implísit]

간접적인, 숨어있는, 음(陰)의

$y=5x-2$라고 쓸 때 y는 x에 의해 명백하게 explicitly으로 표시되어 있다. 즉, y 값은 우변에 x값을 대입함으로써 직접적으로 구할 수 있다. 그러나, $x^2+y^2=9$처럼 쓰여진 경우, y값은 x값에 의해서 직접적으로 구

할 수는 없다. 이와 같은 경우를 간접적 또는 음(陰)적 implicit이라고 한다 → explicit

- ~ definition 간접적 정의
  간접적으로 표현된 정의를 말한다.

- ~ function 음함수(陰函數)
  음의 형태로 표시된 함수를 말한다. 예를 들어, $y = 3x+1$의 형태가 아닌 $xy + 3y = 2x+5$, $x^4 + y^4 = 16$ 등의 형태로 표시된 함수를 말한다.

imply
〔implái〕

포함하다, 이끌어내다

조건 A에서 B가 도출될 때 A implies B처럼 표현한다. 이 경우, A가 의미하는 사항 중에 B의 사항이 포함되어 있다는 느낌이 강하다. 따라서 'A일 때, 당연한 것처럼 B가 성립한다'는 분위기가 있다.

improper
〔imprápər〕

고유한 것이 아닌, 특이한, 가(假)
원래 proper의 것이 아닐 때를 말한다.

- ~ fraction 가분수(假分數)
  분자 numerator가 분모 denominator 보다 큰 분수 fraction를 말한다. 예를 들어, $\frac{5}{3}$, $\frac{7}{2}$은 가분수이다. 이에 대하여, 1보다 작은 분수를 진분수 proper fraction라고 하며 $\frac{1}{4}$, $\frac{12}{125}$는 진분수이다.
  가분수는 대분수 mixed number로 고쳐 쓸 수 있다. $\frac{5}{3} = 1\frac{2}{3}$, $\frac{7}{2} = 3\frac{1}{2}$이다. 가분수는 과분수(過分數)라고 쓰기도 한다.

incenter
[ínsèntər]

내심 (内心)

삼각형의 내접원 incircle의 중심을 말한다. 내심은 3개의 내각 interior angle의 이등분선 bisector의 교점이다. → incircle

inch (inches)
[intʃ]

인치

길이의 단위이고, 1피트 foot의 $\dfrac{1}{12}$을 1인치 inch라 말한다. 1 inch = 2.54cm이다.

incircle
[ínsə̀ːrkl]

내접원 (内接圓)

삼각형의 세 변의 안쪽에 접하는 원을 말한다. 어떤 삼각형도 단 하나의 내접원을 갖는다. 내접원의 중심을 내심 incenter이라 하고 내심은 세 변에서의 거리가 같은 점이고 3개의 내각 interior angle의 2등분선 bisector의 교점이다.

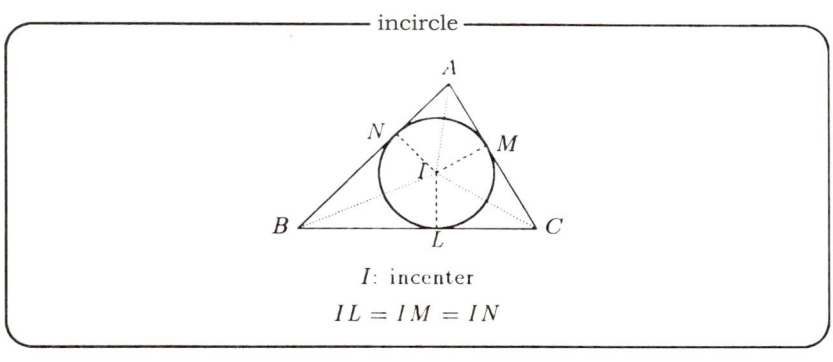

incircle

I: incenter

$IL = IM = IN$

independent
[indipéndənt]

독립의

변수와 사건이 다른 변수 등의 영향을 받지 않을 때를 말한다. 독립이 아닌 때는 종속 dependent이라고 한다. → dependent

- ~ event 독립 사건

  사건 event A가 일어날 확률이 사건 B가 일어나는 것과 상관없이 일정할 때 사건 A와 B는 '독립 independent이다'라고 한다. 예를 들어, 크고 작은 두 개의 주사위를 던질 때 큰 주사위의 눈이 1이 나올 사건을 A, 작은 주사위의 눈이 3이 나올 사건을 B 라 할 경우 B가 일어날 때에 A가 일어날 확률은 $\frac{1}{6}$, B가 일어나지 않을 때에 A가 일어날 확률도 $\frac{1}{6}$로 두 개의 확률은 같다. 따라서, 이들은 상호 독립적인 사건 independent events이 된다.

- ~ variable 독립 변수

  다른 변수에 관계없이 자유롭게 변화할 수 있는 변수를 말한다. 예를 들어, 반지름이 r인 구(球)의 표면적을 y라 하면 $y=4\pi r^2$가 된다. 이때 y 값은 r 값에 의해 정해지므로 종속변수 dependent variable 라고 한다. 이에 대하여 r값은 자유롭게 설정할 수 있으므로 r은 독립변수이다.

index (indices)
〔índeks〕

지수 (指數)

a^n을 a의 n승 nth power이라 하고 n을 지수 index, exponent라고 한다.

n이 자연수일 때는 $a^n = a \times a \times \cdots \times a$ (a가 n개)이다. 지수에 관하여, 다음의 지수 법칙 law of exponents이 성립한다.

1. $a^m \times a^n = a^{m+n}$
2. $a^m \div a^n = a^{m-n}$
3. $(a^m)^n = a^{mn}$

4. $(ab)^n = a^n b^n$

5. $(a/b)^n = a^n / b^n$

예를 들면,

$2^4 \times 2^3 = (2 \times 2 \times 2 \times 2) \times (2 \times 2 \times 2) = 2^{4+3} = 2^7$

$2^4 \div 2^3 = \dfrac{2 \times 2 \times 2 \times 2}{2 \times 2 \times 2} = 2^{4-3} = 2^1 = 2$

$(4^3)^2 = 4^3 \times 4^3 = 4^{3 \times 2} = 4^6$ 이다.

또 $a^2 \div a^2 = a^{2-2} = a^0$ 이므로 $a^0 = 1$,

$a^{-n} \times a^n = a^0 = 1$ 이므로 $a^{-n} = \dfrac{1}{a^n}$ 이 된다. 더욱이

$\left(a^{\frac{1}{n}} \right)^n = a^{\frac{1}{n} \times n} = a^1 = a$ 이므로 $a^{\frac{1}{n}} = \sqrt[n]{a}$ 이다.

따라서 유리수의 지수까지 생각할 수 있다.

예를 들어, $2^{-3} = \dfrac{1}{2^3} = \dfrac{1}{8}$, $8^{\frac{1}{3}} = \sqrt[3]{8} = 2$,

$4^{\frac{3}{2}} = (\sqrt[2]{4})^3 = 2^3 = 8$ 이다.

일반적으로 실수(實數)의 지수도 정의된다.

indirect proof
[ìndərékt pruːf]

간접 증명

직접적으로 나타낼 수 없는 내용을 간접적으로 나타내는 것을 뜻한다. 예를 들어 '모든 정수로 나누어 떨어지는 정수는 0이다'는 직관적으로는 명확함에도 불구하고 직접적으로는 증명하기 어렵다. 그래서 0이 아닌 정수 n이 모든 정수로 나누어 떨어진다고 가정하면, n은 정수 $2n$으로도 나누어 떨어진다. 그런데, $n \neq 0$이므로 $n \div 2n = \dfrac{1}{2}$이 되는 모순이다. 이 모순은 '0이 아닌 정수 n이 모든 정수로 나누어 떨어진다'라는 가정에서 출발했기 때문에 이 가정은 잘못되었다. 따라서, 모든 정수로 나누어 떨어질 수 있는 수는 0뿐이다.

이와 같은 증명 방법을 귀류법(歸謬法) reduction to absurdity이라 한다. 귀류법은 한 명제를 부정하면 모순이 생긴다는 것을 보여줌으로써 그 명제가 옳다는 것을 증명하는 방법이고 가장 자주 보는 간접 증명이다.

induction
[indʌ́kʃən]

귀납법 (歸納法)

자연수 n에 관한 명제 P를 증명하기 위한 방법으로

1. $n=1$일 때 P가 성립한다.
2. $n=k$일 때 P가 성립한다고 가정했을 때, $n=k+1$ 일 때 P가 성립한다.

위의 두 개를 증명하는 것에 의해 모든 자연수 n에 대하여 P가 성립됨을 증명하는 방법을 귀납법 induction 이라 한다.

n에 관한 명제 P를 $P(n)$이라 하면, 위의 2개는

① $P(1)$

② $P(k) \Rightarrow P(k+1)$

이 된다. 이 메카니즘에 의해 ①에서 $P(1)$, ②에서 $P(1) \Rightarrow P(2)$이 되어 $P(2)$가 성립하게 되고, ②에 의해 $P(2) \Rightarrow P(3)$이 되어 $P(3)$ 또한 나타낼 수 있다. 또 ②를 이용해 $P(3) \Rightarrow P(4)$가 되어 결국 $P(4)$가 된다. 이와 같은 방법으로 모든 자연수 n에 대해 $P(n)$을 나타낼 수 있게 된다. 이것이 귀납법이다.

예 $1+2+\cdots+n+ = \dfrac{n(n+1)}{2}$ 을 증명하시오.

$n=1$일 때, 좌변$=1$, 우변$= \dfrac{1 \cdot 2}{2} =1$이므로 성립한다. $n=k$일 때 성립한다고 가정하면,

$1+2+\cdots+k= \dfrac{k(k+1)}{2}$ 이 성립하게 되고

양변에 $k+1$을 더해서,

$$1+2+\cdots+k+(k+1)=\frac{k(k+1)}{2}+k+1$$
$$=\frac{k(k+1)+2(k+1)}{2}$$
$$=\frac{(k+1)(k+2)}{2}$$

이것은, $n=k+1$로 했을 때의 식과 같다.

따라서 $n=k+1$도 성립하게 되므로 귀납법에 의해 모든 자연수 n에 대해

$$1+2+\cdots+n+=\frac{n(n+1)}{2}$$ 이 성립한다.

inductive
[indʌ́ktiv]

귀납적인

수열 sequence $\{a_n\}$에 대해

① $a_1=1$, ② $a_{n+1}=2a_n+1$가 성립할 때 $n=1$을 대입해서 $a_2=2\times1+1=3$을 얻을 수 있다. 다음 $n=2$가 되면 $a_3=2a_2+1=2\times3+1=7$을 얻는다. 이와 같은 방식으로 $a_4=15$, $a_5=31,\cdots$ 을 구할 수 있다. 이처럼 제1항에서 시작해 2항, 3항, 4항으로 점차 항의 값을 생성해 generate 가는 정의를 '귀납적 정의' inductive definition라고 한다.

귀납적 정의를 위해서는

① 첫째항 the first term의 값

② 전항에서 다음 항을 위한 결정이 필요하다.

②의 식을 점화식 recurrence formula이라 한다.

inequality
[ìnikwáləti]

부등식 (不等式)

두 개의 실수값 a, b에 관해서 a와 b가 같다든지($a=b$) a가 b보다 크든지($a>b$) 또는 a가 b보다 작

든지($a<b$) 어느 것 하나는 성립한다. 뒤의 두 식처럼 크고 작은 관계를 표현하는 식을 '부등식'이라 한다. 부등식은 부등호 $>$, $\geq$, $<$, $\leq$를 이용하여 표현되는 식이다. $3>-2$, $x^2\geq9$, $2x-3<5$, $-3x\leq6$ 등은 부등식이다.

부등식에 관해서, 다음 성질이 성립한다.

1. $a<b$, $b<c \Rightarrow a<c$
2. $a\leq b$, $a\geq b \Rightarrow a=b$
3. $a<b \Rightarrow a+c< b+c$
4. $a<b \Rightarrow a-c < b-c$
5. $a<b$, $c>0 \Rightarrow ac < bc$
6. $a<b$, $c>0 \Rightarrow \dfrac{a}{c} < \dfrac{b}{c}$
7. $a<b$, $c<0 \Rightarrow ac > bc$
8. $a<b$, $c<0 \Rightarrow \dfrac{a}{c} > \dfrac{b}{c}$
9. $a<b$, $c<d \Rightarrow a+c< b+d$

이들 성질을 이용하여 부등식을 풀 수가 있다. 예를 들어, $3x-5>4$는, $3x-5+5>4+5$을 통해서 $3x>9$가 되며, 양변을 3으로 나누어 $x>3$ 을 얻는다.

$A\times B>0$은 ($A>0$ 이고 $B>0$) 또는 ($A<0$ 이고 $B<0$)로 풀 수가 있다. 예를 들어, $x^2>4$는 $x^2-4>0$에 의해 $(x+2)(x-2)>0$로 변형시킬 수 있으므로 $x+2>0$이고 $x-2>0$, 또는 $x+2<0$이고 $x-2<0$이다. 따라서 $x>2$ 또는 $x<-2$를 얻는다.

일반적으로, $\alpha<\beta$일 때 $(x-\alpha)(x-\beta)>0$의 해는, $x < \alpha$, $x > \beta$이고, $(x-\alpha)(x-\beta)<0$의 해는, $\alpha < x < \beta$이다.

- absolute ~ 절대부등식

  변수값에 상관없이 항상 성립하는 부등식을 말한다.
  예를 들면, $x^2 \geq 2x-1$은 우변을 좌변으로 이동하면
  $x^2-2x+1=(x-1)^2 \geq 0$ 으로 x의 값에 상관없이
  항상 성립하게 되는데 이것을 절대부등식이라 한다.

- conditional ~ 조건부등식

  $2x+3>0$ 이나 $x^2-3x-5 \leq 0$ 등과 같이 어떤 특
  정한 범위의 미지수에 대해서만 성립하는 부등식을
  말한다. 절대부등식과는 상대되는 개념이다.

infinite
〔ínfənət〕

무한한 ; 무한
예를 들면, 집합 {1, 2, 3, 4, 5}에서 원소의 수는 5개이
고 원소 모두를 나열하여 쓸 수 있지만, 자연수 전체의
집합은 1, 2, 3, 4, 5, 6 …처럼 모두를 다 헤아릴 수 없
다. 즉, 자연수 전체의 개수는 무한이다. 이에 대하여 모
두 셀 수 있는 수는 '유한하다' finite라고 한다.
한편, 수의 크기가 한없이 커지거나, 한없이 작아질 때
또는 무한 소수처럼 끝자리가 한없이 계속될 때도 물론
infinite 란 표현을 사용한다.

infinitesimal
〔ìnfinətésəməl〕

무한소 ; 무한히 작은
주로 미분에서 순간 변화율을 얻기 위하여 $\triangle x \rightarrow 0$ 일
때 $\dfrac{\triangle y}{\triangle x}$ 의 값을 구하게 되며, 그 수렴치를 $\dfrac{dy}{dx}$ 로 표
시한다.
이처럼 무한히 0으로 접근하는 $\triangle x$ 와 같은 값을 '무한
소'라고 하며, 이 때 어떤 작은 양(陽)의 수 a 를 취해도
$|\triangle x| < a$ 가 성립한다.

infinity
[ínfínəti]

무한, 무한대

무한인 것 또는 무한히 커지는 것을 말한다. $x \rightarrow a$ 일 때, $f(x)$가 무한히 커지면 $f(x)$는 무한대가 된다고 하고 $\lim_{x \to a} f(x) = \infty$ 라고 쓴다. 예를 들면, $x \rightarrow 1$일 때 $\dfrac{1}{(x-1)^2} \rightarrow \infty$이다. 또는 음의 값으로 무한대가 될 때는 음의 무한대라 하고 $-\infty$로 쓴다.

inflection
[inflékʃən]

변곡

곡선이 볼록한 convex 상태에서 오목한 concave 상태로 또는 오목한 상태에서 볼록한 상태로 변화하는 것을 말한다. 그때의 점을 변곡점 point of inflection이라 한다. 예를 들면, $y = x^3$의 그래프는 $x < 0$일 때 볼록, $x > 0$일 때 오목하므로 점$(0, 0)$이 변곡점이다.

【영리한 우유배달부】 한 우유배달부는 큰 우유통으로부터 우유를 측정하기 위해서 5리터의 주전자와 3리터의 주전자를 가지고 있다. 어떻게 하면 1리터의 우유를 측정할 수 있을까? (단, 우유를 버릴 수는 없다)

➡ 처음엔 3리터의 주전자를 채워 넣는다. 그런 후, 이 주전자에 들어 있는 3리터의 우유를 5리터의 주전자에 붓는다. 다시 3리터의 주전자를 채우고 그 다음 5리터의 주전자에 우유가 찰 때까지 붓는다. 그러면, 3리터의 주전자에는 1리터의 우유만이 남게 된다.

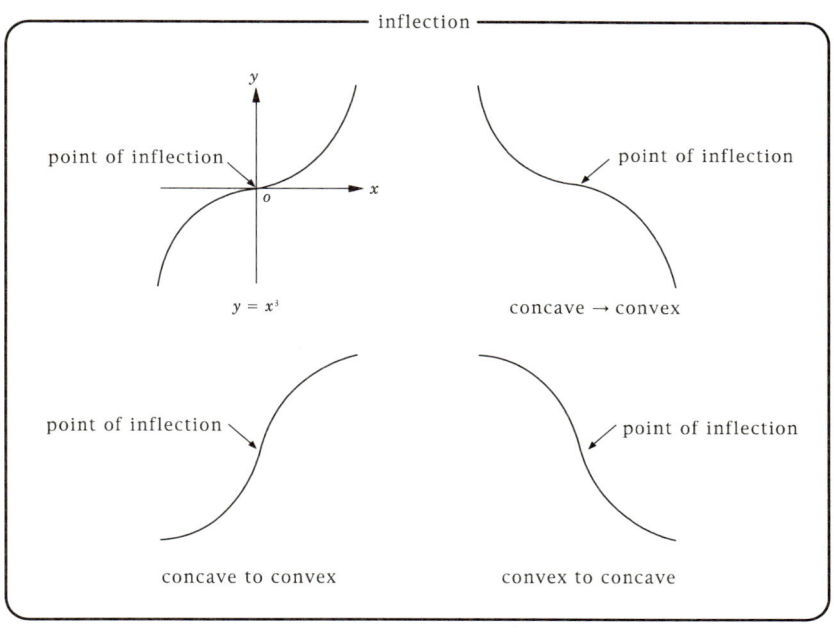

inflection

point of inflection

$y = x^3$

point of inflection

concave → convex

point of inflection

concave to convex

point of inflection

convex to concave

inscribe
[inskráib]

내접시키다

원이 다각형 내부에서 그 모든 변에 접하고 있을 때 '내접하고 있다'라고 한다. → incircle

일반적으로, 도형 P가 다른 도형 Q의 내부에서 접하고 있을 때 P는 Q에 내접한다고 한다.

■ **~d angle** 원주각
원호의 양 끝점과 원주 위의 한 점을 연결해 만든 각을 말한다. 원주각은 중심각 angle at center의 절반이다.

■ **~d circle** 내접원
다각형의 모든 변에 안쪽으로 접하고 있는 원을 말한다. 내접원의 중심은 내심 incenter이라고 한다.
→ incircle

- **~d polygon** 내접 다각형

  다각형의 모든 꼭지점이 한 개의 원주 위에 있을 때를 말한다. 이 경우의 원을 다각형에 외접한다 circumscribe 라고 한다.

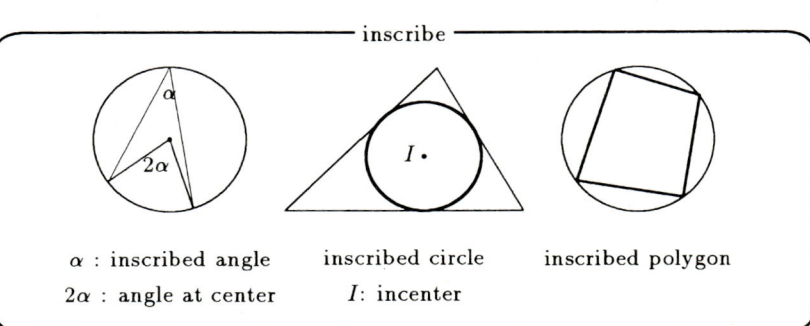

inscribe		
α : inscribed angle	inscribed circle	inscribed polygon
2α : angle at center	I: incenter	

inscription
〔inskrípʃən〕

내접
→ inscribe

integer
〔íntidʒər〕

정수 (整數)
자연수 natural number, 0, 음의 자연수를 말한다. 즉, 0, ±1, ±2, ±3, ...이 정수이다.

integral
〔íntigrəl〕

적분 (積分) ; 적분 (積分)의
$F'(x)=f(x)$일 때, 함수 $F(x)$를 $f(x)$의 원시함수 primitive function 라 한다. $F(x)$를 $f(x)$의 원시함수라고 할 때, C가 상수이면 $\{F(x)+C\}'=f(x)$이므로 $F(x)+C$도 $f(x)$의 원시함수이다. 역으로 $f(x)$의 원시함수는 $F(x)+C$가 되며 $f(x)$의 원시함수 $F(x)+C$를 총칭하여 $f(x)$의 부정적분 indefinite integral 이라 하고,

$\int f(x)dx$ integral of $f(x)$ with respect to x 라고 나타낸다. $\int f(x)dx = F(x)+C$이다.

$(x^{n+1})' = (n+1)x^n$이므로

$$\int x^n dx = \frac{1}{n+1}x^{n+1}+C \quad (C는 \ 상수)$$

를 얻을 수 있다.

$\int f(x)dx = F(x)+C$ 일 때, 일정한 수 a, b에 대하여 $F(b)-F(a)$를 $f(x)$의 a에서 b까지의 정적분 definite integral이라 하고, $\int_a^b f(x)dx$라고 쓴다.

$[f(x)]\ _a^b = F(b)-F(a)$ 라고 하면,

$$\int_a^b f(x)dx = [f(x)]\ _a^b$$이다.

$f(x)$의 값이 양일 때, 정적분은 함수 $f(x)$의 그래프와 x축 및 $x=a$, $x=b$로 둘러싼 도형의 면적을 표현한다.

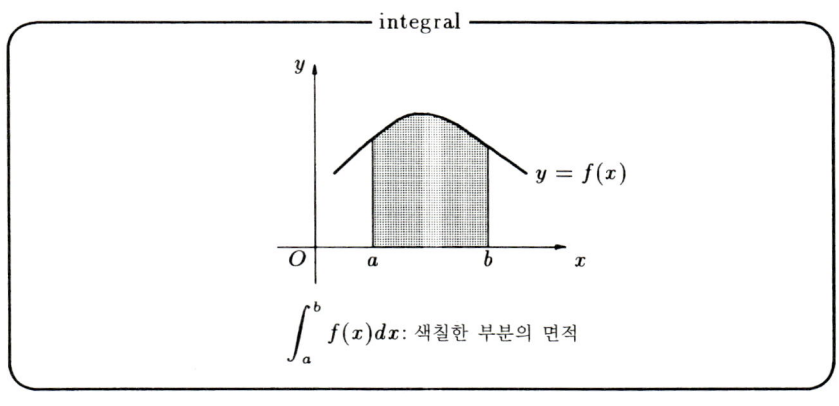

integral

$$\int_a^b f(x)dx : 색칠한 \ 부분의 \ 면적$$

integration
[ìntəgréiʃən]

적분 (하기)

부정적분 indefinite integral과 정적분 definite integral을 구하는 것을 말한다. → integral

적분은,

$$\int x^{n}dx = \frac{1}{n+1}x^{n+1} + C \; (\, C\text{는 적분상수})$$

을 이용해서 계산한다. 이를 응용하면,

$$\int (x^{2}-4x+3)dx = \frac{1}{3}x^{3} - 4\times\frac{1}{2}x^{2} + 3x + C$$

(C 는 적분상수)이다.

intercept
[ìntərsépt]

절편 (切片)

직선이 도형을 자르는 점, 또 잘라낸 부분을 말한다.

■ x-∼　x절편

　x축에 의해 도형(그래프)을 자르는 점을 말하고 그 때 y의 값은 0이 된다.

■ y-∼　y절편

　y축에 의해 도형(그래프)을 자르는 점을 말하고 그 때 x의 값은 0이 된다. 직선 $y = ax + b$에서 y절편은 b이다.

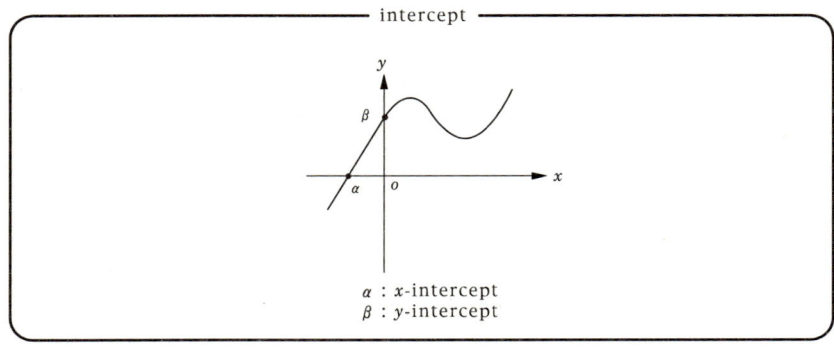

intercept

α : x-intercept
β : y-intercept

interest
[íntərəst]

이자

은행 등에 맡긴 돈(원금)에 대하여 '이자'를 받는 것이 가능하다. 이자의 원금에 대한 비율은 결정되어 있는데, 이것을 이율이라고 한다. 1만원을 연리(年利) 6%로 예금해 두면 1년 후 이자는 $10,000 \times 0.06 = 600$원이다. 이자의 계산법에는 원금에 대한 이자만 생각하는 단리(單利) simple interest와, 원금과 이자의 합계에 대한 이자를 생각하는 복리(複利) compound interest가 있다. 일반적으로 복리가 이용된다.

interior
[intíəriər]

내부 ; 안의, 내부의

다각형 등의 변의 안쪽을 지칭하는 말.

- **~ angle 내각(內角)**

  다각형의 이웃한 두 변 adjacent sides에 의해서 만들어진 각이고, 하나의 변의 연장과 이웃해 있는 변으로 만들어지는 각은 외각 exterior angle이라고 한다.

- **~ opposite angle 내대각(內對角)**

  삼각형에 있어서 하나의 외각에 이웃하지 않는 2개의 내각을 그 외각의 '내대각'이라고 한다. 외각은 내대각의 합과 같다.

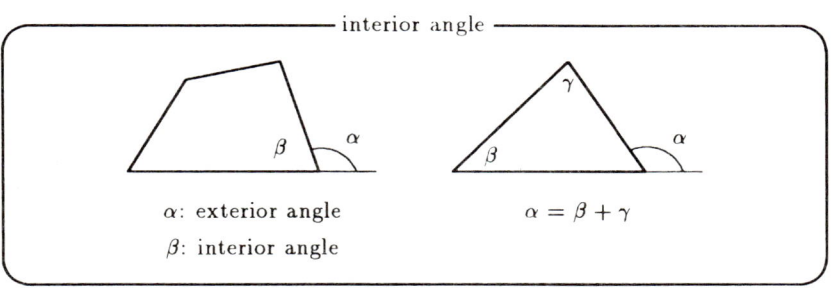

interior angle

α: exterior angle
β: interior angle

$\alpha = \beta + \gamma$

interpolation
〔intə̀ːrpəléiʃən〕

보간 (補間), 사이에 채워 넣기
비거나 잃어버린 값을 이웃한 값들의 가중 평균 등을 통해 추정하는 것을 말한다.

interquartile
〔intərkwɔ́ːtail〕

4분위 (分位) 사이의
통계 자료를 크기의 순으로 열거할 때 중앙에 위치하는 값을 중앙값 median이라고 하고 $\frac{1}{4}$, $\frac{3}{4}$의 위치에 있는 값을 4분위 quartile라고 한다. 두 개의 4분위의 값 lower quartile, upper quartile의 차(4분위의 위치 사이의 폭)를 4분위 사이의 범위 interquartile range라고 한다.

intersect
〔intərsékt〕

교차하다
두 개의 도형이 서로를 가로지를 때 도형은 '교차한다'라고 한다. 평면상에 평행이 아닌 2개의 직선은 반드시 한 점에서 교차한다. 원과 포물선 등의 원뿔곡선 conic section과 직선은 두 점에서 교차할 수 있다. 게다가 원과 포물선, 원과 타원 등의 경우는 4개의 점에서 만나는 일도 있다.

— intersect —

Two lines intersect at a point.

A line intersects a parabola at two points.

intersection

[ìntərsékʃən]

교점 (交點), 공통부분

두 개의 도형이 교차하는 점을 말하거나, 두 개의 집합 A, B의 양쪽 모두에 속하는 부분(교집합, $A \cap B$)을 나타내기도 한다. 예를 들어, $A = \{1, 2, 3, 4, 5\}$, $B = \{2, 4, 6, 8, 10\}$가 있을 때, $A \cap B = \{2, 4\}$이다. A, B에 공통부분이 없을 때를 공집합 empty set, $\varnothing$ 이라고 하고 $A \cap B = \varnothing$ 라고 쓴다. → **disjoint**

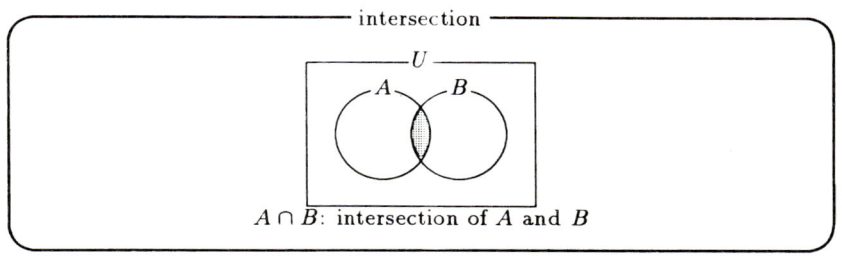

$A \cap B$: intersection of A and B

interval

[íntərvəl]

구간

두 실수 a, $b(a < b)$ 사이에 있는 실수 전체를 말하며 a, b를 양 끝이라고 한다. 구간은 끝점 a, b를 포함할 때 폐구간 closed interval이라고 하고 $[a, b]$라고 쓴다. 끝점 a, b를 포함하지 않을 때를 개구간 open interval이라고 하고 (a, b)라고 쓴다. 이들은 또 각각 부등식 $a \le x \le b$, $a < x < b$으로 표현한다. 또, 끝점의 한쪽에서 닫혀 있고 다른 쪽에서 열려 있을 때를 반폐구간 half-closed interval이라 하고 $a < x \le b$ (a, b]라 쓴다.

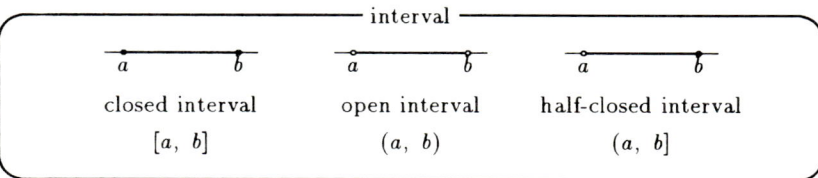

| closed interval | open interval | half-closed interval |
| $[a, b]$ | (a, b) | $(a, b]$ |

invalid
[ínvəlid]

무효의, 옳지 않은
= not true

invariance
[invέəriəns]

불변성
→ invariant

invariant
[invέəriənt]

불변식, 불변점, 불변량 ; 변하지 않는

어떤 변환에 의해서 변화하지 않는 점이나 성질을 말하며 변하지 않는 양을 불변량이라고 한다. 예를 들어, 원점에 대한 대칭변환에 의해서 원점은 원점에 옮겨지고 원점을 통과하는 직선은 자기 자신에 옮겨진다. 회전이나 대칭변환, 평행이동에 의해서 도형은 형태나 크기가 변하지 않기 때문에 불변량이다.

inverse
[invə́:rs]

역원 (逆元) ; 역 (逆) 의

어떤 연산에 있어 전체의 원소 a에 대해서 $a*e = e*a = a$가 성립할 때, e를 항등원 identity for * 이라고 하고 $a*b = e$가 되는 원소 b를 a의 역원 inverse 이라고 한다. 예를 들어, a의 덧셈 addition에 대한 역원은 $a+(-a)=0$이기 때문에 $-a$이다. 또, a의 곱셈 multiplication에 대한 역원은 $a \times \dfrac{1}{a} = 1$이기 때문에 $\dfrac{1}{a}$이다. 각 θ의 회전 rotation through θ의 역변환 inverse은 $-\theta$의 회전이다(θ의 회전 후 $-\theta$의 회전을 하게 되면 0°의 회전과 같게 되며, 이때 0°의 회전을 항등회전 identity rotation이라 한다).

- **additive** ~ 반수(反數)
  덧셈에 대한 역원.

- ~ **function** 역함수

함수 $f(x)$에 대해서 $g \circ f(x) = f \circ g(x) = x$가 되는 함수 $g(x)$를 $f(x)$의 역함수 inverse function라고 말하고 $f^{-1}(x)$이라고 쓴다.

예를 들어, $f(x) = 2x + 5$ 에서 $f^{-1}(x) = \dfrac{x-5}{2}$ 이다.

실제, $f^{-1} \circ f(x) = f^{-1}(f(x))$
$= f^{-1}(2x+5) = \dfrac{(2x+5)-5}{2} = x$이다.

- **~ matrix** 역행렬

  행렬의 곱셈에 관한 역원을 말한다.

  $$\begin{pmatrix} a & b \\ c & d \end{pmatrix} \times \dfrac{1}{ad-bc} \begin{pmatrix} d & -b \\ -c & a \end{pmatrix} = \begin{pmatrix} 1 & 0 \\ 0 & 1 \end{pmatrix}$$

  이기 때문에

  $$\begin{pmatrix} a & b \\ c & d \end{pmatrix}^{-1} = \dfrac{1}{ad-bc} \begin{pmatrix} d & -b \\ -c & a \end{pmatrix}$$

  이다.

inverse proportion 반비례 (反比例)

변수 x가 2배, 3배로 변화함에 따라 변수 y가 $\dfrac{1}{2}$ 배, $\dfrac{1}{3}$ 배가 될 때를 말한다. 예를 들어, 면적이 일정한 어떤 직사각형의 세로와 가로의 길이 x, y는 반비례한다. 일정한 어떤 면적을 a라고 하면 $xy = a$가 성립되기 때문에 $y = \dfrac{a}{x}$ 라고 쓸 수 있다. 이때, $y \propto \dfrac{1}{x}$ 이라고 쓰고, a를 비례상수 constant of variation라고 한다. 예를 들어, 같은 거리를 달릴 때의 시간 t는 속도 v에 반비례하고 있다 t is in inverse proportion to v. 즉, $t = \dfrac{a}{v}$ 라고 쓸 수 있다. 이때, 시속 60km로 달리는데

2시간이 걸린다면 $v=60$, $t=2$를 대입하면 $2=\dfrac{a}{60}$ 이 된다. 따라서, 비례상수 $a=120$이다. 그러므로 $v=40$ 일 때 $t=\dfrac{120}{40}=3$이다. 여기서 시속 40km로 달릴 때의 시간은 3시간이라는 것을 알 수 있다. 반비례의 그래프는 직각쌍곡선이다. → inverse variation

inverse variation   반비례 (反比例)

inverse proportion과 같다. x와 y가 반비례의 관계에 있을 때, 'x and y are in inverse variation'이라고 표현한다. → inverse proportion

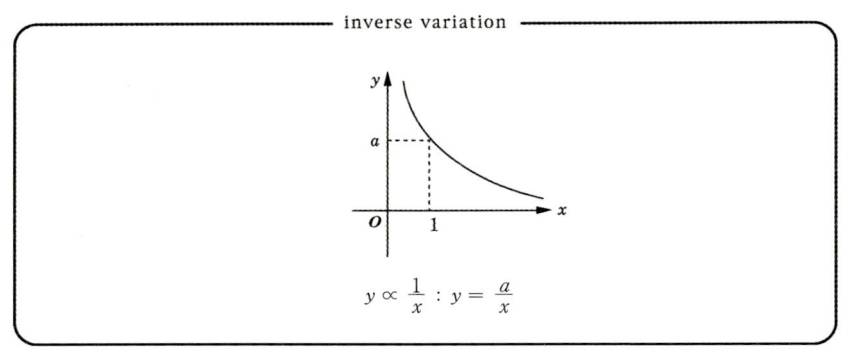

— inverse variation —

$$y \propto \frac{1}{x} : y = \frac{a}{x}$$

investigation   조사, 연구
〔invèstəgéiʃən〕

irrational   무리수 (無理數) 의 ; 무리수 (無理數)
〔iréʃənl〕

유리수 rational number가 아닌 수로서 분수로 표현할 수 없는 수를 말한다. → irrational number

irrational equation   무리방정식

무리식을 포함한 방정식을 말한다. $\sqrt{2x+1}=3$은 무리

방정식이다. 양쪽을 제곱해서, $2x+1=9$가 되기 때문에 $x=4$를 얻는다.

irrational expression　　**무리식(無理式)**

근호($\sqrt{\ }$) 안에 변수를 포함한 식을 말한다.
$\sqrt{x^2+y^2}$은 무리식이다.

irrational function　**무리함수**

무리식으로 표현되는 함수를 말한다. $y=\sqrt{2x-3}+1$ 은 무리함수다.

irrational inequality　**무리부등식**

무리식을 포함한 부등식을 말한다. $\sqrt{x+2}>x$는 무리 부등식이다. $x\geq0$일 때, 양쪽을 제곱하면 $x+2> x^2$ 이 되고 $x^2-x-2<0$, $(x+1)(x-2)<0$ 이기 때문에 $-1<x<2$가 되지만, $x\geq0$이기 때문에 $0\leq x<2$ ①. 반면에 $x<0$일 때, $\sqrt{x+2}\geq0$이기 때문에 부등식은 언제라도 성립된다. 그렇지만 근호 안은 양수가 아니면 안 되기 때문에 $x+2\geq0$ 은 즉 $x\geq-2$ 이다. 따라서, $-2\leq x<0$ ②.

결국 ①, ②에 의해서 $-2\leq x<2$를 얻을 수 있다.

---

irrational inequality

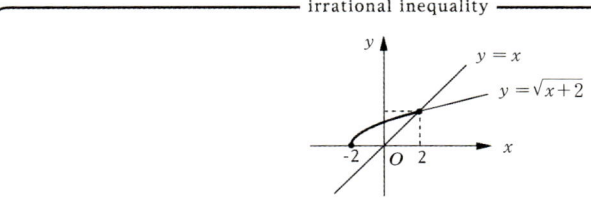

$y=\sqrt{x+2}>x$ has the solution set $-2\leq x<2$.

irrational number　무리수(無理數)

유리수 rational number가 아닌 수로서 분수로 표현할 수 없는 수이고 소수로 쓰면 순환하지 않는 무한소수가 된다. 예를 들어, $\sqrt{2}$는 무리수이다. 이를 귀류법 proof by contradiction으로 설명하면 $\sqrt{2} = \dfrac{b}{a}$ (a, b는 서로 소)인 유리수라고 가정을 한다. 양변을 제곱하면 $2 = \dfrac{b^2}{a^2}$이 되고 $2a^2 = b^2$이다. 따라서 b^2은 짝수이고 b도 또한 짝수이다. 여기서 $b = 2n$이라고 한다면 $2a^2 = (2n)^2 = 4n^2$에 의해서, $a^2 = 2n^2$이 되고 a도 짝수가 된다. 이것은 a, b가 서로 소인 것에 모순이 된다. 따라서 $\sqrt{2}$는 무리수가 된다.
원주율 π, 자연대수의 밑 e 등도 무리수이다.

irreducible fraction　기약분수
[ìridjúːsəbl frǽkʃən]

공약수가 없어 분모 denominator와 분자 numerator가 서로 소 relatively prime인 분수로 $\dfrac{1}{2}$, $\dfrac{3}{8}$ 등은 기약분수이다. 그런데 $\dfrac{2}{6}$, $\dfrac{6}{9}$는 나눌 수 있기 때문에 기약분수가 아니다. 또, $\dfrac{x}{x^2+1}$은 나눌 수 없기 때문에 기약 분수식이다.

iso-　등(等) -, 같은
[áisou]

isogon　등각다각형
[áisougən]

모든 내각 interior angle이 동일한 다각형 polygon으로 등각삼각형은 정삼각형이다. 그러나, 4각 이상의 등각다각형의 경우는 정다각형이라고는 할 수 없다. 예를 들어, 직사각형은 같은 각이지만 정사각형이라고는 할 수 없는 것이다.

isogonal
[aiságənl]

등각의
각이 같을 때를 말한다.

isometric
[àisəmétrik]

등거리의
거리가 같을 때를 말한다.

- ~ **map** 등장사상(等長寫像)
  길이를 변화시키지 않는 사상.

- ~ **paper** 사안지(斜眼紙)
  하나 하나의 눈금이 삼각형인 방면지로 입체를 그리는데 적합하다.

isometry
[aisámətri]

등장변환 (等長變換)
길이를 변화시키지 않은 변환으로 두 점 사이의 거리를 변화시키지 않기 때문에 각도도 변화시키지 않는다. 회전 rotation, 대칭변화 reflection, 평행이동 translation은 등장변환이다.

isosceles
[aisásəliːz]

2등변 (等邊) 의
밑변과 이웃하는 두 변의 길이가 같은 경우.

- ~ **triangle** 2등변삼각형
  두 변의 길이가 같은 삼각형.

- ~ **trapezoid** 등변사다리꼴
  두 변이 평행한 사다리꼴에서 평행하지 않는 변의 길이가 같은 사다리꼴.

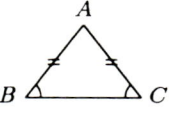

isosceles triangle

$AB = AC,\ \angle B = \angle C$

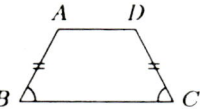

isosceles trapezoid

$AB = DC,\ \angle B = \angle C$

join
〔dʒɔin〕

합집합 (合集合)

두 개의 집합 A, B에 대해서 A, B의 원소를 모두 포함하는 집합으로 **union**이라고도 한다. $A \cup B$ (A **cup** B, A **join** B라고 읽는다)라고 쓴다. $A = \{1, 2, 3, 5\}$, $B = \{2, 4, 6, 8\}$의 경우, $A \cup B = \{1, 2, 3, 4, 5, 6, 8\}$이다.

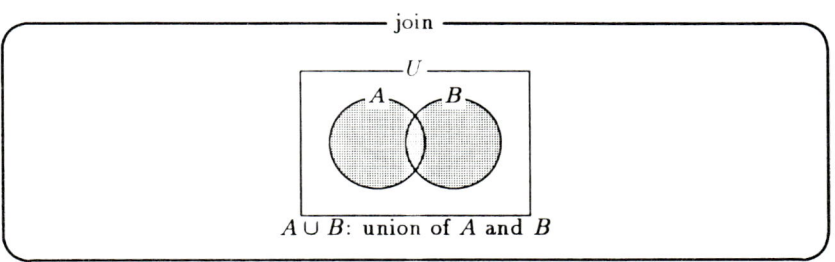

$A \cup B$: union of A and B

joint
〔dʒɔint〕

결합 ; 동시의

joint variation

결합 변화

변수가 다른 두 개의 변화의 합으로 표현될 때를 말한다. $z = ax + by^2$의 경우, z는 x와 y^2의 **joint variation**이다. 여기서 a, b는 (비례)상수 constant of variation이다.

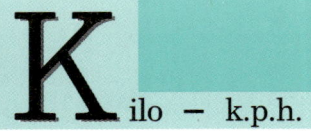
kilo-
〔kí(:)lou〕

킬로

1000을 표시한다. → **kilogram, kilometer**

kilogram (kg)
〔kíləgræm〕

킬로그램

1000그램. (1kg=1000g)

kilometer (km)
〔kilámətər〕

킬로미터

1000미터. (1km=1000m)

kite
〔kait〕

이등변 사각형

두 쌍의 이웃하는 변 adjacent sides이 같은 사각형 quad-rilateral으로 이등변 사각형의 대각선 diagonal은 직교한다. 네 변이 같은 이등변사각형을 마름모 rhombus라고 한다.

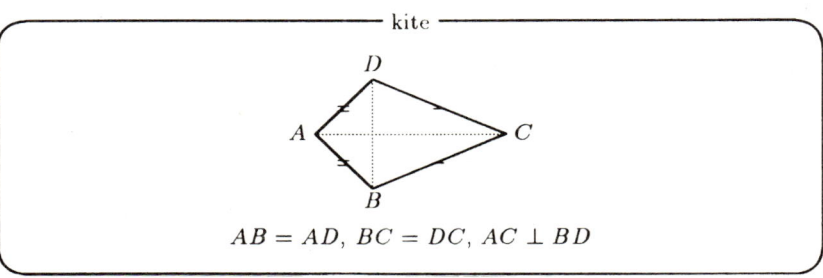

$AB = AD,\ BC = DC,\ AC \perp BD$

Klein bottle

클라인의 관(管)

안팎이 없는 관으로 독일의 수학자 클라인 Klein이 생각했던 것이다. 클라인의 관은 3차원의 세계에서는 실현이 불가능한 4차원의 관이다. 안팎 inside, outside이 없기 때문에 이 관은 물을 모아둘 수 없다.

→ **Möbius strip**

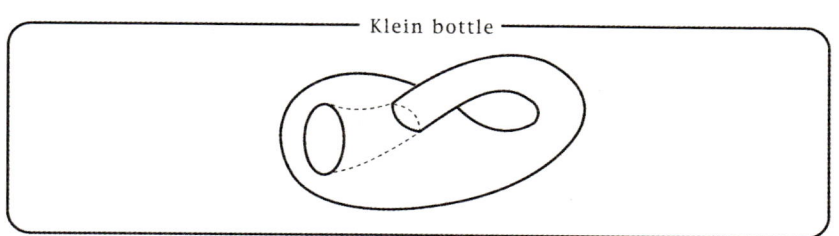

— Klein bottle —

knot
〔nat〕

노트 ; 매듭
속도의 단위로 시속 1해리(1852m)의 빠르기 혹은 위
상 수학에서 끈 등을 매듭지게 묶은 것.

Königsberg bridge 쾨니히스베르그의 다리

'프러시아의 도시 쾨니히스베르그를 흐르는 강에 만들
어지는 7개의 다리를 어느 다리도 2번 이상 통과하지
않고 1번씩 통과하는 것이 가능한가?'라는 문제를 쾨니
히스베르그의 다리 문제 Königsberg bridge problem
라 한다. 오일러 Euler는 이 문제를 일필휘지로 풀어
'모든 다리를 한 번씩만 통과하는 것은 불가능하다'는 것
을 증명했다.

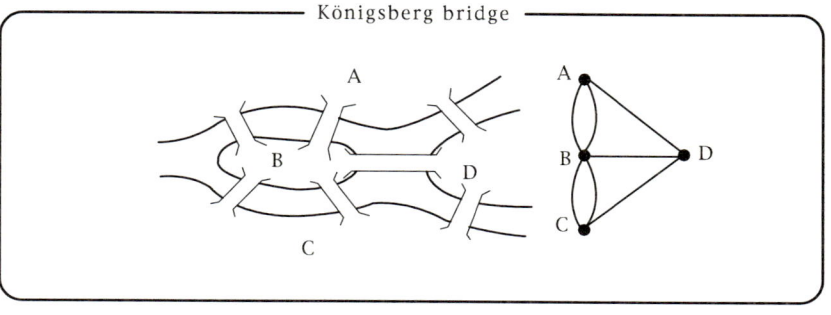

— Königsberg bridge —

k.p.h.

시간당 킬로미터
kilometers per hour의 약자이다. 속도의 단위로, 한
시간에 1km 나가는 속도를 말한다.

Dictionary of Mathematics for studying abroad

Latin square – lune

Latin square
[lǽtən skwɛ́ər]

라틴 방진(方陣)

수를 사각으로 나열하는 것으로 각각의 숫자가 각각의 행과 열에 1회씩 쓰여지는 것을 말한다. 예를 들어, 5를 법(法)으로 하는 곱셈의 표를 라틴 방진법으로 다음과 같이 표시할 수 있다.

─── Latin square ───

table of multiplication modulo 5

×	1	2	3	4
1	1	2	3	4
2	2	4	1	3
3	3	1	4	2
4	4	3	2	1

latitude
[lǽtətjùːd]

위도, 위선

지구 상의 적도에 평행한 원을 말한다. 또는 위선 상의 한 점과 지구의 중심을 끝으로 하는 반지름이 적도 equator를 포함한 평면과 만든 각을 나타내기도 한다.

예를 들어, 위선이 북반구에 있어서 위도가 30°일 때, 북위 30° 30° North of the equator라고 한다. 지구상의 위치는 위도와 경도 longitude의 조합으로 표현된다. → longitude

【연못】 어떤 연못의 부평초가 자라는 것이 매우 빨라 하루 동안에 전날에 연못의 표면을 덮고 있던 넓이의 2배를 덮어 버린다고 한다. 이 부평초가 연못의 표면 전체를 다 덮어 버리는데 10일 걸렸다고 하면 이 연못의 절반을 덮는데는 며칠이 걸렸을까?

➡ 9일 [9일에 연못의 절반을 덮고, 마지막 날에 그 배가 되어서 연못을 다 덮는다.]

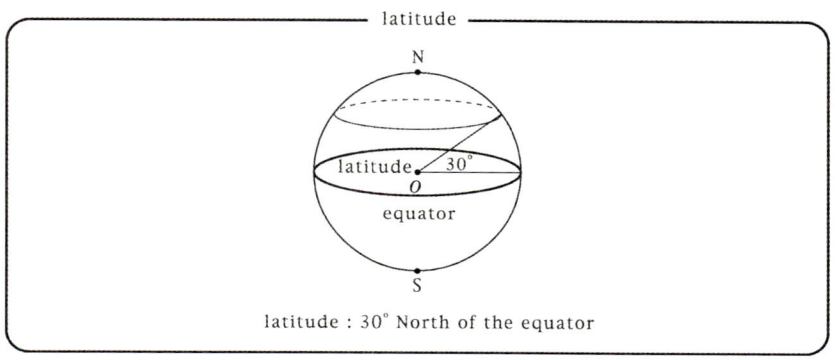

latitude : 30° North of the equator

L.C.D.

최소 공통 분모
= lowest common denominator

L.C.M.

최소 공배수
= lowest common multiple

leading
〔líːdiŋ〕

주요한
주요한 것과 최초(선두)의 것을 표현할 때 사용한다.

- ~ coefficient 최고차의 계수
  다항식에서 최고차수의 계수를 말한다.
  예를 들어, $5x^4+3x^3-4x^2+6x-7$ 의 최고차의 계수는 5이다.

- ~ diagonal 주대각선
  정사각 행렬의 왼쪽 위로부터 오른쪽 아래로 향하는 대각선을 말한다.

lemma
〔lémə〕

보조정리
어떤 정리를 증명하기 위해서 보조적으로 이용하는 정

리를 말한다. 보조정리는 주가 되는 정리의 특별한 경우인 것이 많고, 또한 이를 이용하여 다음에 나오는 정리를 증명하는 것이 일반적이다.

length
〔leŋkθ〕

길이

less than
〔les ðæn〕

보다 작은

두 개의 실수 a, b에 대해서 $a-b$가 음수일 때, a는 b보다 작다 less than라고 말하고, $a<b$라고 쓴다. x가 a보다 작거나 같을 경우는 $x \leq a$ 라고 쓰고 $\leq$는 'less than or equal to' 라고 읽는다.

likelihood
〔láiklihùd〕

가능도 (可能度)

확률에서 어떤 사건이 일어나는 정도를 말한다. 동전을 던졌을 때 앞면 또는 뒷면이 나올 확률 probability 즉, 가능도는 각각 $\dfrac{1}{2}$ 이다.

limit
〔límit〕

극한

변수 x가 a에 가까워짐에 따라 함수값 y가 일정한 값 b에 한없이 가까워질 때 b를 y의 극한 limit이라 하고, $\lim\limits_{x \to a} y = b$로 쓴다. 예를 들어, $y = x^2 - 1$일 때 x가 2에 가까워지면 y는 $2^2 - 1 = 3$에 가까워지기 때문에 $\lim\limits_{x \to 2}(x^2 - 1) = 3$이다. 또한, x가 한없이 커짐에 따라, $\dfrac{1}{x}$은 0에 한없이 가까워지므로, $\lim\limits_{x \to \infty} \dfrac{1}{x} = 0$이 된다. 더욱이, $\lim\limits_{x \to \infty} \dfrac{2x+5}{x-1} = \lim\limits_{x \to \infty} \dfrac{2 + \dfrac{5}{x}}{1 - \dfrac{1}{x}} = \dfrac{2}{1} = 2$이다. → convergence

line
[lain]

선, 직선

직선 straight line, 곡선 curved line, curve을 통틀어서 이르는 말로 직선은 두 점을 연결한 가장 짧은 선이다.

linear
[líniər]

선형 (線形)의, 1차의

직선이 갖는 기본적인 성질로 한 방향으로만 뻗어나가는 것을 의미한다. 직선은 1차방정식 linear equation 으로 표시된다.

linear equation

1차 방정식

1차식＝0으로 나타낼 수 있는 방정식이다. 이 방정식은 기울기 gradient가 a로, y절편 intercept on the y-axis이 b인 1차 방정식 $y=ax+b$로 표시한다. 1차 방정식의 일반형은 $ax+by+c=0$이다.

linear inequality

1차 부등식

최고 차수가 1차인 부등식으로 $2x-y+3<0$은 1차부등식이다. 이 부등식은, $2x+3<y$로 바뀔 수 있기 때문에 x-y평면 위의 직선 $y=2x+3$의 윗부분을 가리킨다. 일반적으로, 평면은 직선 $ax+by+c=0$에 의해서 두 개의 영역으로 나눠지고 부등식 $ax+by+c>0$ 은 이 두 부분 중에 하나를 나타낸다.

【BC1800년경 이집트의 아메스 파피루스에 수록된 문제】일곱 처마의 각 집에는 일곱 마리의 고양이가 살고 있다. 각각의 고양이는 쥐 일곱 마리를 붙들고 있고, 각 쥐는 보리이삭 일곱 개를 물고 있고, 각각의 이삭에는 일곱 알의 보리가 달려 있다. 이들 모두의 합은 얼마인가?

➡ 19607 [집 7개 , 고양이 7×7=49마리, 쥐 7×7×7＝343마리, 보리이삭 7×7×7×7=2401개, 보리 7×7×7×7×7=16807개이므로 7+49+343+2401+16807= 19607이다.]

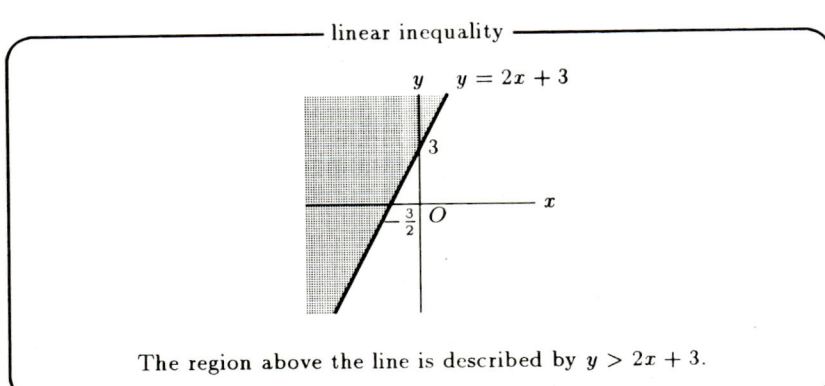

The region above the line is described by $y > 2x + 3$.

line graph   선 그래프

몇 개의 점을 직선(선분)으로 연결한 그래프를 말한다.

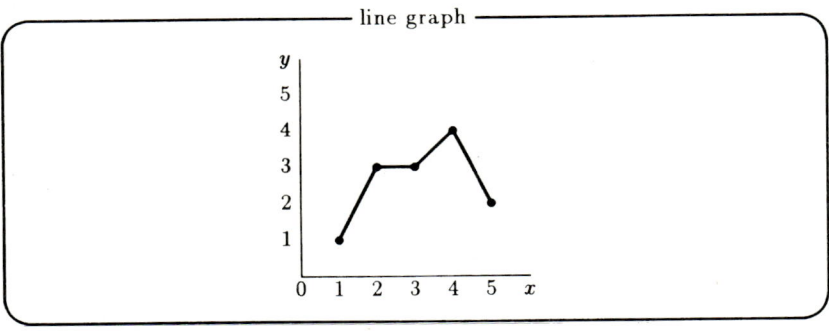

line segment   선분 (線分)

직선의 한 부분으로, 직선 위의 두 점 사이에 한정된 부분이다. → interval

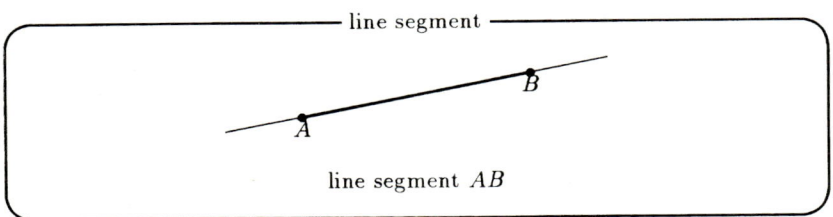

line segment AB

line symmetry

선대칭

어떤 직선을 기준으로 접었을 때 원래의 도형과 완전히 포개지는 경우 이 도형을 선대칭 line symmetry이라 하고 이 직선을 대칭직선, 대칭축 line of symmetry이라고 한다. 예를 들어, 직사각형은 두 개의 대칭축을 갖고 원은 중심을 통과하는 모든 직선에 대해서 대칭이다. 그러나 부등변 삼각형은 대칭이 되지 않는다.

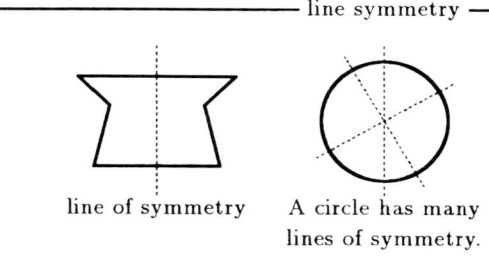

— line symmetry —

line of symmetry

A circle has many lines of symmetry.

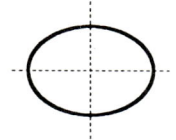

An ellipse has two lines of symmetry.

liter (/)
[líːtər]

리터

체적, 부피를 표시하는 단위. 한 변의 길이가 10cm인 정육면체의 부피를 1리터(**liter**)라고 한다. $1\ell = 1000\ cm^3$, $1cm^3 = 1m\ell$이다.

location
[loukéiʃən]

위치, 장소, 자리수

점의 위치 position를 나타낸다.

locus

자취

어떤 일정한 조건을 만족하는 점이 만든 도형이다. 예를 들어, 원 circle은 평면 위의 한 정점으로부터의 거리 distance가 일정한 점의 자취이고 또한, 타원 ellipse 은 두 점으로부터의 거리의 합이 일정한 점의 자취이다. 두 점 A, B로부터 거리가 같은 equidistant 점의 자취는 선분 AB의 수직이등분선 bisecting normal이다.

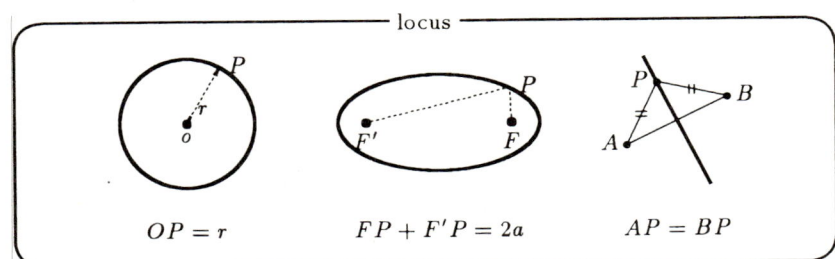

locus

$OP = r$ $FP + F'P = 2a$ $AP = BP$

logarithm

〔lɔ́:gərìðm〕

로그

$a^x = y$의 경우, x는 a를 밑으로 한 y의 로그 logarithm of y to the base a라 하고 $x = \log_a y$ 라고 나타낸다. 예를 들어, $100 = 10^2$이므로 10을 밑으로 하는 100의 로그는 2이다. 이 경우, $\log_{10} 100 = 2$가 된다. 특히, 10을 밑으로 하는 로그를 상용로그 common logarithm라 하고, $e(=2.718\ldots)$를 밑으로 하는 로그를 자연로그 natural logarithm라 한다. 지수법칙 law of exponents에 의해, 다음 공식이 성립한다.

1. $\log_a AB = \log_a A + \log_a B$

2. $\log_a \dfrac{1}{A} = -\log_a A$

3. $\log_a A^n = n \log_a A$

4. $\log_a A = \dfrac{\log_c A}{\log_c a}$

x의 상용로그를 $\log x$ 라고 하면, $\log 4 = 0.60206$, $\log 7 = 0.84510$ 이므로 $\log(4 \times 7) = \log 4 + \log 7 = 0.60206 + 0.84510 = 1.44716$ 이다. 따라서, 어떤 수의 로그값이 1.44716인 것을 이용하여 4×7의 값을 구한다. 상용로그표를 사용하면 이 값을 간단히 구할 수 있다. 컴퓨터가 보급되기 전 복잡한 계산은 거의 이 방법을 사용했다. 로그에 대한 참값을 진수 antilogarithm

라 한다. 또, 로그의 정수부분을 지표 characteristic, 소수부분을 가수 mantissa라고 한다. 예를 들어, $\log 28 = 1.44716$이기 때문에 지표는 1이고 가수는 0.44716이다.

$\log x = 5.2517$이라 하면,

$$x = 10^{5.2517} = 10^5 \times 10^{0.2517}$$

이고, 로그표에서 가수 0.2517의 역대수는 1.78500이므로 $x = 100000 \times 1.78500 = 178500$이라는 값을 얻을 수 있다.

Logo
〔lougou〕

로고, 표어

간단한 그림을 그리기 위한 컴퓨터 프로그램 언어로 아이들을 위한 컴퓨터 교육용으로서 이것이 개발되었다. 앞(FD), 뒤(BK), 좌(RT), 우(LT)의 명령을 사용해서 그림을 그린다.

longitude
〔lándʒətjùːd〕

경도, 경선

적도에 수직한 대원을 말함. 런던의 그리니치를 통과하는 자오선을 본초자오선(本初子午線)이라 하며 이것이 경도의 기준이 된다. 지구 상의 위치는 그리니치의 본초자오선으로부터 떨어져 있는 정도로 표시한 것으로 이것을 경도 longitude라고 하며 동서로 나누어 각각 동경 180°, 서경 180°로 한다. 지구는 24시간에 대체로 360° 회전하므로 그 회전각도와 경과시간은 비례한다. 그래서 경도는 각도 대신 시간으로 표시하기도 한다. 경도 15°는 1시간, 15′은 1분, 15″는 1초에 해당한다. 따라서, 어떤 지점의 지방시(地方時)와 그리니치시(時)의 시차로 그 지점의 경도를 알 수 있다. 배 위에서는 크로노미터를 그리니치시에 맞추고, 천문관측으로 측정한 지방시와 비교해서 임의 지점의 경도를 구할 수 있다.
→ latitude

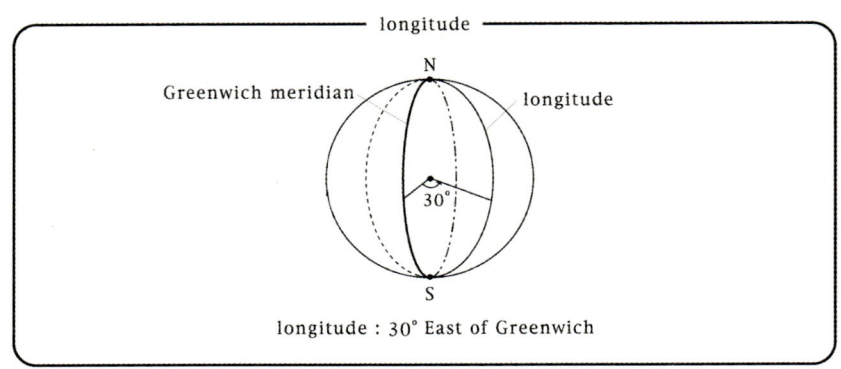

longitude : 30° East of Greenwich

lower
[lóuər]

아래의

- **~ bound** 하계(下界)

  실수의 부분집합 A에 속하는 모든 원소 x에 대하여 $c \le x$인 실수 c가 존재할 경우에, c를 A의 하계 lower bound라고 한다.

lowest common denominator   최소 공통 분모

몇 개의 분수가 주어졌을 때 그 분모들의 공배수 common multiple를 사용해서 분모를 맞출 수 있다. 이 것을 공통분모 common denominator라 하고 공통분모 중에서 가장 작은 것을 최소 공통 분모 lowest common denominator라 한다. → fraction

lowest common multiple   최소 공배수

임의의 2개 이상의 수에서 공통인 배수를 공배수 common multiple라 하고 공배수 중에서 가장 작은 수를 말한다. 예를 들어 4, 3, 10의 최소 공배수는 60이다. → common multiple

lowest term

최소항

비(比)에서 전항과 후항이 1 이외의 공약수를 갖지 않을 때를 말한다. 같은 방법으로 분수도 약분에 의해 분모, 분자를 서로 소로 하면 최소항으로 표시할 수 있다.

lozenge
〔lázindʒ〕

마름모

4변의 길이가 같은 사변형을 말한다. 마름모의 대각선 diagonal은 서로 직교하며 다른 것을 수직 이등분한다.

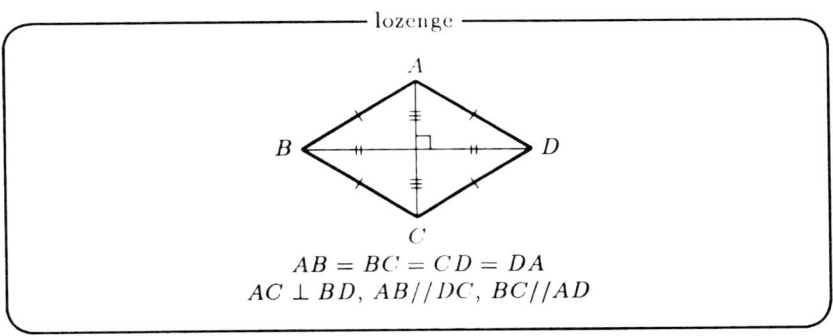

lozenge

$$AB = BC = CD = DA$$
$$AC \perp BD, \ AB // DC, \ BC // AD$$

lune
〔luːn〕

활꼴

원 circle의 현 chord과 호 arc로 둘러싸인 도형.

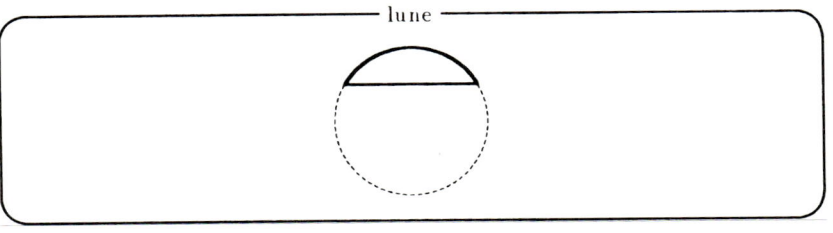

lune

magic square
〔mǽdʒik skwɛ́ər〕

마방진 (魔方陣)

가로, 세로, 대각선에 늘어선 수의 합이 모두 같아지도록 정사각형에 수를 배열한 것을 말한다.

정사각형의 한 변에 나열된 수의 개수 n에 따라서 n방진, 즉 3방진, 4방진, … 등이라 한다. 가로, 세로 또는 대각선의 합은 3방진에서 15, 4방진에서는 34, 5방진에서는 65가 되며 일반적으로 n방진에서는 $\dfrac{n(n^2+1)}{2}$ 이 된다.

예를 들어, 3차의 마방진을 1, 2, ..., 9를 이용해 만들면 각 열의 합은 $\dfrac{1+2+\ldots+9}{3}=15$가 된다.

---

magic square

total 15

2	9	4
7	5	3
6	1	8

total 34

4	15	14	1
9	6	7	12
5	10	11	8
16	3	2	13

---

magnification
〔mæ̀gnəfikéiʃən〕

배율, 확대

→ enlargement

magnify
〔mǽgnəfài〕

확대하다

→ enlarge

magnitude
〔mǽgnətjùːd〕

크기, 양, 절대값

부호를 무시한 수와 양의 크기를 말한다. 예를 들어, 벡터 $\vec{a}=\begin{pmatrix} 2 \\ 1 \end{pmatrix}$의 크기는 $\sqrt{2^2+1^2}=\sqrt{5}$ 이고 $|\vec{a}|=\sqrt{5}$라고 나타낸다. 수의 절대값 absolute value도 magnitude

라 한다.

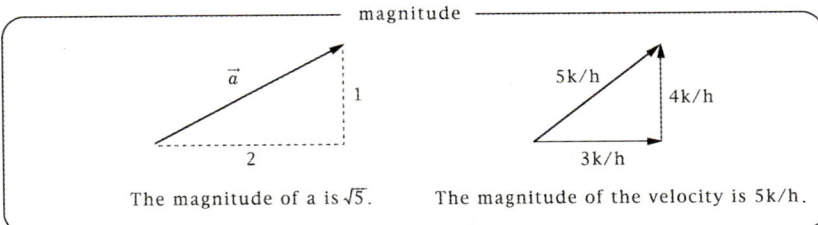

The magnitude of a is $\sqrt{5}$.　　The magnitude of the velocity is 5k/h.

major
[méidʒər]

주요한 ; 큰 쪽의

수학에서는 하나의 것을 2개로 나눌 때 큰 쪽을 **major** 라고 한다.

- ~ **arc** 우호(優弧)
  원주 circumference 위에 두 점을 잡으면 원주는 2개의 호로 나뉘어진다. 그 중 길이가 긴 호를 말한다.

- ~ **axis** (타원 ellipse의) 장축
  타원 ellipse에서 두 개의 대칭축 중 길이가 긴 축을 말한다.

- ~ **sector** 큰 부채꼴
  반지름에 의해 나뉘어진 부채꼴 중 넓이가 큰 것을 말한다.

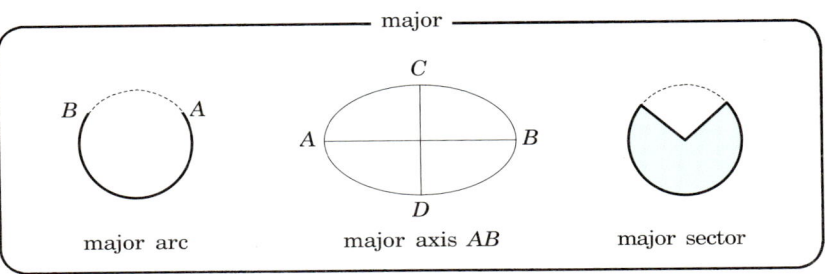

major arc　　　major axis AB　　　major sector

mantissa
[mæntísə]

가수 (假數)

상용로그의 소수부분을 가수 mantissa라고 한다. 예를 들어 $\log 300 = 2.4771$이기 때문에 가수는 0.4771이다. $\log x = -2.4$ 일 때, $\log x = -3 + 0.6$ 이기 때문에 가수는 0.6이 된다. 이 때, 지표 characteristic는 -3이다. → logarithm

map
[mæp]

사상 (寫像)

집합 A의 각 요소 x에 대해 집합 B의 요소가 대응되어 있을 때 그 대응을 집합 A로부터 집합 B로의 사상 map이라 한다. 함수 function와 같다. → function

mapping
[mǽpiŋ]

사상 = map

mapping diagram

대응 도식 (對應圖式)

함수에서 요소 간의 대응을 화살표로 나타낸 것을 말하며 다음과 같은 도식으로 표현할 수 있다. → function

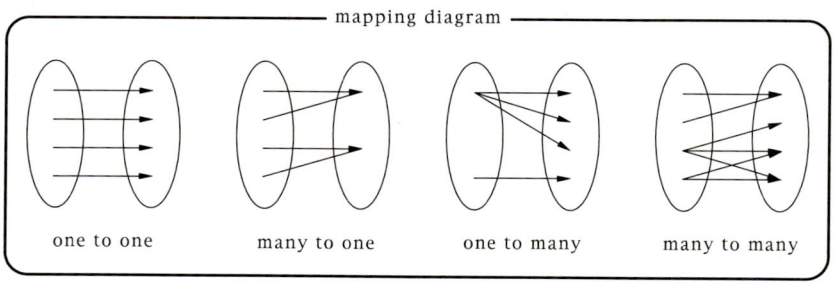

mapping diagram

one to one many to one one to many many to many

mass
[mæs]

질량

물체에 준 힘과 발생하는 가속도의 비(比)로 주어지는 양을 말한다. 질량을 m, 힘을 F, 가속도를 a라고 하면 $F=ma$ 이다. 여기서 질량은 물체의 무게에 비례하고 kg으로 표시하는 경우가 많다.

math
〔mæθ〕

수학 (數學)

mathematics의 약어(略語).

matrix
〔méitriks〕

행렬 (行列)

여러 개의 수 또는 문자를 괄호 안에 직사각형 모양으로 배열한 것을 말한다. 배열된 수나 문자를 요소 element 또는 성분 component이라 하며 성분의 가로 배열을 행(行) row, 세로 배열을 열(列) column이라 한다. m행 n열의 행렬을 $m \times n$ 행렬 m by n matrix이라고 한다. 예를 들면, $\begin{pmatrix} 1 & 2 & 3 \\ 4 & 5 & 6 \end{pmatrix}$ 은 2행 3열이고 $\begin{pmatrix} 1 & 2 \\ 3 & 4 \end{pmatrix}$ 는 2차 정사각행렬이다.

2차 정사각행렬의 연산(演算)은 다음과 같이 정의된다.

$$\begin{pmatrix} a & b \\ c & d \end{pmatrix} + \begin{pmatrix} e & f \\ g & h \end{pmatrix} = \begin{pmatrix} a+e & b+f \\ c+g & d+h \end{pmatrix}$$

$$k\begin{pmatrix} a & b \\ c & d \end{pmatrix} = \begin{pmatrix} ka & kb \\ kc & kd \end{pmatrix}$$

$$\begin{pmatrix} a & b \\ c & d \end{pmatrix}\begin{pmatrix} e & f \\ g & h \end{pmatrix} = \begin{pmatrix} ae+bg & af+bh \\ ce+dg & cf+dh \end{pmatrix}$$

$E = \begin{pmatrix} 1 & 0 \\ 0 & 1 \end{pmatrix}$ 이라 하면 모든 행렬 $A = \begin{pmatrix} a & b \\ c & d \end{pmatrix}$ 에 대해 $AE = EA = A$ 가 성립한다. 이때, E를 단위행렬 unit matrix이라 한다. 또한 $AB = BA = E$ 가 되는 행렬 B를 A의 역행렬(逆行列) inverse matrix이라 하고 A^{-1}라고 쓴다. $ad - bc \neq 0$일 때,

$$A^{-1} = \frac{1}{ad-bc}\begin{pmatrix} d & -b \\ -c & a \end{pmatrix}$$

이다.

max
〔mæks〕

최대, 극대 (極大)
= maximum

maxim
〔mǽksim〕

공리 (公理)
→ axiom

maximal
〔mǽksəməl〕

최대의, 극대의
→ maximum

maximum
〔mǽksəməm〕

최대 (最大), 극대 (極大)

$x = a$를 포함하는 구간에서 정의된 함수 f가 구간 내의 모든 x에 대하여 $f(x) \leq f(a)$를 만족할 때, f는 $x = a$에서 최대 absolute maximum 라 한다. 한편, 충분히 작은 $\delta > 0$가 존재하여 $0 < |x-a| < \delta$인 모든 x에 대해 $f(x) \leq f(a)$가 성립할 때, f는 $x = a$에서 극대 local maximum 라 한다. 극대가 최대가 되기도 하지만 반드시 일치하는 것은 아니다.

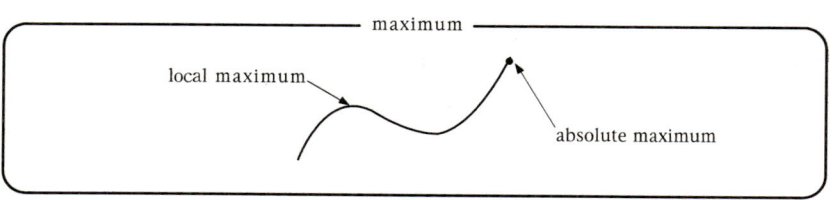

mean
〔miːn〕

평균

어떤 집단을 대표하는 값 representative value의 하나로 모든 원소의 합을 그 원소들의 개수로 나눈 것을 말한다. 대표값인 중앙값 median이나 최빈수 mode보다 일반적이며 평균 average의 의미로 이용하는 경우가 많다. 합 대신 곱을 사용한 기하평균 등 다음과 같은 평균이 있다.

- **arithmetic** ~ 산술평균(算術平均)

  어떤 집단에 속하는 수(數)를 모두 더하여 개수(個數)로 나눈 값을 말한다. 단순히 평균이라고 하면 산술평균을 의미한다.

  예를 들면, 1, 3, 5, 7, 9 의 산술평균은

  $$\frac{1+3+5+7+9}{5} = 5$$

  이다.

- **geometric** ~ 기하평균(幾何平均)

  두 수 a, b에 대해 $\sqrt{ab}$ 를 a, b의 기하평균 geometric mean이라 한다. 일반적으로 n개 수의 기하평균은 n개 수의 곱의 n제곱근이다. 예를 들어, 세 수 2, 4, 8의 기하평균은 $\sqrt[3]{2 \times 4 \times 8} = 4$이다.

- **harmonic** ~ 조화평균(調和平均)

  두 수 a, b 에 대해 $\frac{1}{a}$, $\frac{1}{b}$ 의 평균 $\frac{a+b}{2ab}$ 의 역수 $\frac{2ab}{a+b}$ 를 조화평균 harmonic mean이라 한다.

  예를 들어, 2, 6의 조화평균은 $\frac{2 \cdot 2 \cdot 6}{2+6} = 3$이다.

- **population** ~ 모평균

  모집단의 평균을 말한다.

- **sample** ~ 표본평균

  모집단으로부터 추출된 표본의 평균을 말한다.

mean deviation   평균 편차

편차 deviation의 평균 mean을 말한다. → **deviation**

measure   측도, 약수 ; 측정하다
〔méʒər〕

양을 재는 척도를 말한다. 예를 들어, 길이 length는, 미터 meter 또는 인치 inch , 질량 mass은 킬로그램 kilogram, 파운드 pound 등을 단위로 잰다. 한편, 정수 a가 정수 b로 나뉠 때 a는 b를 단위로써 정확히 잴 수 있기 때문에 b를 a의 약수 measure라고 한다.

- **~ of central tendency** 중심 경향 측도
  어떤 데이터의 특징이나 성질을 나타내는 수로 평균 mean, 최빈값 mode, 중앙값 median 등을 생각할 수 있다. 이 값들은 모든 데이터의 중앙부근의 수치 이므로 이를 중심 경향 측도 measure of central tendency라 한다.

- **~ of dispersion** 산포도
  데이터의 흩어진 상태를 나타낸 것을 말하고, 평균편차 mean deviation나 표준편차 standard deviation를 사용한다. → **deviation**

median
〔míːdiən〕

중앙값 ; 중선 (中線) ; 중점 (中點)

데이터의 특징을 가리키는 대표값 representative value의 하나로 데이터를 큰 순서로 나열할 때 가운데에 오는 값을 말한다. 자료의 개수가 짝수일 때는 가운데에 두 개의 수가 있으므로 그 두 수의 평균을 중앙값이라 한다. 예를 들어, 7명의 영어 성적이 69, 79, 76, 77, 81, 74, 93일 때 오름차 순으로 나열하면 69, 74, 76, 77, 79, 81, 93이 되고 4번째의 수 '77'이 중앙값이 된다. 여기에 다른 한 명의 성적인 80을 추가하면 69, 74, 76, 77, 79, 80, 81, 93이 되고 4번째와 5번째의 수 77과 79의 평균 $\dfrac{77+79}{2}=78$이 중앙값이 된다. 데이터에 극단적인 수치가 있는 경우 평균값은 그 값에 영향을 받지만 중앙값은 그 영향을 받지 않기 때문에 이

경우는 중앙값 쪽이 더 좋은 대표값이라 할 수 있다. 또한, 삼각형의 한 꼭지점과 대변의 중점을 연결하는 선분을 중선 median이라 한다. 한 개의 삼각형에는 3개의 중선이 있고 그것들은 한 점에서 만난다. 이것을 삼각형의 무게중심 center of gravity이라고 한다.

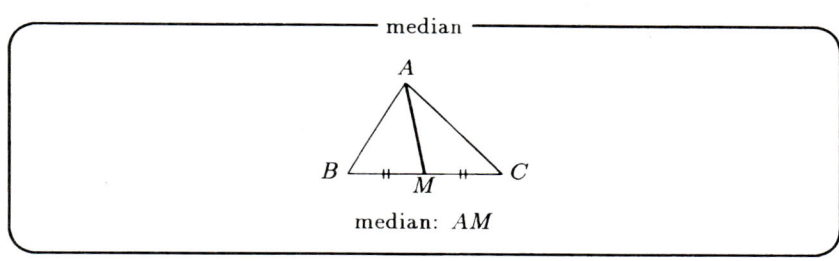

median: AM

mediator
〔míːdièitər〕

수직 이등분선

두 점 A, B를 연결한 선분의 중점을 지나고 AB에 수직인 선분을 말한다.

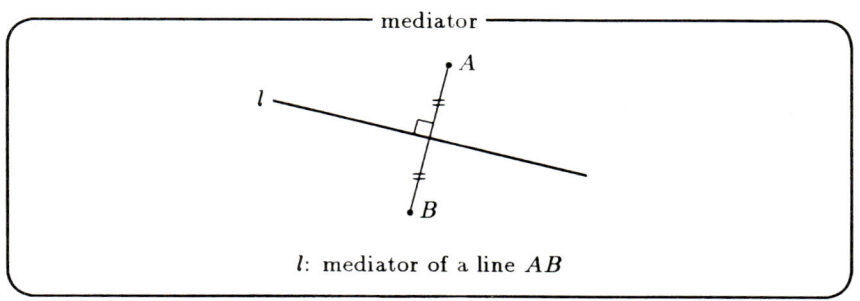

l: mediator of a line AB

mensuration
〔mènʃəréiʃən〕

측정 (법), 측량

길이나 무게를 재는 것을 말한다.

meridian
〔mərídiən〕

자오선

지구의 북극과 남극을 지나는 큰 원을 말한다. 경선

longitude과 같다. → **longitude**

meter
〔míːtər〕

미터
길이를 재는 단위로 1m=100cm, 1000m=1km이고
이 값은 세계에서 표준으로 사용되고 있다.

metric system
〔métrik sístəm〕

미터법
미터를 단위로 재는 측도라고 할 수 있다. 미터 m, 센티
미터 cm, 밀리미터 mm, 킬로미터 km를 단위로 하고
10진법을 사용한다.
1m=100cm=1000mm, 1km=1000m이다.

mid-
〔mid〕

중앙의 (=middle)

- **~-point** 중점
  선분의 중앙에 위치한 점이다. 선분 AB의 중점을
  M이라 하면 M은 AB 위에 있고 $AM = BM$이다.

- **~-range** 중점값
  임의의 범위에서 중점 또는 중앙의 값을 말한다.

mile
〔mail〕

마일
거리를 표시하는 단위로 5280피트의 거리를 1마일 1
mile이라 한다. 1마일=1760야드 yards = 63360인치
inches이다. 또한 1마일은 약1.6km이다.

milli-
〔míli〕

밀리-

$\dfrac{1}{1000}$ 을 의미한다.

- **~liter (m*l*)** 밀리리터

  $\dfrac{1}{1000} l$ 를 말함. $1l = 1000ml$, $1ml = 1cc$이다.

- **~meter(mm)** 밀리미터

  $\dfrac{1}{1000}$ m를 말함. 1m＝1000mm, 1cm＝10mm이다.

million
〔míljən〕

백만

$= 1000000 = 10^6$

minimal
〔mínəməl〕

극소의, 최소의
→ minimum

minimum
〔mínəməm〕

극소, 최소
$x = a$ 에서 함수 $f(x)$의 값이 근방에 비해 최소가 될 때 $f(x)$는 $x = a$에서 극소 local minimum라 하고 그 때의 값 $f(a)$를 극소값 local minimum value이라 한다. 극소값이 최소값 absolute minimum value이 되기도 하지만 두 값이 반드시 일치하는 것은 아니다.

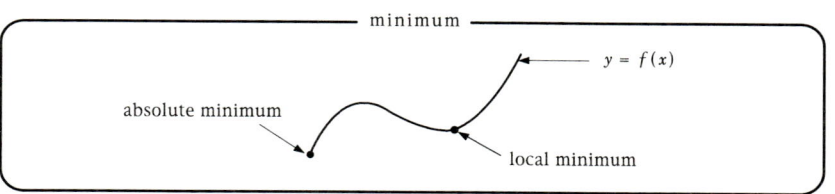

minor
〔máinər〕

덜 중요한 ; 작은 쪽의

- **~ arc** 열호(劣弧)
  원주 circumference 위에 두 점을 잡을 때 원주는 두 개의 호로 나눠지는데 그 중 작은 호를 말한다.

- **~ axis** 단축
  타원 ellipse에서 두 개의 대칭축 중에 짧은 것을 말한다.

■ ～ sector 작은 부채꼴

원은 두 개의 반지름에 의해 크고 작은 두 개의 부채
꼴로 나눠지는데 그 중 작은 부채꼴을 말한다.

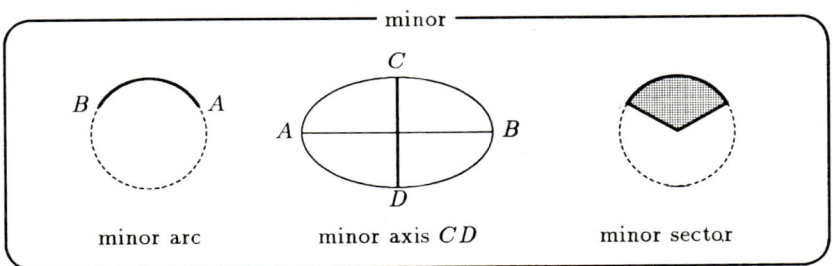

minor arc   minor axis CD minor sector

miscalculation
〔miskǽlkjulèiʃən〕

계산 오류, 오산

mixed fraction
〔mikst frǽkʃən〕

대분수 (帶分數)

→ mixed number

mixed number

대분수 (帶分數)

정수와 분수의 합을 나타내는 분수이다. 예를 들면, 3

$+\dfrac{1}{4}$ 은 $3\dfrac{1}{4}$ 인 대분수의 형태로 나타낸다. 대분수는

$1\dfrac{2}{3}=1+\dfrac{2}{3}=\dfrac{5}{3}$ 와 같이 가분수 improper fraction

로 바꿔 쓸 수 있다.

Möbius strip

뫼비우스의 띠

안과 겉의 구분이 없는 띠이다. 종이테이프의 양 끝을
한차례 꺾어 붙여 만들 수 있다. 종이테이프의 양단을
그대로 붙인 원은 겉과 안을 색칠하는데 2가지 색을 필
요로 하지만 뫼비우스의 띠는 겉과 안의 구분이 없으므
로 한 가지 색으로 칠할 수 있다.

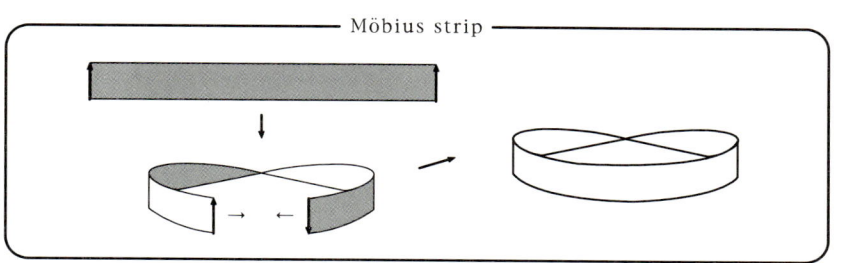

Möbius strip

mod
[mad]

법 (法) 으로
→ modulo

mode
[moud]

최빈수 (最頻數), 모드

자료의 특징을 나타내는 대표값 representative value
의 하나로 가장 많이 나타나는 수를 말한다. 예를 들어,
1, 2, 3, 3, 3, 4, 4, 5의 모드는 3이다. 양복의 사이즈
등을 나타낼 때는 모드가 평균 mean이나 중앙값
median보다 더 좋은 대표값이 된다.

mode

이 표는 여자 40명의 공던지기 결과이다. 14m~16m의 계급의 도수가 가
장 많으므로 계급값 15가 최빈수에 해당한다.

frequency table

계급(m)	계급값	도수
8 ~ 10	9	2
10 ~ 12	11	3
12 ~ 14	13	7
14 ~ 16	15	12
16 ~ 18	17	10
18 ~ 20	19	4
20 ~ 22	21	1
22 ~ 24	23	1

modulo
〔mádʒulòu〕

법 (法) 으로

두 정수 x, y의 차가 정수 a로 나누어 떨어질 때 'x, y 는 a를 법으로 합동 congruent modulo a이라 하고 $x \equiv y$ (mod a)라고 쓴다. 예를 들어, $10 \equiv 3$ (mod 7)이다.

- **∼ arithmetic 합동 계산법**
  정수 a를 법으로 하는 계산법을 말한다. 예를 들어,
  $3+5=8$, $8 \equiv 1$ (mod 7)이므로,
  $3+5 \equiv 1$ (mod 7) 이다. 같은 예로,
  $3 \times 5 \equiv 1$ (mod 7)
  $3+4 \equiv 0$ (mod 7)이다. → **clock arithmetic**

modulus
〔mádʒuləs〕

법 (法), 절대값

수의 부호를 무시한 절대적인 크기이다. 수 x 의 절대값 은 기호 $|x|$로 나타낸다. 예를 들면, $|3|=3$, $|-12|= 12$이다.

monomial
〔mounóumiəl〕

단항식 (單項式)

하나의 항만으로 이루어진 식이다. 예를 들어, $2x$, $4y^3$ 등은 단항식이다.

more than
〔mɔːr ðæn〕

보다 많이, 보다 크게

두 개의 수 a, b에 대해, 즉 $a>b$ 일 때, a is more [greater] than b라고 표현한다.
→ **greater than**

m.p.h.

= miles per hour
속도의 단위로 한 시간에 1마일 나아가는 속도를 말한다.

motion
〔móuʃən〕

운동, 합동 변환

점이나 도형을 움직이는 것이다. 도형이 움직여도 그 형
태는 변화하지 않으므로 운동은 합동변환 congruent
transformation이다. → **congruent**

multiple
[mʌ́ltəpl]

배수 (倍數) ; 배수의

한 정수에 다른 정수를 곱해 얻어지는 수를 말한다. 예
를 들어, 12=3×4이므로 12는 3의 배수이다. 또, 3의
배수는 3, 6, 9, 12, 15, 18,…이 있다. 이와 같이 어떤
수의 배수는 무한히 많이 존재한다.

■ **common ~** 공배수
2개 이상의 수에 공통인 배수를 말한다. 예를 들어,
8, 6의 공배수는 24, 48, 72,…이고, 그 중 최소
공배수는 24이다. 공배수는 최소 공배수의 배수로
되어 있다.

multiplicand
[mʌ́ltəplikæ̀nd]

피승수 (被乘數)

$a \times b$에 있어서 a를 말한다.

multiplication
[mʌ̀ltəplikéiʃən]

곱셈

multiplicative
[mʌ́ltəplikèitiv]

곱셈의, 곱셈의 성격을 갖는

multiplier
[mʌ́ltəplàiər]

승수 (乘數), 승식 (乘式)

$a \times b$에 있어서 b를 말한다.

mutual
[mjúːtʃuəl]

상호의

■ **~ division** 호제법
공약수 common divisor를 구하기 위한 방법으로 유
클리드의 호제법 Euclid's algorithm이라 한다.
→ **algorithm**

mutually
〔mjúːtʃuəli〕

상호적으로

- ~ disjoint (집합이) 서로 소
  2개의 집합에 공통의 원소가 존재하지 않을 경우를
  말한다. → disjoint

- ~ exclusive (상호간에) 배반
  확률에 있어서 2개의 사건 events이 동시에 일어나
  지 않을 경우를 말한다.

- ~ prime (정수가) 서로 소
  2개의 정수의 공배수가 1 이외에 존재하지 않을 경
  우를 말한다. 예를 들어, 3과 14의 공배수는 1이므
  로 3과 14는 서로 소이다. 15와 21은 3을 공배수로
  가지므로 서로 소가 아니다.

n.a.s.c.

필요충분조건

necessary and sufficient condition 의 약자로 필요조건 necessary condition이기도 하고, 충분조건 sufficient condition이기도 한 명제를 말한다. 명제 A, B 에 관해서 'A이면 B이다', 'B이면 A이다'가 모두 참일 때, A 는 B이기 위한 필요충분조건이다. 이러한 경우 B 도 A이기 위한 필요충분조건이 된다.

→ necessary and sufficient condition

natural number
〔nǽtʃərəl nʌ́mbər〕

자연수 (自然數)

양(陽)의 정수(整數)(1, 2, 3 …)에 해당하며 덧셈과 곱셈은 자유롭게 할 수 있으나, 뺄셈과 나눗셈에는 닫혀 있지 않다. 즉 임의의 두 자연수를 취하여 뺄셈이나 나눗셈을 했을 때 그 결과가 반드시 자연수가 되지는 않는다. 예를 들면, 5−5나 3−5의 결과는 자연수가 아니다.

nautical mile
〔nɔ́:tikəl máil〕

해리 (海里)

항해·항공 등에서 사용되는 길이의 단위로 1해리는 1852m이다. 1해리는 6080피트이며, 육상의 1마일(= 5280피트)보다 길다. 시속 1해리는 1노트 knot이다.

→ knot

nearest
〔níərist〕

가장 가까운

특히 반올림 등에 자릿수를 말할 때 correct to와 같이 흔히 사용되는 표현이다. → correct to

necessary
〔nésəsèri〕

필요한

■ ~ condition 필요조건

명제 A, B에 대해 'A이면 B이다'가 성립할 때 B는 A이기 위한 필요조건이다. 예를 들어, '$x=1$이면 $x^2=1$이다'에서 $x=1$이면 $x^2=1$이 성립하지만 만약 $x=-1$이라도 $x^2=1$이므로 역($逆$)은 성립하지 않는다. 따라서 $x=1$은 $x^2=1$이 되기 위한 필요조건이 안되고 $x^2=1$은 $x=1$이 되기 위한 필요조건이 된다.

■ ~ and sufficient condition 필요충분조건

명제 A, B에 대해 'A이면 B이다', 'B이면 A이다'가 모두 참일 때 A는 B이기 위한 필요충분조건이라 한다. 이 경우에는 B도 A이기 위한 필요충분조건이 된다.

예를 들어, $x=1$이면 $x^2-2x+1=0$이 성립하며 역으로, $x^2-2x+1=0$은 $(x-1)^2=0$이므로 $x=1$이다. 따라서, $x^2-2x+1=0$은 $x=1$이기 위한 필요충분조건이다.

necessity
〔nəsésəti〕

필요성

필요조건 necessary condition 인 경우를 말한다.

negative
〔négətiv〕

마이너스의, 음 (陰) 의

0보다 작은 수를 말하며 마이너스의 부호 minus sign 로 나타낸다. 수직선 상으로 음수는 0의 좌측에 표시된다. 예를 들어, -4는 원점 O으로부터 좌측으로 거리가 4인 점으로 표시된다. → number line

■ ~ integer 음의 정수

0보다 작은 정수를 말하고 -1, -2, -3, -4, ... 로 나타낸다.

net
〔net〕

전개도 (展開圖)

조립했을 경우 입체 도형 solid shape이 만들어지는 평면도 plane shape를 말한다.

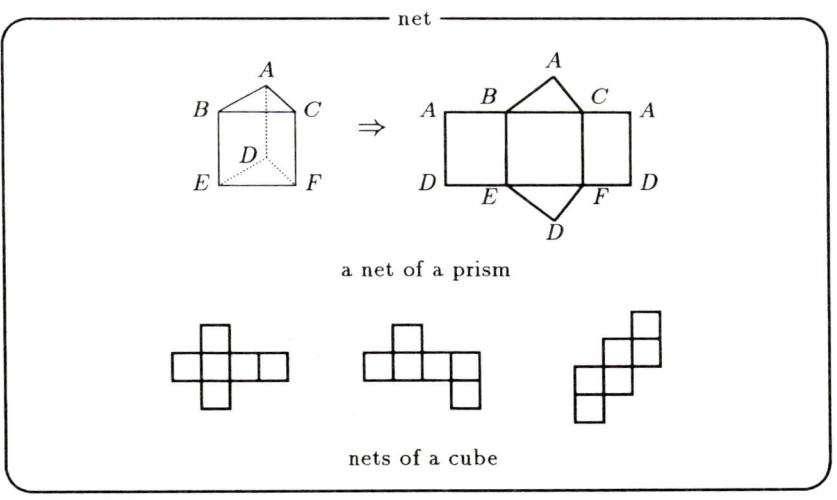

— net —

a net of a prism

nets of a cube

network
〔nétwə̀ːrk〕

회로, 네트워크

몇 개의 점과 그 점을 잇는 선으로 된 도형을 말한다. 회로에 있어서 점을 정점・교점 node, 교점을 잇는 선을 호, 호로 둘러싸인 부분을 영역 region이라 한다. 단, 호와 호를 교차해서는 안 된다. 쾨니히스베르그의 다리 Königsberg bridge의 문제는 육지와 섬을 교점, 다리를 호로 바꾸어 놓아 생기는 회로를 조사함으로써 해결된다. → Königsberg bridge

여기서 회로의 교점의 수 N, 호의 수 A, 영역의 수 R에 대해 오일러의 공식 Euler's formula $R+N= A+2$가 성립된다.

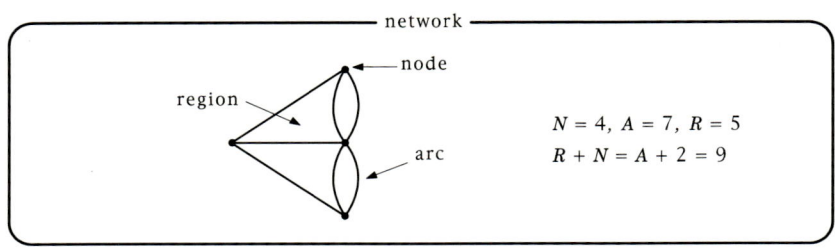

$N = 4, A = 7, R = 5$
$R + N = A + 2 = 9$

newton
〔njúːtn〕

뉴턴
힘의 단위의 하나로 1kg의 질량에 $1m/s^2$의 가속도를 가하는 힘의 크기를 말하고 N으로 표시한다.

Newton's method

뉴턴의 법칙
접선을 이용하여 방정식의 해를 근사적으로 구하는 방법이다. 방정식 $f(x) = 0$의 해의 근사값을 x_1이라 할 때, $x = x_1$에서의 $y = f(x)$의 접선과 x축과의 교점 (x좌표) x_2를 다음 근사값으로 한다. 이 조작을 반복하면, 해에 보다 가까운 근사값을 얻는 것이 가능하다. 이 경우, $x_2 = x_1 - \dfrac{f(x_1)}{f'(x_1)}$ 이다. 여기서 $f'(x)$는 $f(x)$의 도함수 derivative이다.

$x^2 - 3 = 0$에서 근사값을 $x_1 = 2$라 하면 $f'(x) = 2x$이기 때문에,

$$x_2 = 2 - \frac{2^2 - 3}{4} = 1.75$$
$$x_3 = 1.75 - \frac{1.75^2 - 3}{3.5} = 1.732\ldots$$ 을 얻는다.

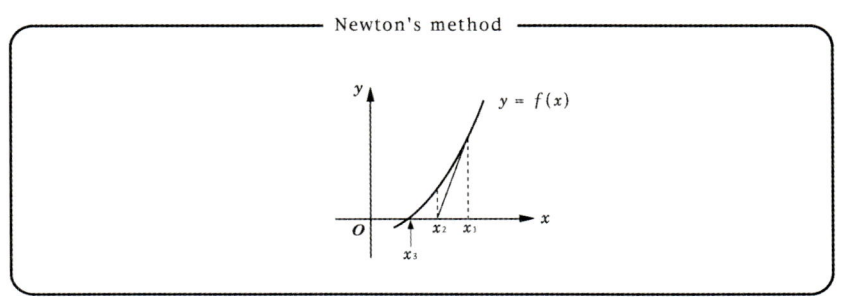

Newton's method

node
〔noud〕

교점, 노드
네트워크, 회로, 그래프에서 호와 호가 만나는 점을 말한다. → network

non
〔nan〕

비 (非) –
'부정'을 나타낸다.

nona
〔nánə〕

'9'의 의미

nonagon
〔nánəgàn〕

9변형, 9각형
= enneagon

non-negative

마이너스가 아닌, 음수가 아닌
양 positive 또는 0을 말한다.

normal
〔nɔ́ːrməl〕

법선 (法線), 수직선, 정규 (正規)
곡선이나 곡면에 수직인 직선을 말하고 직각 right angle, 수직 perpendicular과 같은 의미이다. 곡선의 법선은 곡선 상의 접점에서의 접선 tangent에 수직으로 교차되는 직선이다. 한편, 곡면의 법선은 접평면에 수직인 직선이 된다.

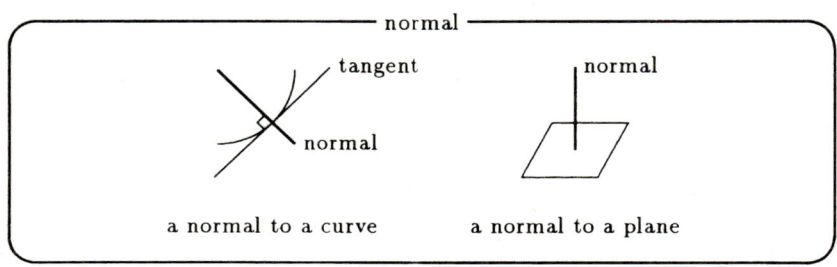

a normal to a curve   a normal to a plane

정규분포 (正規分布)

가장 일반적인 분포로 중앙의 도수가 가장 많고 중앙에서 떨어짐에 따라 도수가 적어지는 분포를 말한다. 정확히는, 확률 변수 X가

$$f(x) = \frac{1}{\sigma\sqrt{2\pi}} \, e^{-\frac{1}{2}(x-m)^2 / \sigma^2}$$

의 형태로 분포가 표현될 때를 말한다. 여기서 m은 평균, σ는 표준편차이다. 정규분포는 독일의 수학자 가우스 Gauss가 대량의 천체 운동의 관찰에 따른 측정 오차의 분포를 조사하기 위해 생각해 냈다. 정규분포는 통계에 있어서 가장 기초적이고 중요한 분포이다. 예를 들어, 큰 집단의 시험 점수나 고등학생의 키 등은 정규분포를 이룬다.

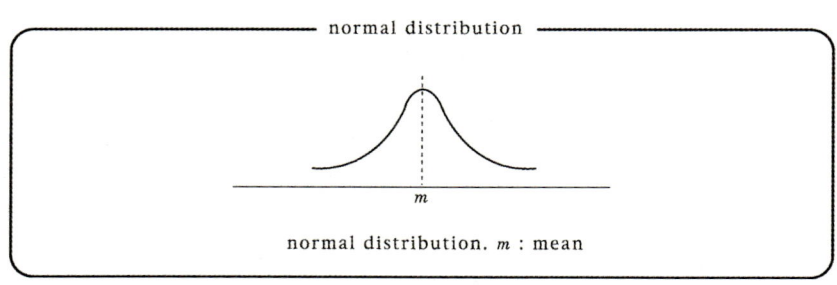

normal distribution. m : mean

notation
〔noutéiʃən〕

기호, 기호법, 표시법
양(量), 연산, 관계 등을 나타내는 문자나 기호 symbol
를 말한다. +, −, ×, ÷ 등은 연산 기호이고 =, <,
> 등은 관계 기호이다. 일반적으로 변수는 알파벳 소문
자로 나타내고 집합이나 점은 알파벳 대문자로 나타낸다.

nought
〔nɔːt〕

0, 무 (無)
숫자의 0 zero을 말한다.

nth root

n 제곱근
방정식 $x^n = a$의 해답을 x의 n제곱근 nth root이
라 한다. 9의 제곱근은 ±3, 8의 세제곱근은 (실수 범위
에서) 2이다. 정수 a의 양의 n제곱근은 $a^{\frac{1}{n}}$, 또는
$\sqrt[n]{a}$ 라 쓴다. $9^{\frac{1}{2}} = 3$, $8^{\frac{1}{3}} = 2$, $\sqrt[2]{9} = 3$, $\sqrt[3]{8} = 2$
이다. 제곱근의 근호 첨자 2는 생략되어 $\sqrt{9}$와 같이 쓴다.

null
〔nʌl〕

허 (虛) 의, 0의 ; 0 (영)
일반적으로 '빈' 것을 말하고 집합에서는 원소를 하나도
포함하지 않은 집합 ($\{\ \}$, ϕ)을 공집합 null set, empty
set이라 한다. 모든 성분이 0인 행렬($\begin{pmatrix} 0 \\ 0 \end{pmatrix}$, $\begin{pmatrix} 0 & 0 \\ 0 & 0 \end{pmatrix}$
등)은 영행렬 null matrix라 한다.

number
〔nʌ́mbər〕

수 (數)
수의 가장 큰 범위는 복소수 complex number이다. 복소
수는 실수 real number와 허수 imaginary number
($a + bi$, $b \neq 0$)로 나뉜다. 유리수에는 정수 integer,
whole number와 분수 fraction가 있다. 무리수는 분수로
표현할 수 없는 수로, 소수로 표현했을 때 무한히 계속되
는 수이다. 단순히 정수나 실수를 수로 지칭하는 경우도
많다.

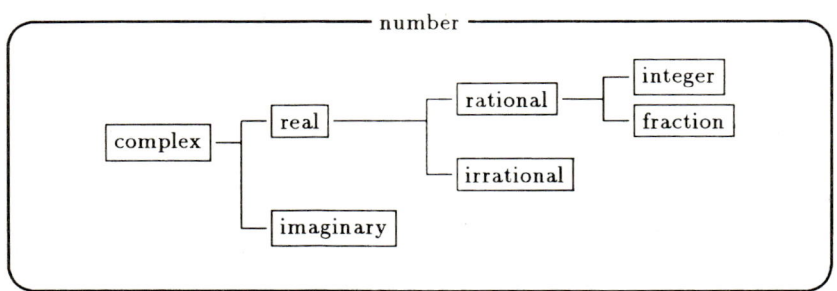

number line 　　수직선 (數直線)

직선 상의 각 점마다 실수를 대응시킨 직선을 말한다. 양수 $a(+a)$는, 원점 O의 우측으로부터 거리가 a 인 점을 나타내고, 음수 $a(-a)$는 원점으로부터 좌측 으로 거리가 a인 점을 나타낸다.

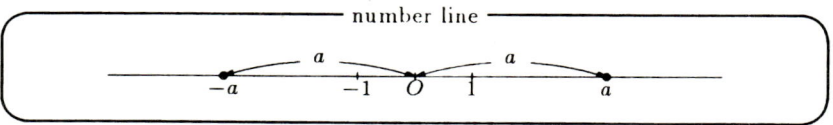

numeral
〔njúːmərəl〕

숫자

수를 나타내는 기호를 말한다. 아라비아 숫자 Arabic numeral는 0, 1, 2, 3, 4, 5, 6, 7, 8, 9이고 로마 숫자 Roman numeral는 Ⅰ, Ⅱ, Ⅲ, Ⅳ, Ⅴ, Ⅵ, Ⅶ, Ⅷ, Ⅸ, Ⅹ를 사용한다. 10진법 같은 기수법이 없으므로 자리수 가 올라갈 때마다 새로운 숫자가 필요하게 된다.

numerator
〔njúːmərèitər〕

분자 (分子)

분수의 선 위에 써 있는 수(식)를 말한다. $\dfrac{b}{a}$ 의 분자 numerator는 b이다. a는 분모 denominator이다.

numerical
〔njuːmérikəl〕

수의, 수치의, 수를 나타내는

object
[ábdʒikt]

대상, 목표물, 목적

oblique
[əblíːk]

기울어진, 경사의

- ~ **axis** 사교축(斜交軸)
  사교좌표의 비스듬히 기울어진 좌표축을 말한다.

- ~ **coordinates** 사교좌표, 빗좌표
  데카르트 좌표 Cartesian coordinates로 좌표축이
  비스듬히 기울어진 경우를 말한다.
  → Cartesian coordinates

- ~ **circular cone** 사추체(斜錐體), 빗원뿔
  정점 vertex에서 밑면 base에 내린 직선의 발 foot
  of perpendicular이 밑면의 중심과 일치하지 않는
  원뿔을 말한다. → cone

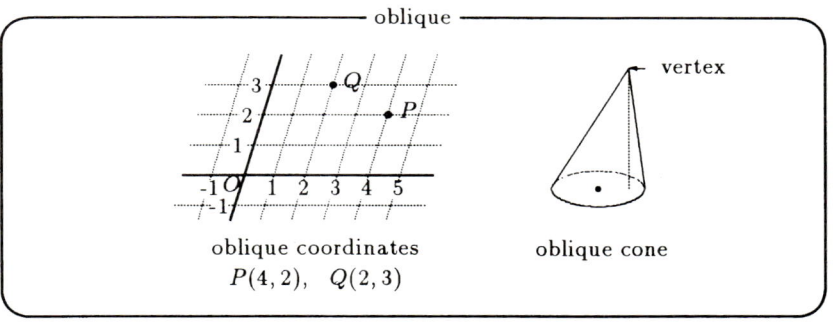

— oblique —

oblique coordinates
$P(4, 2)$, $Q(2, 3)$

oblique cone

oblong
[áblɔːŋ]

직사각형, 장타원형 ; 직사각형의, 장타원형의

obtuse
[əbtjúːs]

둔각의
90°보다 크고 180°보다 작은 각. 3개의 각 중 하나가
둔각인 삼각형을 둔각 삼각형 obtuse-angled triangle
이라 한다.

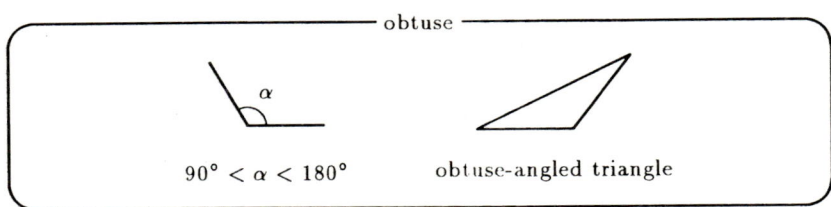

obtuse

$90° < \alpha < 180°$ obtuse-angled triangle

obverse
〔ábvəːrs〕

이 (裏)

명제 'A이면 B이다.'에 대해 'A가 아니면 B가 아니다'를 말한다. 예를 들어, 명제 P : '$x=1$이면 $x^2=1$'의 이(裏)는 명제 Q : '$x \neq 1$이면 $x^2 \neq 1$'이다. 이런 경우 P는 참이지만 $x=-1$일 경우, $x^2=1$이므로 명제 Q는 참이 아니다.

oct-, octa-, octo-   **'8'의 의미**
〔ákt, áktə, áktə〕

octagon   **8각형**
〔áktəgàn〕

octahedron   **8면체**
〔àktəhíːdrən〕

다섯 종류의 정다면체 regular polyhedron의 하나인 정8면체 regular octahedron는 8개의 정3각형으로 된 입체이다.

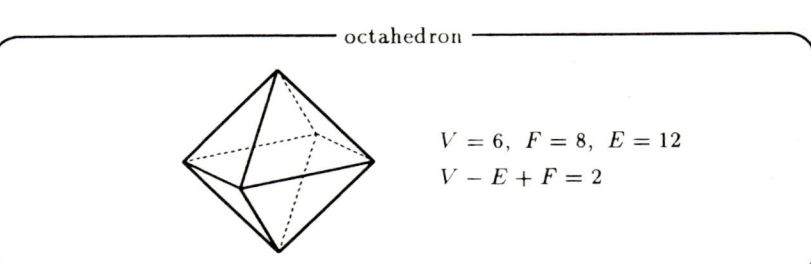

octahedron

$V = 6, \ F = 8, \ E = 12$
$V - E + F = 2$

octal notation
〔ɑ́ktl noutéiʃən〕

8진법

8을 기본으로 하는 기수법. 8진법은 0, 1, 2, 3, 4, 5, 6, 7의 8개의 숫자를 사용한다. 8이 되면 자릿수가 밀어 올려져서 '10'이 된다. 8진법의 '123'은 10진법으로는 $1 \times 8^2 + 2 \times 8^1 + 3 = 83$이다. 반대로 10진법의 '123'은 $123 = 1 \times 8^2 + 7 \times 8 + 3$이므로 8진법으로는 173이 된다.

octant
〔ɑ́ktənt〕

8분원 (八分圓)

원의 $\frac{1}{8}$ 쪽을 말한다. 8분원은 중심각 angle at center 이 45°인 부채꼴이다.

octuple
〔ɑ́ktjupl〕

8배 ; 8배의 ; 8배로 하다

odd
〔ad〕

홀수의

2로 나누어 떨어지지 않는 정수를 말한다. 2로 나누어 떨어지지 않는 수는 2로 나누면 1이 남으므로 $2n+1$로 나타낼 수 있다. 여기에 $n = 0, 1, 2, \cdots$을 대입하면 1, 3, 5, $\cdots$를 얻는 한편, $n = 1, 2, 3, \cdots$을 대입하여 1, 3, 5, $\cdots$를 얻기 위해서는 $2n-1$을 사용한다.

- **~ function 기함수, 홀함수**
  모든 x에 대해 $f(-x) = -f(x)$가 성립되는 함수 f를 말한다. 예를 들어, $f(x) = x^3 - x$일 경우 $f(-x) = (-x)^3 - (-x) = -x^3 + x = -(x^3 - x) = -f(x)$이므로, $x^3 - x$는 기함수이다. 기함수의 그래프는 원점에 대하여 대칭이다.

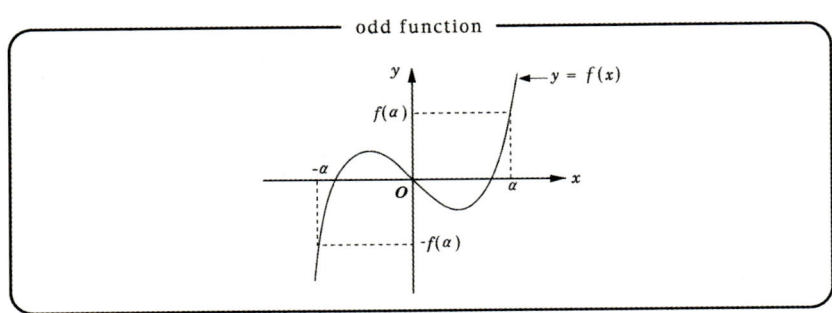

odd function

$y = f(x)$

odds
〔adz〕

확률

확률을 비(比)의 형태로 나타낸 것. 예를 들어, 주사위를 굴려 '2 이하의 숫자가 나올' 확률은 $\frac{1}{3}$, '안 나올' 확률은 $\frac{2}{3}$ 이므로 '2 이하의 숫자가 나온다'의 **odds**는 '1 : 2'이다.

ogive
〔óudʒaiv〕

누적 도수 분포 곡선

도수를 계속 누적시킨 누적도수 cumulative frequency 를 그래프로 나타낸 것이다. 누적도수를 세로축, 자료의 자리수를 가로축으로 한다. 누적도수 대신에 누적상대도수(누적도수를 자료의 개수로 나눈 것)를 사용해도 같은 형태의 곡선을 얻을 수 있다.

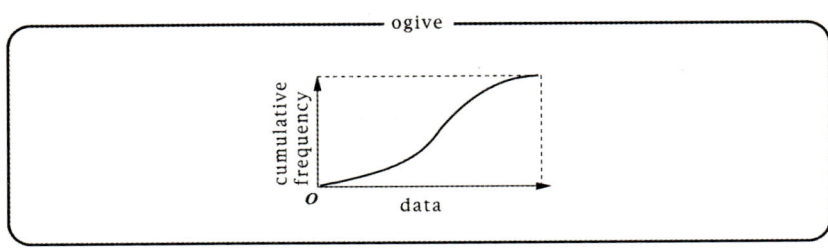

ogive

omission
〔oumíʃən〕

절사, 잘라 버림

근사값을 얻기 위해, 어떤 자릿수(소수 자리) 아래를 0
으로 하는 것을 말함. → cut-off

one-to-one
〔wʌntəwʌn〕

1 대 1

집합 A의 한 원소가 집합 B의 단 하나의 원소에 대응
될 때를 말한다. → mapping diagram

open
〔óupən〕

열려 있는

구간의 양 끝을 포함하지 않을 경우 그 구간을 개구간(開
區間) open interval이라 한다. 그 구간은 부등식 $a < x < b$
로 표현되고 (a, b)라 쓴다. → interval

operand
〔ápərænd〕

피연산수

원소 a에 연산 작용 operation을 적용시킬 경우 a를
피연산수라고 한다.

operation
〔àpəréiʃən〕

연산 (演算)

'곱하다', '2배로 하다', '미분하다' 등의 조작을 말한다.
일반적으로, 몇 개의 원소 쌍을 하나의 원소에 대응시키
는 규칙을 말한다. 특히 덧셈, 곱셈과 같이 2개의 원소
(수)에 하나의 원소(수)를 대응시키는 연산을 이항 연
산 binary operation이라 한다.
예를 들어, $a*b$를 $a*b = 2a+b$ 로 정의하면, 연산 $*$
은 이항 연산으로 $1*2 = 4$, $3*1 = 7$이 된다. '제곱하다',
'대수를 취하다' 등과 같이 하나의 원소에 대한 연산을 단
항연산 unary operation이라 한다. 한편, 기본적인 이항
연산인 덧셈, 뺄셈, 곱셈, 나눗셈을 사칙연산 four
operations이라 한다.

operator
〔ápərèitər〕

작용소, 연산자

연산에서 작용하는 것을 말한다. 넓은 의미의 함수이다.

opposite
〔ápəzit〕

마주하는 쪽의, 정반대의

- **~ angles** 대각(對角)

  사각형에서 마주 보는 각을 말한다. 평행사변형 parallelogram의 두 쌍의 대각은 크기가 같다. 또한, 원에 내접하는 사각형 cyclic quadrilateral의 대각의 합은 180°이다.

- **~ number** 반수(反數)

  덧셈에 대한 역원 inverse을 말한다. 즉, 수 a에 대해 $-a$가 반수이다.

- **~ sides** 대변(對邊)

  마주한 변을 말한다. 사다리꼴 trapezoid (미), trapezium (영)은 한 쌍의 대변이 평행이고 평행사변형은 두 쌍의 대변이 평행이고 길이가 같다.

- **vertically ~ angles** 맞꼭지각

  두 직선이 교차해 만들어진 4개의 각 중 하나와 그 각의 정반대에 있는 각을 말한다. 맞꼭지각의 크기는 서로 같다.

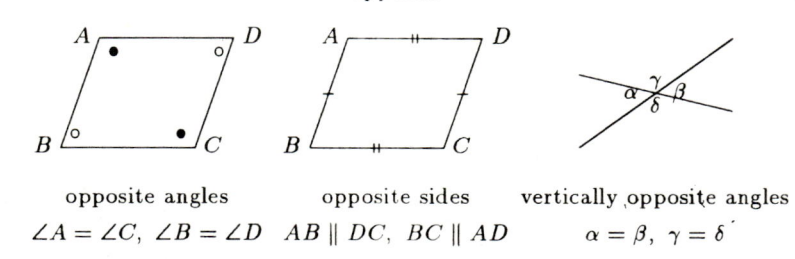

── opposite ──

opposite angles
$\angle A = \angle C,\ \angle B = \angle D$

opposite sides
$AB \parallel DC,\ BC \parallel AD$

vertically opposite angles
$\alpha = \beta,\ \gamma = \delta$

optimal
[áptəməl]

최적의

어떤 문제를 해결하는 답 중 가장 효율적인 답을 최적해 (最適解) optimal solution라 한다.

예를 들어, '비타민 a, b가 알약 A 1정 안에 각각 3mg, 3mg, 알약 B 1정 안에 각각 4mg, 2mg이 들어 있을 때, 비타민 a, b를 각각 16mg, 12mg 이상을 복용하기 위해서는 알약 A, B를 각각 몇 알씩 복용해야 하는가?'라는 문제를 생각해 보자. $(A, B) = (6, 0)$, $(4, 1)$, $(3, 2)$, $(2, 3)$, $(1, 5)$, $(0, 6)$은 모두 답이 된다. 다만, 위 문제에서 알약 A, B의 가격이 각각 10원, 15원일 경우 비용을 최소로 하려면 $(A, B) = (4, 1)$이 되는데 이것이 최적해이다.

optimization
[àptəmizéiʃən]

최적화 (最適化)

or
[ɔːr]

또는 ; 논리합

명제 'A 또는 B' A or B가 참이 되는 경우는 'A가 참', 'B가 참', 'A, B 모두 참'의 세 가지를 포함한다.

order
[ɔ́ːrdər]

순서, 순위, 차수, 위수, 순서를 붙이다

집합의 원소를 일렬로 나열할 때의 규칙을 말한다. 예를 들어, 수는 크기 순 order of size으로 열거가 가능하고, 문자는 '가나다' (혹은 알파벳 순)인 사전식으로 열거하는 것이 가능하다.

order of matrix

행렬의 형태

행과 열의 개수가 각각 m, n인 행렬을 $m \times n$ 행렬의 형태 order of matrix라 한다.

order of rotational symmetry 　　회전 대칭의 위수 (位數)

도형을 한 바퀴 미만으로 회전시켜 원래의 도형에 겹쳐
질 때, 그 도형은 회전대칭 rotational symmetry이라
한다. 회전대칭인 도형이 한 바퀴 회전하는 사이 원래의
도형에 겹쳐지는 회수를 회전대칭의 위수 order of ro-
tational symmetry라 한다. 예를 들어, 정삼각형은 1회
전하는 사이에 3차례 원래의 도형과 겹쳐진다. 그러므
로, 정삼각형의 회전대칭의 위수는 3이다. 확장시켜 보
면 정 n각형은 1회전하는 사이에 n차례 겹쳐지므로 회
전대칭의 위수는 n이다. 회전대칭인 도형은 1회전 사
이에 적어도 2차례 원래의 도형과 겹쳐지는 것으로 회
전대칭의 위수는 2 이상이다.

─ order of rotational symmetry ─

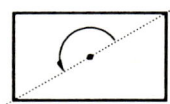 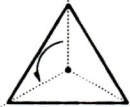 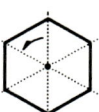

rectangle: order 2 　　regular triangle: order 3 　　hexagon: order 6

ordered pair 　　순서쌍

평면 위의 점은 x좌표 a, y좌표 b의 쌍 (a, b)으로
표현된다. 점$(1, 2)$과 점$(2, 1)$은 다른 점이므로 순서
를 무시해서는 안 된다. 이와 같이, 순서를 가진 수의
쌍을 순서쌍이라 한다.

ordinal number 　　서수 (序數), 순서수 (順序數)
[ɔ́ːrdənl nʌ́mbər]

첫 번째 first, 두 번째 second, . . . 와 같이 순서를 나

타내는 수를 말한다.

or else
〔ɔːr els〕

배타적 논리합

or과 같으나, '참 - 참' 일 경우 거짓으로 간주한다는 점이 다르다. 이 명제는 'A **or else** B'라고 쓴다.

origin
〔ɔ́ːrədʒin〕

원점 (原點), 시점 (始點)

데카르트 좌표 Cartesian coordinates의 기준이 되는 점으로 x축과 y축의 교점을 말한다. 원점의 좌표는 $(0,\ 0)$이다.

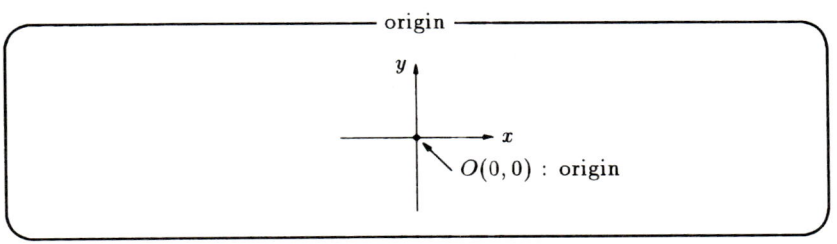
origin

$O(0,0)$: origin

orthocenter
〔ɔ́ːrθəsèntər〕

수심 (垂心)

삼각형의 각 꼭지점으로부터 대변에 내린 3개의 수선의 교점을 삼각형의 수심 orthocenter이라 한다.

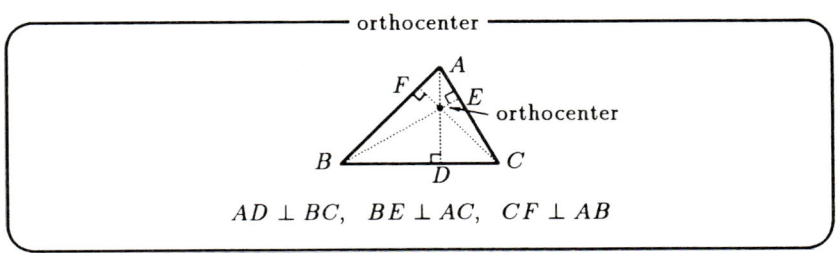
orthocenter

orthocenter

$AD \perp BC,\ \ BE \perp AC,\ \ CF \perp AB$

orthogonal
[ɔːrθágənl]

직각의, 직교의

perpendicular과 같은 의미의 말이다.

- ~ **axes** 직교축
  데카르트 좌표 Cartesian coordinates로 좌표축이 직교해 있을 경우 그 축을 말한다.

- ~ **coordinates** 직교좌표
  데카르트 좌표 Cartesian coordinates로 좌표축이 직교해 있을 때 그 좌표를 말한다.

oscillate
[ásəlèit]

진동하다

→ oscillation

oscillation
[àsəléiʃən]

진동, 진폭

주기적인 운동. 예를 들어, 동점(動点) P가 반지름이 1인 단위원 위에서 일정한 빠르기로 움직이고 있을 때 점 P의 x축의 그림자는 두 점 $(-1, 0)$, $(1, 0)$의 사이를 주기적으로 움직인다. 이와 같은 주기적인 운동을 진동 oscillation이라 한다.

outcome
[áutkʌm]

결과

확률에서 한 번의 시행으로 생기는 결과를 말한다. 동전 한 개를 던지면 '앞면이 나오다(H)', '뒷면이 나오다(T)'의 두 가지 결과가 나오고 2개의 동전을 던지면, (H, H), (H, T), (T, H), (T, T)의 4개의 결과가 나온다.

oval
[óuvəl]

알모양 곡선

달걀이나 럭비공의 단면 같은 형태의 폐곡선을 말한다.

p-adic

p 진 (進) 의

p를 기본으로 하는 기수법을 나타냄.

palindromic number
〔pǽlindròumik nʌ́mbər〕

상반수 (相反數)

121 같이 앞에서 읽어도 뒤에서 읽어도 같은 수를 말한다. 1900년대의 상반수의 연수(年數)는 1991년이며 2000년대 최초의 상반수의 연수는 2002년이다.

parabola
〔pərǽbələ〕

포물선

한 정점과 한 정직선과의 거리가 같은 점이 그리는 도형을 말한다. 이 정점과 정직선을 각각 초점 focus, 준선 directrix이라 한다. 포물선은 이심률 eccentricity이 1이다.

초점을 (p, 0), 준선을 $x=-p$라고 한 포물선의 방정식은 $y^2=4px$이다. → focus, eccentricity

포물선은 원뿔곡선 conic section의 하나로 원뿔을 모선에 평행한 평면으로 자를 경우에 생기는 곡선이다. 또한 물건을 던졌을 때 생기는 곡선으로 정의되기도 한다.

2차 함수 $y=ax^2+bx+c$의 그래프는 포물선이며 직선 $x=\dfrac{-b}{2a}$에 대해 대칭이고 이 직선은 포물선의 축이다.

【도서관】 선경이는 3일에 1번씩, 준수는 4일에 1번씩 도서관에 간다. 어느 일요일에 도서관에서 두 사람이 만났다면 다음 어느 일요일에 두 사람은 다시 만날까?

➡ 84일 [선경이와 준수는 12일(3과 4의 최소공배수)마다 함께 도서관에 간다. 일주일은 7일이므로 7과 12의 최소공배수인 84일만에 일요일에 함께 도서관에 가게 된다. 다르게 생각해 보면, 3, 4, 7의 최소공배수를 구하면 선경이와 준수는 84일만에 일요일에 함께 도서관에 가게 된다.]

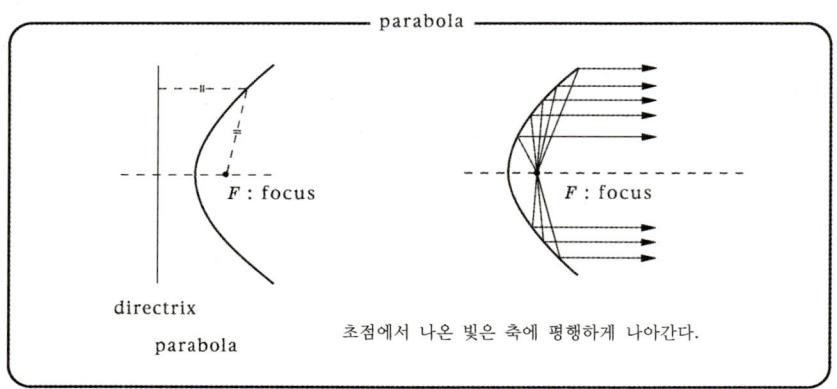

parabola

F : focus

directrix

parabola

초점에서 나온 빛은 축에 평행하게 나아간다.

paradox
〔pǽrədàks〕

역설 (逆說), 역리 (逆理), 파라독스

사실이나 상식에 모순이 되도록 논리가 성립할 때 이를 **paradox** 라 한다. 수학에서 역설의 유명한 사례로, 발빠른 아킬레스가 발이 느린 거북이를 따라 잡을 수 없다는 경우를 생각해 보자. 먼저, 출발시 거북이는 아킬레스보다 100m 전방에 위치한다. 아킬레스가 100m 만큼 따라 잡으면 거북이는 그동안 일정 거리만큼 전진하게 된다. 다시 아킬레스가 그 전진한 거리만큼 따라 잡으면, 그 동안 거북이는 또 앞서 나가게 된다. 이와 같은 과정을 통해 아킬레스는 결코 거북이를 따라 잡을 수 없다는 것이다. 수학이나 과학의 세계에서는 이러한 역설이 성립하는 경우가 종종 있다.

parallel
〔pǽrəlèl〕

평행 (平行) 한 ; 평행선 (平行線)

2개의 직선이 하나의 평면 위에서 교차되지 않는 경우 이 2개의 직선은 서로 평행하다고 하며 평행선이라 부른다. 같은 의미로, 공간 안의 두 평면이 교차되지 않는 경우 두 평면은 평행이라고 한다.

- ■ ~ lines 평행선
  서로 평행인 직선을 말함. 직선 l과 l'가 평행인 경우 $l \parallel l'$이라 쓴다.

- ■ ~ planes 평행 평면
  서로 평행인 평면을 말함. 평면 α와 β가 평행인 경우 $\alpha \parallel \beta$ 라 쓴다.

- ■ ~ translation 평행 이동
  모든 점을 같은 방향으로 같은 길이만큼 이동하는 것을 말한다. 평행이동은 도형의 형태나 크기를 변화시키지 않으므로 합동변환이다.

─ parallel ─

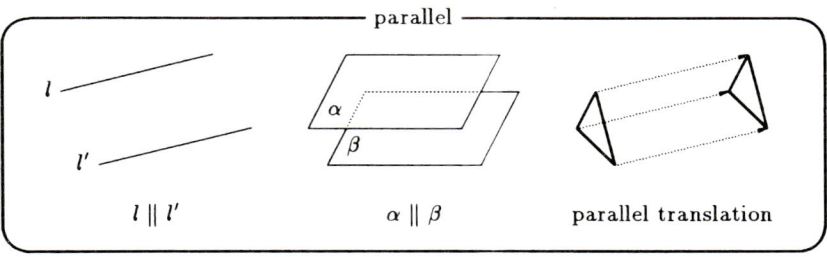

$l \parallel l'$ $\alpha \parallel \beta$ **parallel translation**

parallelepiped
〔pæ̀rəlèləpáipid〕

평행육면체

6개의 면이 전부 평행사변형인 육면체를 말한다. 이것은 직육면체를 비스듬히 만든 도형으로, 평행육면체의 3쌍의 대변은 평행이다.

─ parallelepiped ─

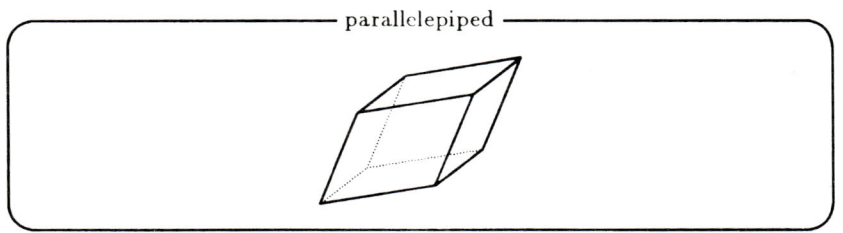

parallelogram
〔pæ̀rəléləgræm〕

평행사변형

2쌍의 대변 opposite sides이 평행인 사각형. 평행사변형의 2쌍의 대변의 길이, 2쌍의 대각 opposite angles의 크기는 같다. 또 대각선은 서로를 이등분 bisect each other하고 있다.

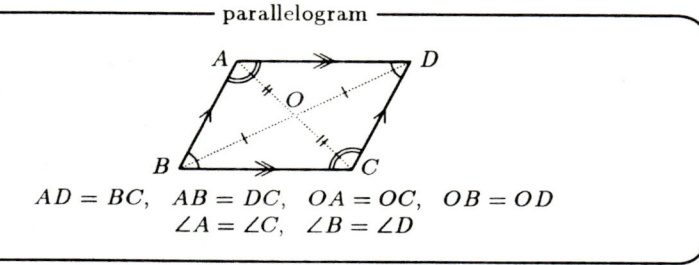

parallelogram

$$AD = BC, \quad AB = DC, \quad OA = OC, \quad OB = OD$$
$$\angle A = \angle C, \quad \angle B = \angle D$$

parameter
〔pərǽmətər〕

매개변수

방정식 $x = 2t + 1$, $y = 3t - 1$에서 변수 t의 값을 정하면 x, y가 점(x, y)로 정해진다. 예를 들어, $t = 1$일 경우 $x = 3$, $y = 2$이므로 점$(3, 2)$를 나타낸다. 변수 t의 값을 변화시키면, 그에 따라 점(x, y)가 변화하고 따라서 하나의 도형을 나타내게 된다. 이 경우, t를 매개변수 parameter라 한다.

방정식을 변형하면 $t = \dfrac{x-1}{2}$, $t = \dfrac{y+1}{3}$이 되므로, x, y의 사이에 $\dfrac{x-1}{2} = \dfrac{y+1}{3}$이 성립되며, 정리하면, $3x - 2y - 5 = 0$이 된다. 따라서, 방정식 $x = 2t + 1$, $y = 3t - 1$은 직선 $3x - 2y - 5 = 0$을 나타낸다.

한편, 기울기가 2인 직선을 $y = 2x + c$로 나타낼 수 있는데 이 경우, c를 기울기가 2인 직선족(直線族) family of lines의 매개변수 parameter라 한다.

parenthesis
〔pərénθəsis〕

괄호 ( )

part
〔pɑːrt〕

부분 (部分), 일부 (一部), 부분 분수

전체에 대한 그 일부분을 말한다. 다음과 같이 사용한다.

- **decimal ∼** 소수 부분

  소수에서 소수점 이하의 부분을 말한다. 예를 들어, 15.32의 소수 부분은 0.32이다.

- **imaginary ∼** 허수 부분

  복소수 $a+bi$에서 bi를 말한다. 예를 들어, $3+5i$의 허수 부분은 $5i$이다.

- **integral ∼** 정수 부분

  실수에서 1보다 작은 부분을 뺀 부분을 말한다. 예를 들어, 15.32의 정수 부분은 15이다.

- **real ∼** 실수 부분

  복소수 $a+bi$에서 a를 말한다. 예를 들어, $3+5i$의 실수 부분은 3이다.

Pascal's triangle

파스칼의 삼각형

이항 계수($(a+b)^n$ 의 전개식의 계수)를 삼각형으로 나열한 것을 말한다. 파스칼의 삼각형은 양 끝에 1을 쓰고 다른 수는 전열(前列)에 이웃한 수를 더하여 나열한 것에 의해 만들어진다. 예를 들어, $(a+b)^2$의 계수 1, 2, 1 에 이웃된 수를 더해서 3, 3이 되고 양 끝에 1을 써 넣어 1, 3, 3, 1을 얻는다. 이것은 $(a+b)^3$의 계수이다. 즉, $(a+b)^3 = a^3 + 3a^2b + 3ab^2 + b^3$인 것을 알 수 있다. 같은 방법으로, 파스칼의 삼각형을 이용하면 $(a+b)^n$ 의 전개식을 구할 수 있다.

$$\text{Pascal's triangle}$$

$$\begin{array}{ccccccccccc}
 & & & & & 1 & & & & & \\
 & & & & 1 & & 1 & & & & \\
 & & & 1 & & 2 & & 1 & & & \\
 & & 1 & & 3 & & 3 & & 1 & & \\
 & 1 & & 4 & & 6 & & 4 & & 1 & \\
1 & & 5 & & 10 & & 10 & & 5 & & 1
\end{array}$$

$$\therefore (a+b)^5 = a^5 + 5a^4b + 10a^3b^2 + 10a^2b^3 + 5ab^4 + b^5$$

path
〔pæθ〕

경로, 길, 거리, 궤도
두 점 이상의 점을 잇는 경로를 말한다. 또는, 네트워크의 몇 개의 정점을 잇는 경로를 말한다.

pay-back
〔péibæk〕

되갚기, 반제 (返濟)

■ ~ period 반제 기간

pay-off
〔péiɔːf〕

모두 되갚기

pendulum
〔péndʒuləm〕

진자 (振子)

penta-
〔péntə〕

'5'의, 5-

pentadecagon
〔pèntədékəgàn〕

15각형

pentagon
〔péntəgàn〕

5각형

$$\text{pentagram}$$

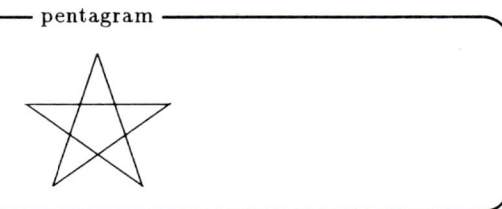

pentagram
[péntəgræm]

별모양
정오각형의 대각선으로 만들어진 별모양의 도형을 말한다.

pentahedron
[pèntəhíːdrən]

5면체
5개의 면으로 만들어진 다면체로, 예를 들어 사각뿔은 5면체이다.

per
[pə(ː)r]

~당(當)
시속 5km를 나타낼 때 **5 km per hour** 와 같이 사용한다.

percent
[pərsént]

퍼센트(%)
비율 표시의 일종으로 전체를 100으로 놓았을 때 차지하는 크기로 비율을 나타낸다.

예컨대, $\dfrac{1}{8} = \dfrac{12.5}{100} = 12.5\%$.

percentage
[pərséntidʒ]

백분율, 비율
'퍼센트(%)'로 비율을 표시하는 방법. 전체를 100으로 보고 차지하는 크기를 적는다. 예를 들면, 0.12는 12%가 되는 식이다. → **percent**

- **~ change** 백분율 변화
  어떤 양의 변화를 퍼센트로 나타낸 것을 말한다. 예를 들어, 물가가 작년에 비교해 15% 올랐을 경우 100원의 물건은 그 15%인 15원 올라서 115원이 된다.

- **~ error** 백분율 오차
  참값에 대한 오차의 비율을 퍼센트로 나타낸 것을 말한다. 200g 중량의 물건을 잰 후 206g의 결과를 얻었다고 하자. 이 경우, 오차는 206−200=6g이므로 백분율오차는 $\dfrac{6}{200}=\dfrac{3}{100}=3\%$가 된다.

percentile
〔pərséntail〕

백분위수

자료를 크기 순으로 나열해 작은 쪽으로부터의 위치를 백분율로 나타낼 때 그 위치에 있는 자료의 수치를 말한다. 예를 들어, 20백분위수는 밑에서부터 20%의 위치에 있는 자료의 수치이며, 중앙값 median 은 50백분위수이다. 백분위수는 누적도수분포곡선 cumulative frequency graph, ogive 으로부터 직접 알아볼 수 있다.

perfect number
〔pə́:rfikt nʌ́mbər〕

완전수

자기 자신을 제외한 약수의 합이 그 수와 일치하는 수를 말한다. 예를 들어, 6의 약수는 1, 2, 3, 6이므로 자기 자신을 뺀 약수의 합은 1+2+3=6이 되어 자기 자신과 일치한다. 따라서, 6은 완전수이다. 6은 최소의 완전수이며 더욱이 6=1·2·3이 성립되므로 더욱 더 완전한 수라 할 수 있다. 28도 완전수이다.

perfect square
〔pə́:rfikt skwɛər〕

완전제곱

어떤 정수나 식의 제곱으로 나타낼 수 있는 경우를 말한다. 예를 들어 $1=1^1$, $4=2^2$, $9=3^2$이므로 1, 4, 9는 완전제곱수이다. 한편, 어떤 식의 제곱으로 나타낼 수 있는 식을 완전제곱식이라 한다.

$x^2+2x+1=(x+1)^2$이므로 x^2+2x+1은 완전제곱식이다.

perimeter
〔pərímətər〕

주위, 주변, 주위의 길이

도형의 주변 선 또는 그 길이를 말한다. 원주의 길이는

$2\pi r$이다.

period
〔píəriəd〕

주기 (週期)

순환하는 운동의 1회에 걸린 시간을 말한다. 진자의 운동 주기는 진자 pendulum 가 한 쪽의 끝에서 움직이기 시작해서 다른 쪽의 끝으로 갔다가 원래의 장소로 돌아오는데 걸린 시간이다. 함수 f가 모든 실수 x에 대해 $f(x+p)=f(x)$가 성립될 경우, 함수 f를 주기함수 periodic function 라 하며 p를 주기 period 라 한다. 양의 주기의 최소값을 기본 주기 fundamental period, primitive period 라 한다. 일반적으로 주기라 하면 기본 주기를 나타낸다. 예를 들어, 함수 $y=\sin x$의 주기는 2π이다.

$y=\tan x$에 대해서는 $\tan(x+\pi)=\tan x$가 성립되므로 주기는 π이다.

periphery
〔pərífəri〕

주변, 원주

도형의 경계선 또는 물체의 표면을 말한다.

→ perimeter

permanence
〔pə́:rmənəns〕

불변성 (不變性)

어떤 특정한 변환이나 변형에 의해 변화되지 않는 성질 등을 말한다. → invariant

permanent
〔pə́:rmənənt〕

불변인, 영구적인

→ permanence

per mil
〔pə̀:r míl〕

천분율, 퍼밀 (‰)

전체를 1000으로 놓았을 때 차지하는 크기로 나타내는 비율이며, 기호 ‰로 나타낸다.

$1‰$은 $\dfrac{1}{1000}$ 이다.

permutation
〔pə̀ːrmjutéiʃən〕

순열

일정 수의 원소들을 '순서를 고려하여' 나열한 것을 말한다. 예를 들어, 1, 2, 3을 나열해 생긴 순열은 123, 132, 213, 231, 312, 321의 6개이다. 4개의 수를 나열할 경우 최초 수의 선택 방법이 4종류, 2번째 수는 나머지의 3개에서 고르지 않으면 안 되므로 3종류, 3번째는 같은 방법으로 2종류, 최후의 나머지는 하나로 한 종류이다. 따라서, 4개의 수를 나열하는 순열의 개수는 $4×3×2×1=24$이다. 일반적으로, n개의 수를 나열해 생기는 순열의 개수는

n의 계승 factorial

$$n! = n×(n-1)×(n-2)×\ldots×2×1$$

이다. 같은 방법으로, n개의 수에서 r개를 택하여 순서 있게 늘어놓은 순열의 개수는

$$\overbrace{n(n-1)(n-2)\ldots(n-r+1)}^{r개} = \dfrac{n!}{(n-r)!}$$

이고 $_nP_r$로 나타낸다. 예를 들어, 5개의 수에서 3개를 골라 나열한 순열의 개수는 $_5P_3 = 5×4×3 = 60$이다.

perpendicular
〔pə̀ːrpəndíkjulər〕

직각의, 수직의 ; 수선, 수직

두 직선으로 만들어진 각이 90°일 경우, 그 두 직선의 관계를 말한다. 평면 위의 모든 직선과 수직일 경우 '평면에 수직이다'라 하고 이 직선을 그 평면의 법선(法線) normal이라 한다. → **normal**

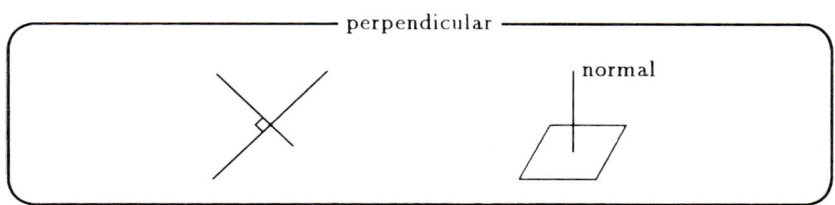

perpendicular bisector   수직 이등분선

두 점 A, B를 잇는 선분의 중점을 지나고 선분 AB
에 수직인 직선을 말한다.

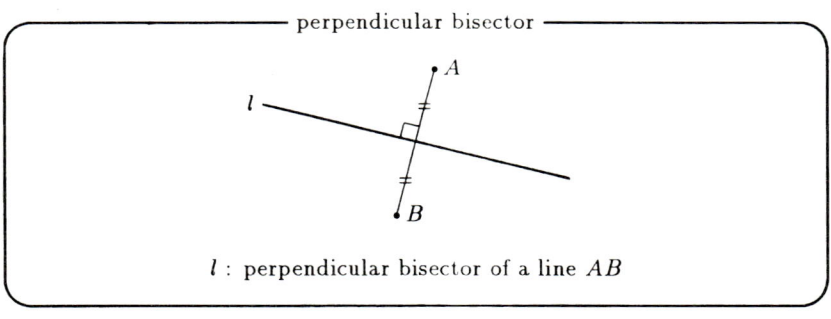

l : perpendicular bisector of a line AB

pi
〔pai〕

파이, 원주율

원주 circumference의 지름 diameter에 대한 비 ratio
를 말하며 기호는 π 로 표시한다. $\pi \fallingdotseq 3.14$이다.
→ circle ratio

pictogram
〔píktəgræm〕

그림 그래프, 픽토그램

도수를 그림 등으로 나타낸 그래프를 말한다. 예를 들
어, 인구수 상위 3개국의 인구를 그림 그래프로 나타내
면 아래와 같다. 그림 그래프를 사용하면 숫자로 표시하
는 것에 비해 비교가 쉽게 되는 장점이 있다.

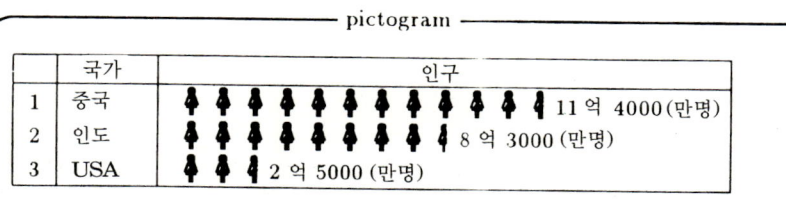

pictogram

	국가	인구
1	중국	11 억 4000 (만명)
2	인도	8 억 3000 (만명)
3	USA	2 억 5000 (만명)

pie chart
〔pai tʃaːrt〕

원 그래프

원을 사용하여 나타낸 그래프로 전체에 대한 크기의 비율을 부채꼴의 크기로 나타낸 것을 말한다. 예를 들어, $1\% 는 360° \times \dfrac{1}{100} = 3.6°$ 를 중심각으로 하는 부채꼴로 나타난다.

pie chart

우리나라 국민이 선호하는 운동경기

축구	32%	115.2°
야구	26%	93.6°
농구	19%	68.4°
탁구	15%	54°
기타	8%	28.8°

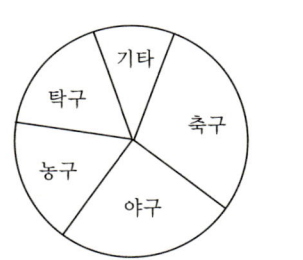

pie graph

원 그래프

= pie chart

place value
〔pleis væljuː〕

자리수

수에서 몇 번째 자리인지 나타내는 것. 예를 들면, 수 1234의 경우, 아래에서 세 번째 자리 2는 2×100이 되어 그 자리수는 100이다. 같은 방법으로 3의 자리수는 10이 된다.

planar
〔pléinər〕

평면의, 평면적인

plane
〔plein〕

평면 (平面)
평면은 교차하는 두 직선에 의해 단 하나로 결정된다. 평면 위의 임의의 두 점을 잇는 직선은 평면에 포함된다. 두 개 평면의 교차부는 직선으로 나타난다. 교차되지 않는 평면은 평행 parallel이고, 직선과 평면의 교차는 한 개의 점이다. 또한, 교차되지 않는 직선과 평면은 평행이다.

- **complex ~** 복소평면
  복소수 $z=a+bi$를 평면 위의 점 $P(a, b)$로 나타낸 평면. 가로축 상의 점$(a, 0)$은 실수 a를 나타내므로 실수축 real axis이라 하고 세로축 상의 점 $(0, b)$는 허수 bi를 나타내므로 허수축 imaginary axis이라 한다. $|z|$는 점 P의 원점 origin으로부터 거리 $\sqrt{a^2+b^2}$으로 정의된다.
  → **complex number**

- **coordinate ~** 좌표평면
  평면 위의 점을 1쌍의 좌표 coordinates (a, b)로 나타낸 평면을 말한다. → **coordinates**

- **Gaussian ~** 가우스 평면
  복소평면 complex plane을 말한다.

- **~ coordinates** 평면좌표
  평면에 적용된 좌표계를 말한다. → **coordinates**

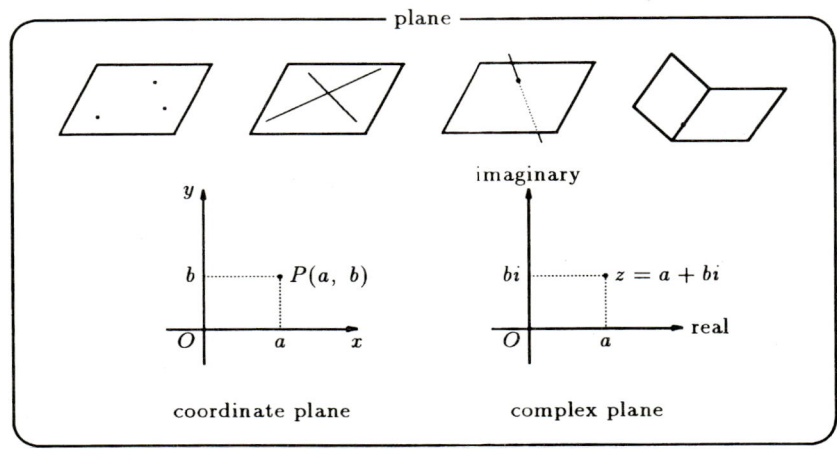

coordinate plane   complex plane

plane of symmetry   대칭면 (對稱面)

도형 A, B가 평면 α에 대해 평면대칭일 경우 평면 α를 말한다. → **plane symmetry**

plane symmetry   평면대칭 (平面對稱)

공간 안의 두 점 A, B의 중점이 평면 α 위에 있고 직선 AB가 평면 α에 수직 perpendicular 일 경우 두 점 A, B는 평면 α에 대해 대칭 symmetric 이다. 이 때, 평면 α를 대칭면 plane of symmetry 이라 하고 이 런 대칭을 평면대칭 plane symmetry 이라 한다.

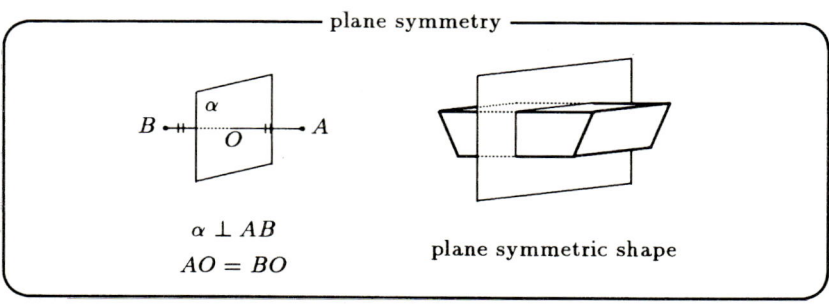

plane symmetry

$\alpha \perp AB$
$AO = BO$

plane symmetric shape

plan view

평면도 (平面圖)

입체를 위에서 볼 때 생기는 도형을 말한다. 실제로 보이지 않는 부분은 단면 cross section에서 나타나는 선으로 그리며 이때 점선을 이용한다. 입면도 front elevation, 측면도 side elevation와 함께 입체의 형태를 나타내는 데에 이용된다.

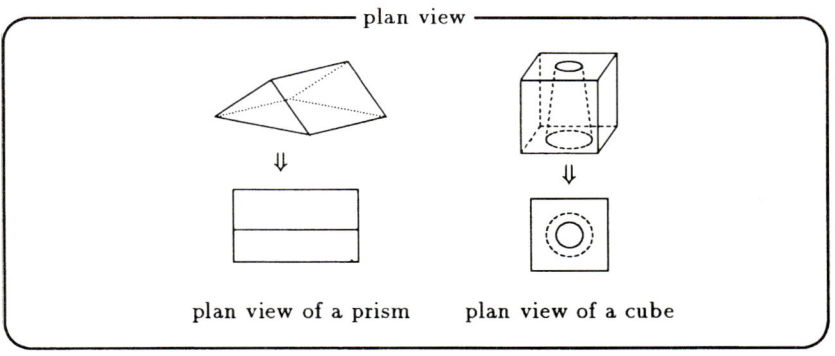

plan view of a prism   plan view of a cube

plot
〔plat〕

도면

평면의 그래프지에 얼개 등을 그린 것.

point
〔pɔint〕

점, 소수점

위치는 있지만 크기나 넓이는 가지지 않은 도형적 원소를 말한다. 도형으로 나타낼 경우 작은 검은 원 dot이나 선의 교차로 그린다. 두 점을 지나는 직선은 단 하나로 결정된다. 평면 위에 서로 평행하지 않는 2개의 직선은 한 점에 교차된다.

- ~ **circle** 점원, 반지름이 0인 원

  점만으로 나타나는 원. 점원 (a, b)는 방정식 $(x-a)^2 + (y-b)^2 = 0$으로 표현된다.

- ~ **of contact** 접점(接點)

  선과 선이 접하는 점을 나타낸다. = **point of tangency**

- **~ of inflection** 변곡점(變曲點)
  곡선이 볼록에서 오목으로 변화하는 점 또는 오목에서 볼록으로 변화하는 점을 말한다. → inflection

- **~ of intersection** 교점(交點)
  도형과 도형이 교차하는 점을 나타낸다.
  → intersection

- **~ of tangency** 접점(接點)
  2개의 곡선이 한 점 P를 공유하고 점 P에서의 접선이 서로 일치하는 경우 점 P를 말한다.
  → tangent

point of symmetry 대칭점(對稱點), 대칭의 중심

도형이 점 P에 대해 대칭일 경우, 점 P를 대칭점 point of symmetry이라 한다. → point symmetry

point symmetry 점대칭(點對稱)

어떤 점 P를 중심으로 180° 회전해서 원래의 도형과 일치하는 도형은 점 P에 대해 대칭 symmetry이라 하며 점 P를 대칭의 중심 center of symmetry, point of symmetry이라 한다. 두 점 A, B의 중점이 점 P일 경우 두 점 A, B는 점 P에 대해 대칭이며 이 또한 점대칭 point symmetry이 된다. → symmetric

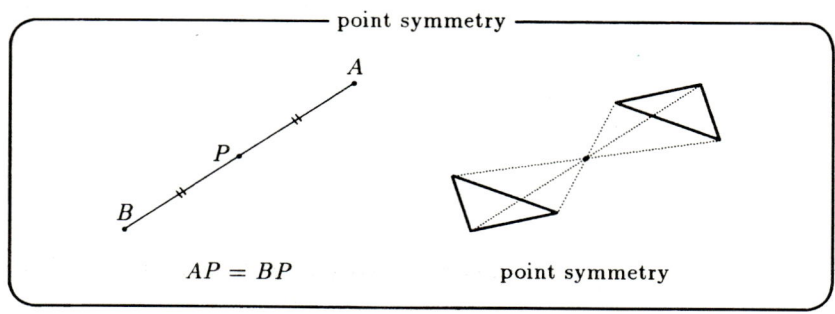

point symmetry

$AP = BP$ point symmetry

polar coordinates
[póulər kouɔ́:rdənəts]

극좌표 (極座標)

평면 위의 점 P를 기준점(일반적으로 원점 origin) O로 부터의 거리 $OP(=r)$와, 원점을 지나는 기준선 (일반적으로 x축의 양의 부분)과 직선 OP와 이루어지는 각도 $(=\theta)$를 이용해서 (r, θ)로 표현하는 좌표를 말한다. 예를 들어, 원점으로부터의 거리가 2이고 기준선과 이루어진 각도가 30°인 점의 극좌표는 $(2, 30°)$이 된다. 이 점을 데카르트의 좌표로 나타내면 $(\sqrt{3}, 1)$이다. 일반적으로 극좌표의 (r, θ)를 데카르트 좌표로 바꾸면 $(r\cos\theta, r\sin\theta)$가 된다.

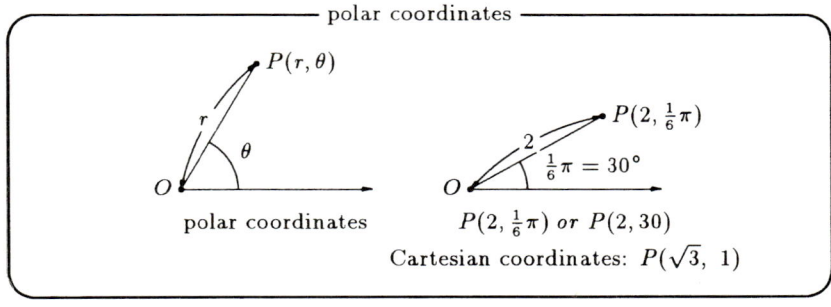

— polar coordinates —

$P(r, \theta)$

r

θ

O

polar coordinates

$P(2, \frac{1}{6}\pi)$

2

$\frac{1}{6}\pi = 30°$

$P(2, \frac{1}{6}\pi)$ or $P(2, 30)$

Cartesian coordinates: $P(\sqrt{3}, 1)$

poly-
[páli]

다 (多)-, 복 (複)- 의 의미

polygon
[páligàn]

다각형 (多角形)

세 개 이상의 변 side 과 각 angle 으로 만들어진 평면 도형을 말한다. 모든 변의 길이가 같고 모든 각의 크기가 같은 다각형을 정다각형 regular polygon 이라 한다. n각형은 대각선에 의해 $n-2$개의 삼각형으로 나눌 수 있으므로 내각 interior angles 의 합은 $(n-2)\times180°$이다. 따라서, 정 n각형의 한 내각은 $\dfrac{n-2}{n}\times180°$이다. 일반적으로 다각형의 명칭은 다음과 같다.

변의 수	다각형	변의 수	다각형
3	triangle	8	octagon
4	quadrilateral	9	nonagon
5	pentagon	10	decagon
6	hexagon	12	dodecagon
7	heptagon	20	icosagon

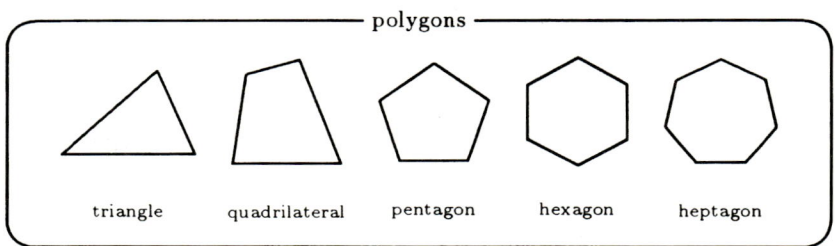

polygons

triangle   quadrilateral   pentagon   hexagon   heptagon

polyhedron
[pàlihíːdrən]

다면체 (多面體)

4개 이상의 평면으로 둘러싸여 만들어진 입체를 말한다. 다면체의 면 face은 다각형이다. 정다면체 regular polyhedron는 모든 면이 정다각형 regular polygon인 다면체이고 정4면체 tetrahedron, 정6면체 cube, 정8면체 octahedron, 정12면체 dodecahedron, 정20면체 icosahedron 의 다섯 종류 밖에 존재하지 않는다.

→ regular polyhedron

【산책】 금년에 다같이 80세가 된 노부부가 있다. 이들은 결혼 이후 오늘까지 하루도 거르지 않고 아침 산책을 했다고 한다. 그런데 작년 2월에는 꼭 14일만 아침 산책을 했다. 왜 14일만 아침 산책을 했을까?

➡ 이 노부부는 작년 2월 14일에 결혼하고 그 이튿날부터 산책을 했다.

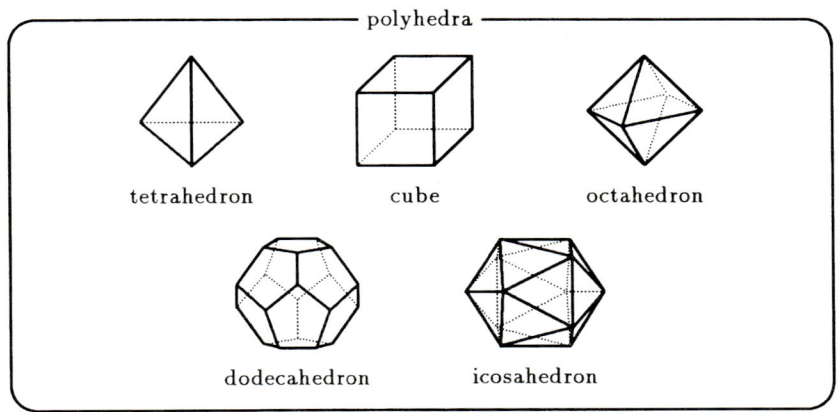

polyhedra

tetrahedron   cube   octahedron

dodecahedron   icosahedron

polynomial
〔pàlinóumiəl〕

다항식 (多項式), 정식 (整式)
몇 개의 단항식 monomial의 합으로 표현된 식을 말한다. $2x$, $3x^2$등은 단항식이고 단항식들의 합인 $3x^2 + 2x$는 다항식이다. 이때, $2x$, $3x^2$을 항 term이라 한다. 특히, 2개의 항으로 만들어지는 다항식을 2항식 binomial, 3개의 항으로 만들어지는 다항식을 3항식 trinomial이라 한다. 한편, 각 항의 차수의 최대값을 다항식의 차수 degree라 한다. 예를 들면, $x^3 - 5x + 4$는 3차 다항식 cubic polynomial이며, $2x^6 + 4x^5 - 7x^2$는 6차 다항식 polynomial of degree 6이다.

population
〔pàpjuléiʃən〕

모집단 (母集團)
통계 용어로 조사의 대상이 되는 자료 전체를 말한다. 모집단의 자료 개수가 상당히 큰 경우는 모집단 중에서 몇 개의 자료를 무작위로 선택한 표본 sample에 대해 관찰하는 것이 보통이다. 예를 들면, 전국의 고교생의 평균 신장은 몇 개의 고교를 추출해 조사한다.

position
[pəzíʃən]

위치 (位置)

지구 상의 위치 position 는 위도와 경도를 조합해 나타 낸다. 평면 위의 점 위치는 좌표를 이용해서 나타낸다. 평면 위의 위치를 나타내기 위해서는 2개의 수치가 필 요하며 공간 안의 위치는 3개의 수치가 필요하다.

positive
[pázətiv]

양의, 플러스의

0보다 큰 것을 뜻한다. 양의 수는 +의 기호를 이용해 +7과 같이 나타내며 이 경우 'positive seven'이라 읽는 다. 보통은 +의 기호를 생략해 단순히 7로 쓴다.

■ ~ integer 양(陽)의 정수, 자연수

0보다 큰 정수로 자연수 natural number 1, 2, 3,⋯ 을 뜻한다.

possibility space
[pàsəbíləti speis]

표본공간 (標本空間)

확률 용어로 하나의 시행 experiment 으로 얻어지는 모 든 결과 outcomes 의 집합을 말한다. 예를 들어, 두 개 의 주사위를 던져 나오는 수의 순서쌍의 표본공간은 다 음 표에 있는 36개의 결과의 집합이다.

소〉대	1	2	3	4	5	6
1	(1,1)	(1,2)	(1,3)	(1,4)	(1,5)	(1,6)
2	(2,1)	(2,2)	(2,3)	(2,4)	(2,5)	(2,6)
3	(3,1)	(3,2)	(3,3)	(3,4)	(3,5)	(3,6)
4	(4,1)	(4,2)	(4,3)	(4,4)	(4,5)	(4,6)
5	(5,1)	(5,2)	(5,3)	(5,4)	(5,5)	(5,6)
6	(6,1)	(6,2)	(6,3)	(6,4)	(6,5)	(6,6)

power
[páuər]

거듭제곱, 멱, 지수

a^n으로 나타내었을 때 n을 말하며 '지수' index, exponent 라 하기도 한다.

n이 자연수일 경우는 $a^n = \overbrace{a \times a \times a \times \ldots \times a}^{n개}$ 이된다.

마이너스의 수와 분수의 지수는,

$$a^{-n} = \frac{1}{a^n}, \quad a^{\frac{1}{n}} = \sqrt[n]{a}$$

로 정의된다. 예를 들면,

$$3^4 = 3 \times 3 \times 3 \times 3 = 81, \quad 4^{-3} = \frac{1}{4^3} = \frac{1}{64},$$

$$8^{\frac{1}{3}} = \sqrt[3]{8} = 2$$이다.

predecessor
〔prédəsèsər〕

앞의 원소

prime
〔praim〕

소 (素) 의, 소수 (素數) 의

1을 제외하고는 공통의 인수 factor를 갖지 않는 경우를 뜻한다.

- mutually ~ 서로 소

  2개의 정수가 1 이외에 공약수 common factor를 가지지 않을 경우 그들의 관계를 서로 소라 한다. 예를 들어, 3과 8은 서로 소 mutually prime이다.

- relatively ~ 서로 소

  = mutually prime

prime factor

소인수 (素因數)

어떤 정수를 소수의 곱으로 나타냈을 때 이 소수를 말한다. 예를 들어, $12 = 2 \times 2 \times 3 = 2^2 \times 3$으로 나타내어지므로 12의 소인수는 2, 3이다. 소수를 제외한 모든 정수는 소인수의 곱으로 나타낼 수 있다. → factorization

Dictionary of Mathematics for studying abroad

prime number

소수 (素數)

1과 자기 자신 이외의 약수를 갖지 않는 수를 말한다. 단, 1은 소수라 하지 않는다. 2, 3, 5, 7, 11, 13, . . . 은 소수이다. 소수가 어떤 형식으로 분포되어 있는지를 조사하는 문제는 어려워서 아직 해결되지 않았다.

principal
[prínsəpəl]

원금 (元金)

원래 맡긴 금액을 말한다. 예를 들어, 10,000원을 1년 간 맡겨 10,200원이 되면 원금 principal은 10,000원, 이자 interest는 200원이다. 이때, 연 이율은 200÷10,000＝2% 이다.

principle
[prínsəpl]

원리, 법칙

이론의 기본이 되는 법칙을 말한다.

prism
[prízm]

각기둥

측면을 평행사변형으로 하고, 밑면과 윗면이 합동으로 평행한 입체도형을 말한다. 각기둥은 한 개의 직선에 평행인 몇 개의 평면으로 둘러싸인 도형을 2개의 평행인 평면으로 잘라 내어 생긴 입체이다. 그때 단면이 n각형일 경우, n각기둥이라 한다. 예를 들어, 단면이 삼각형인 각기둥은 삼각기둥 triangular prism이라 한다.

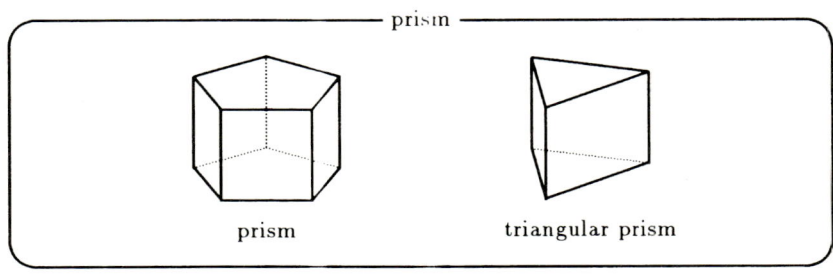

prism

prism   triangular prism

probability
[pràbəbíləti]

확률

사건 event이 일어날 개연성을 0에서 1까지의 수로 나타낸 것을 말한다. 확률 0은 그 사건이 일어나지 않음을 나타내고 1은 그 사건이 반드시 일어남을 말한다. 주사위를 던져 나오는 숫자는 1, 2, 3, 4, 5, 6 의 6종류이고 각각의 숫자가 나올 확률은 서로 같다고 생각할 수 있으므로 각각의 숫자가 나올 확률은 $\frac{1}{6}$이다. 또, 3의 배수 3, 6이 나올 확률은, $\frac{2}{6} = \frac{1}{3}$이 된다.

일반적으로, 모든 경우의 수를 n, 어떤 일이 일어나는 경우의 수를 k라 하면 확률 P는 $\frac{k}{n}$로 구할 수 있다.

- **mathematical** ~ 수학적 확률
  '표본공간을 이루는 각각의 결과가 일어날 가능성이 같다'라는 가정을 바탕으로 이론적으로 구해지는 확률을 말한다.

- ~ **distribution** 확률분포
  확률변수 X가 취하는 값과 그 값에 대한 확률과의 대응관계를 말한다. 예를 들어, 2개의 주사위의 숫자의 합을 X라 하면 다음과 같은 확률분포를 얻는다.

X	2	3	4	5	6	7	8	9	10	11	12
P	$\frac{1}{36}$	$\frac{2}{36}$	$\frac{3}{36}$	$\frac{4}{36}$	$\frac{5}{36}$	$\frac{6}{36}$	$\frac{5}{36}$	$\frac{4}{36}$	$\frac{3}{36}$	$\frac{2}{36}$	$\frac{1}{36}$

profit
[práfit]

이익 (利益)

수익(收益)에서 그것을 위해 들인 비용을 뺀 잔액을 말한다. 예를 들어, 원가 1,000원의 물건을 1,200원에 팔면 이익은 1,200−1,000＝200원이다.

program
[próugræm]

프로그램, 계획표

계산이나 수식의 처리 절차를 순서를 세워 기록한 것이다. 프로그램을 기록하기 위해 여러 가지 언어가 사용될 수 있다. BASIC, PROLOG, C++ 등은 그 예이다. 언어나 프로그램은 수식의 종류에 의해 달라지는 경우가 있다.

progression
[prəgréʃən]

수열 (數列)

수를 어떤 규칙에 따라 나열한 것을 말한다. 예를 들어, 홀수 odd number의 나열 1, 3, 5, 7, . . . 과 3의 배수의 나열 3, 6, 9, . . . 등이 그 예라 할 수 있다. 열거되어 있는 각각의 수를 항 term이라 한다.

- **arithmetic ~** 등차수열
  전항에 차례로 일정한 수를 더해 얻어지는 수열을 나타낸다. 예를 들면, 1, 4, 7, 10, . . .은 등차수열이며 일정한 두 항 간의 차를 공차 common difference라 한다.

- **geometric ~** 등비수열
  전항에 차례로 일정한 수를 곱해 얻어진 수열을 나타낸다. 예를 들어, 1, 2, 4, 8, . . .은 등비수열이며 일정한 두 항 간의 비를 공비 common ratio라 한다.

projectile
[prədʒéktil]

투사물, 발사체

공중에 던져진 물체를 말한다. 투사물이 그리는 궤적 locus은 포물선 parabola이다. 예를 들어, 높이 100m의 장소에서 가로로 10m/s의 속도로 던져진 물체의 궤도의 방정식은 $x=10t$, $y=100-4.9t^2$ 로 표현된다. 변형해서 $y = 100 - 0.049x^2$ 로 나타낼 수 있다.

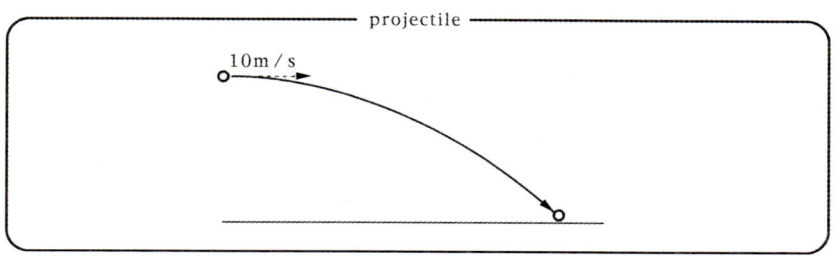

projectile

projection
[prədʒékʃən]

정사영 (正射影), 투영

평면과 광원의 사이에 물체를 놓아두면 평면 위에 물체의 그림자가 생긴다. 그 그림자를 물체의 평면에 대한 정사영 projection이라 한다. 예를 들어, 구의 평면에 대한 정사영은 원 또는 타원이 된다.

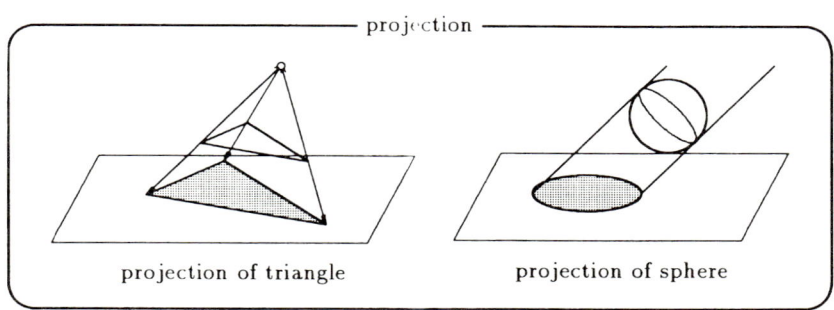

projection

projection of triangle   projection of sphere

projective
[prədʒéktiv]

정사영적인

proof
[pruːf]

증명 (證明)

어떠한 명제가 성립되는 것을 수학적, 논리적으로 보인 것을 말한다.

proper
[prápər]

고유의, 참의

본래의 사물, 진짜의 사물이라는 의미로 이용한다. 또는 어떤 사물의 특유의 성질 등을 나타낼 때도 이용한다.

- **~ value 고유값**

  1차변환 linear transformation f에서 $f(\vec{v}) = k\vec{v}$
  가 성립될 때 k를 f의 고유값 proper value이라 한
  다.

- **~ vector 고유벡터**

  1차 변환 linear transformation f에서 $f(\vec{v}) = k\vec{v}$
  가 성립될 경우, $\vec{v}$를 f의 고유 벡터 proper vector
  라 한다.

proper fraction

진분수 (眞分數)

1보다 작은 분수를 말한다. 예를 들어, $\dfrac{1}{3}$, $\dfrac{5}{8}$ 등은
진분수이다. 진분수의 분자 numerator는, 분모 de-
nominator보다 작다. 1보다 큰 분수는 가분수 impro-
per fraction라 한다.

proper subset

진부분집합

집합 A의 부분집합 subset으로 A 자신과 일치하는
집합을 제외시킨 집합을 말한다. 예를 들어, $A = \{1,$
$2, 3\}$으로 할 경우 A의 부분 집합은 ϕ, $\{1\}$, $\{2\}$,
$\{3\}$, $\{1, 2\}$, $\{2, 3\}$, $\{1, 3\}$, $\{1, 2, 3\}$ 이다. 여기서
$\{1, 2, 3\}$을 제외시킨 나머지가 진부분집합이 된다. 따
라서 A의 부분 집합의 개수는 8개이지만 진부분 집합
의 개수는 7개이다.

property
[prápərti]

성질 (性質), 속성 (屬性)

물체가 갖는 속성이나 속성에 따라 성립되는 성질을 말

한다. 예를 들어, 삼각함수 $y = \sin x$는 $\sin(x+2\pi) = \sin x$라는 성질 property을 갖는다.

proportion
〔prəpɔ́ːrʃən〕

비율, 비, 비례 (比例)

비(比)가 같은 것을 비례 관계에 있다 be in proportion 라고 한다. 예를 들어, 집합 {1, 2, 3}은 집합 {2, 4, 6} 과 비례 관계에 있다. 이는 원소의 비 $1 : 2$, $2 : 4$, $3 : 6$이 전부 같다는 것을 나타낸다. 한편, 변수 x, y가 $x : y = 1 : a$ 또는 $y = kx$로 나타낼 수 있을 때 x, y는 비례관계에 있다고 한다.

- **direct ∼** 정비례(正比例)

  변수 x, y가 비례 관계에 있을 경우 x, y의 관계를 말한다. 특히 정비례 direct proportion를 강조할 필요가 없을 때는 단순히 비례 proportion로 생략해도 좋다. → direct

- **inverse ∼** 반비례(反比例)

  y가 $\frac{1}{x}$와 비례하는 경우에 y는 x에 반비례한다 be in inverse proportion to x라고 말한다. → inverse proportion

proportional
〔prəpɔ́ːrʃənl〕

비례의

- **∼ constant** 비례상수

  y가 x와 비례하고 있을 경우 y의 x에 대한 비 $\frac{y}{x}$는 일정하다. 이 일정한 비를 비례상수 proportional constant, constant of variation라 한다. 비례상수를 k라 하면 $y = kx$로 쓸 수 있다. → direct

- **∼ distribution** 비례 배분

  일정한 양을 주어진 비에 따라 나누는 일을 말한다. → proportional division

proportional division   비례 배분

어떤 일정한 양을 주어진 비에 따라 나누는 일을 말한다. 예를 들어 60을 1 : 2 : 3의 비로 나누면 10, 20, 30이 된다. 이 경우 10 : 20 : 30 = 1 : 2 : 3 이며 $10+20+30=60$이다. 10, 20, 30은 각기 60의 $\frac{1}{6}$, $\frac{2}{6}$, $\frac{3}{6}$ 이다.

같은 방식으로 60을 2 : 3 : 7의 비로 나누려면 divide 60 into three in the proportions 2 : 3 : 7 $2+3+7=$ 12이므로 $60 \times \frac{2}{12} =10$, $60 \times \frac{3}{12} =15$, $60 \times \frac{7}{12} =35$로 나눌 수 있다.

proposition
〔pràpəzíʃən〕

명제 (命題)

prorate
〔prouréit〕

비례배분하다, 분배하다

protractor
〔proutrǽktər〕

각도기

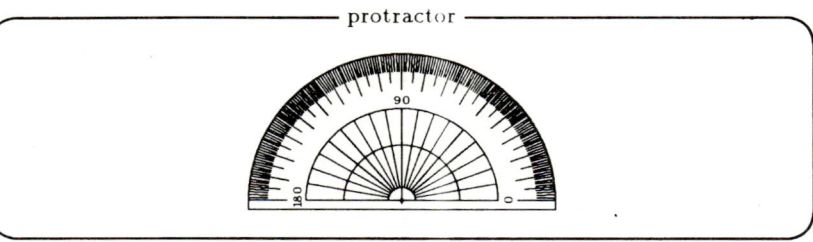

protractor

prove
〔pruːv〕

증명하다
어떠한 명제가 성립하는 것을 수학적, 논리적으로 보이는 demonstrate 것.

pyramid
〔píramìd〕

각뿔, 피라미드
한 개의 다각형과 한 정점을 공유하는 몇 개의 삼각형으로 만들어진 다면체를 말한다. 바꿔 말하면, 각뿔은 한 평면 위의 다각형의 꼭지점과 평면 밖에 있는 한 점을 연결해 만들어진 입체이다. 그 한 개의 다각형을 밑면 base, 삼각형을 측면 face이라 한다. 측면의 공통의 꼭지점을 각뿔의 꼭지점이라 한다. 각뿔의 높이는 꼭지점에서부터 밑면에 내린 수선의 길이이다. 밑면적을 S, 높이를 H라 하면 각뿔의 부피는 $V = S \times H \times \frac{1}{3}$이다.

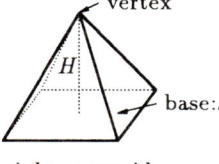

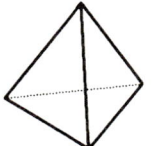

right pyramid
$V = \frac{1}{3}SH$

tetrahedron
pyramid with a triangular base

Pythagorean
〔piθǽgəríːən〕

피타고라스의

■ ~ **number** 피타고라스 수
직각삼각형의 세 변이 되는 정수를 말한다.
= Pythagorean triple

■ ~ **theorem** 피타고라스의 정리

Dictionary of Mathematics for studying abroad

■ ~ triple 피타고라스의 세 수

직각삼각형의 세 변이 되는 세 개의 정수의 쌍을 말
한다. 예를 들어, 3, 4, 5나 5, 12, 13은 피타고라스
의 세 수이다.

Pythagorean theorem 　　피타고라스의 정리

직각 삼각형에서 빗변 hypotenuse의 제곱은 다른 두 변
의 제곱의 합과 같음이 성립하는 것을 말한다. 도형적으
로는 직각 삼각형의 빗변을 한 변으로 하는 정사각형의
면적이 다른 두 변을 각각 한 변으로 하는 정사각형의
면적의 합과 같은 것을 보여 주고 있다.

이 정리를 이용해서 두 점 사이의 거리나 삼각비를 구할
수 있다. 예를 들어, 원점 O origin와 점 $P(12, 5)$ 사
이의 거리는 $\sqrt{12^5+5^2}=\sqrt{169}=13$이다. 일반적으로,
두 점 $(x_1, y_1), (x_2, y_2)$ 간의 거리는

$$\sqrt{(x_2-x_1)^2+(y_2-y_1)^2}$$

로 구할 수 있다.

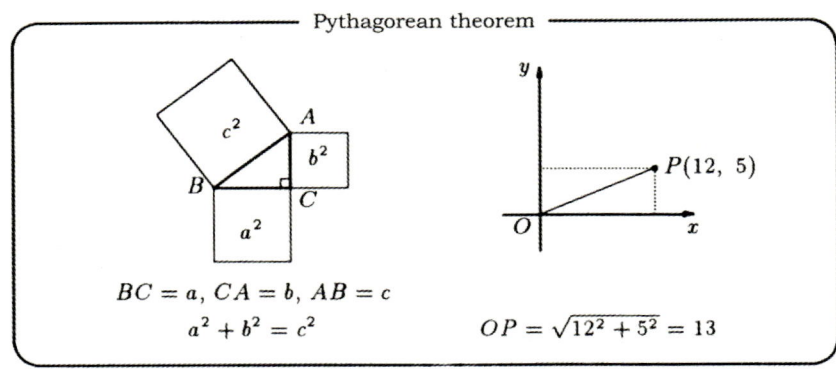

Pythagorean theorem

$BC = a,\ CA = b,\ AB = c$

$a^2 + b^2 = c^2$

$OP = \sqrt{12^2 + 5^2} = 13$

q.e.d.

증명 끝

quod erat demonstrandum 의 약자이다.

quadrangle
〔kwádræŋgl〕

사각형

→ quadrilateral

quadrangular
〔kwadræŋgjulər〕

사각형의

- ~ **number** 4각수
  점 dot을 정사각형 모양으로 나열할 때 점의 개수를 말한다. 1, 4, 9, 16…이다. → **figurate number**

quadrant
〔kwádrənt〕

4분원 ; 사분면

원의 4분의 1을 말한다. 4분원은 중심각이 90°의 부채꼴이다. 또한 좌표평면이 두 개의 축(x축, y축)에 따라 나눠진 네 개의 영역 region 중에 한 부분을 말한다. 단, 좌표축 위의 점은 포함하지 않는 것으로 한다. 특히, 부등식 $x>0$, $y>0$으로 표현되는 사분면을 제 1사분면 first quadrant이라 한다.

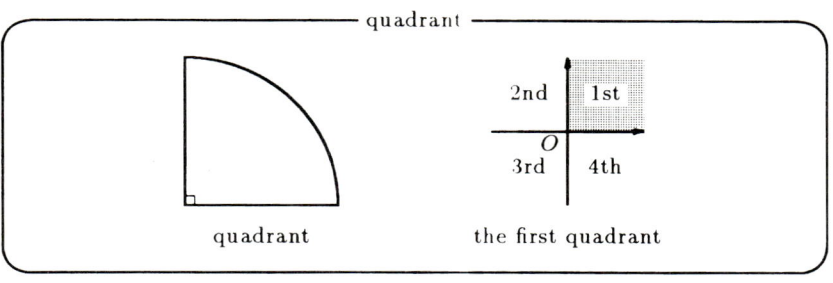

quadrant

2nd | 1st
O
3rd | 4th

quadrant   the first quadrant

quadrate
〔kwádrət〕

정사각형의 ; 정사각형

quadratic
〔kwadrǽtik〕

2차의, 평방의, 제곱의

식에서 최고차 항의 차수가 2인 것을 말한다.

- ~ **curve** 2차 곡선

  2차 방정식으로 나타낸 곡선으로

  원($x^2+y^2=1$), 타원($\dfrac{x^2}{a^2}+\dfrac{y^2}{b^2}=1$), 포물선($y^2=4px$), 쌍곡선($\dfrac{x^2}{a^2}-\dfrac{y^2}{b^2}=1$)이 그 예이다.

- ~ **expression** 2차식

  최고차 항의 차수가 2인 다항식을 말한다.

  $3x^2-5x+2$는 2차식이다.

quadratic equation 2차 방정식

이차식$=0$의 꼴로 나타낼 수 있는 방정식을 말한다. $ax^2+bx+c=0$ (단, $a \neq 0$)이 2차방정식의 일반형이다. 해 root는 인수분해, 근의 공식, 완전제곱식을 이용해서 구할 수 있다.

예를 들어, 방정식 $x^2-3x+2=0$은 $(x-1)(x-2)=0$로 인수분해가 가능하기 때문에 $x-1=0$ 또는 $x-2=0$이 되고 $x=1$ 또는 $x=2$를 얻는다. 위와 같이 일반적으로 $(x-a)(x-b)=0$ 의 해는 $x=a$ 또는 $x=b$이다. 인수분해가 안 되는 경우는 근의 공식을 이용한다.

$ax^2+bx+c=0$의 해는

$$x=\frac{-b \pm \sqrt{b^2-4ac}}{2a}$$

로 주어지기 때문에, $x^2-4x-2=0$의 해는 $a=1$, $b=-4$, $c=-2$를 공식에 대입해서

$$x=\frac{-(-4) \pm \sqrt{(-4)^2-4 \times 1 \times (-2)}}{2 \times 1}=2 \pm \sqrt{6}$$

이다.

근의 공식은, 다음과 같이 완전제곱식의 방법을 사용해서
만든 것으로 계수가 복소수일 때도 해는 구할 수 있다.

$$ax^2 + bx + c = 0$$
$$\therefore\ ax^2 + bx = -c$$
$$\therefore\ x^2 + \frac{b}{a}x = -\frac{c}{a}$$
$$\therefore\ x^2 + \frac{b}{a}x + \left(\frac{b}{2a}\right)^2 = \left(\frac{b}{2a}\right)^2 - \frac{c}{a}$$
$$\therefore\ \left(x + \frac{b}{2a}\right)^2 = \frac{b^2 - 4ac}{(2a)^2}$$
$$\therefore\ x + \frac{b}{2a} = \pm\frac{\sqrt{b^2 - 4ac}}{2a}$$
$$\therefore\ x = \frac{-b \pm \sqrt{b^2 - 4ac}}{2a}$$

공식에서 근호 root 안의 식 $b^2 - 4ac$를 D라 했을 때
이 값이 양수 positive일 경우, 2차 방정식의 해는 두 개
의 실수 real roots가 되고 $D=0$인 경우, 한 개의 실수
즉, 중근 equal root이 되며 $D < 0$인 경우, 두 개의 허
수 imaginary roots가 된다. 여기서 D를 방정식의 판
별식 discriminant이라 한다. → **discriminant**
예를 들면, $x^2 - 2x + 2 = 0$은

$$x = \frac{2 \pm \sqrt{4-8}}{2} = 1 \pm \sqrt{-1} = 1 \pm i$$

으로 서로 다른 두 허근을 갖는다.

quadrilateral
〔kwàdrəlǽtərəl〕

사변형, 사각형
네 개의 변을 갖는 모든 다각형을 말한다. 사변형은 한
개의 대각선에 의해 두 개의 삼각형으로 나눠지므로 내
각의 합은 $180° \times 2 = 360°$ 이다. 마주 보는 각 opposite
angles의 합이 $180°$인 경우, 이 사각형은 원에 내접한
다. 사각형의 종류에는 다음과 같은 것들이 있다.

Dictionary of Mathematics for studying abroad

다각형	성질
사다리꼴(trapezoid(미), trapezium(영))	1쌍의 대변이 평행
등변사다리꼴 (isosceles trapezoid)	1쌍의 대변이 평행하고 나머지 두 변의 길이가 같다.
연모양 (kite)	이웃한 두 쌍의 변의 길이가 같다.
평행사변형 (parallelogram)	2쌍의 대변이 평행하다.
마름모 (rhombus)	4변의 길이가 같다.
직사각형 (rectangle)	4각이 90°로 같다.
정사각형 (square)	4변의 길이가 같고 4각의 크기가 같다.

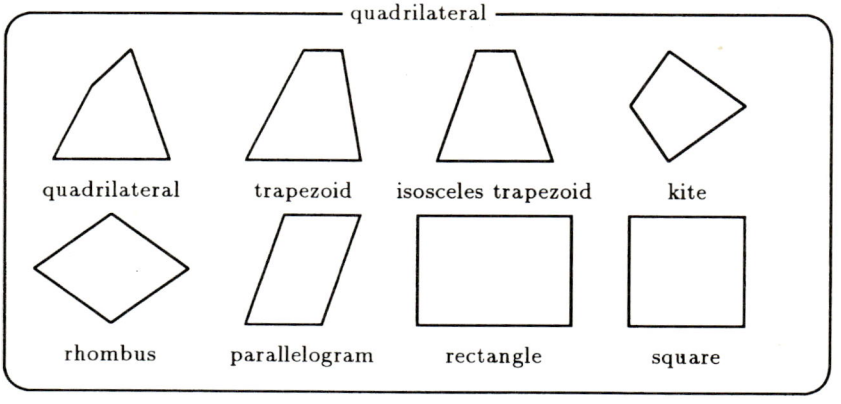

quadrilateral

quadrilateral trapezoid isosceles trapezoid kite

rhombus parallelogram rectangle square

quarter
〔kwɔ́:rtər〕

4분의 1, 15분 (分)

quartic
〔kwɔ́:rtik〕

4차의

최고차항의 차수가 4인 것을 말한다.

- **~ equation** 4차 방정식
  최고차항의 차수가 4차인 방정식을 말한다.
  $x^4 - 4x^3 + 2x^2 - 5x + 6 = 0$은 4차 방정식이다.

- **~ function** 4차 함수
  4차 다항식으로 나타내어진 함수를 말한다.

$$y=x^4-1$$은 4차 함수이다.

quartile
〔kwɔ́ːrtail〕

4분위 (4分位), 4분위수 (4分位數)
자료를 크기 순으로 나열할 경우 그 수량으로 보아 아래부터 4분의 1의 위치에 있는 값을 아래 4분위수 first quartile, 위부터 4분의 1의 위치에 있는 값을 위 4분위수 third quartile, 중앙의 값을 중앙값 median, second quartile이라 한다. 이들 세 개의 값을 4분위수 quartile라 하며 도수분포표 frequency table, 누적도수분포표 cumulative frequency table, 누적도수분포곡선 cumulative frequency graph, ogive을 이용해서 구할 수 있다. 예를 들면, 누적도수분포곡선의 도수의 축을 4등분하는 점에 대응하는 자료의 값을 그래프에서 찾으면 그것이 4분위수이다.

quintic
〔kwíntik〕

5차의
최고차항의 차수가 5차인 식을 5차식이라 하고 5차식=0의 꼴로 나타낼 수 있는 방정식을 5차방정식 quintic equation이라 한다. $x^5-4x+3=0$은 5차식 방정식이다.

quotient
〔kwóuʃənt〕

몫
나눗셈의 결과를 말한다. 예를 들면, 6÷2의 몫은 3이고 5÷3은 $\frac{5}{3}$ 또는 $1\frac{2}{3}$이다. 정수의 범위에서 계산한 경우는 정수값을 몫으로 하고 나눌 수 없는 부분을 나머지로 한다. 예를 들면, 5÷3의 몫은 1이고 나머지는 2이다. 이 경우, 5=3×1+2라 쓸 수 있다. 일반적으로, $A÷B$의 몫을 Q, 나머지를 R이라 하면, $A÷B=Q$ 나머지 R ⟺ $A=B×Q+R$이다.

radial
〔réidiəl〕

반지름의, 방사형의

radian
〔réidiən〕

라디안, 호도 (弧度)

반지름이 1인 원에서 회전각에 해당하는 호의 길이로써 각도를 측정하는 것. 반지름 r인 원에서 원주 위에 길이 r인 원호(圓弧)를 잡았을 때 중심각의 크기를 1라디안 또는 1호도라 한다. 이때, 중심각 180°에 대한 호의 길이는 πr이기 때문에 180°는 $\pi r \div r = \pi$ 라디안이 된다. 따라서, 60분법과 호도법의 환산은 $1° = \dfrac{\pi}{180}$ 라디안을 이용한다.

예를 들면, 60°는 $\dfrac{\pi}{180} \times 60 = \dfrac{1}{3}\pi$ 라디안이다.

중요한 각의 환산표는 다음과 같다.

60분법	30	45	60	90	120	180	360
호도법	$\dfrac{\pi}{6}$	$\dfrac{\pi}{4}$	$\dfrac{\pi}{3}$	$\dfrac{\pi}{2}$	$\dfrac{2\pi}{3}$	π	2π

radical
〔rǽdikəl〕

근 (根) 의, 제곱근의

방정식 $x^n = a$ 의 근을 정수 a의 n제곱근 n th root 또는 누승근(累乘根: 거듭제곱근) radical root이라 하고 $\sqrt[n]{a}$ 로 나타낸다. 이때, $\sqrt[n]{}$ 를 근호 radical sign 라 한다. → n th root

또한, 근호 안에 변수를 포함하는 방정식을 무리방정식 radical equation이라 한다. 예를 들면, $\sqrt{x-1} = 3$ 은 무리방정식이다.

radius
〔réidiəs〕

반지름

원 circle, 구 sphere의 중심과 원주(구면) 위에 점을 연결한 선분 또는 그 길이를 말한다. 반지름을 r로 하는 원의 면적은 πr^2, 원주의 길이는 $2\pi r$이다. 또한, 반지름이 r일 때 구의 부피는 $\frac{4}{3}\pi r^3$, 구면의 넓이는 $4\pi r^2$이다.

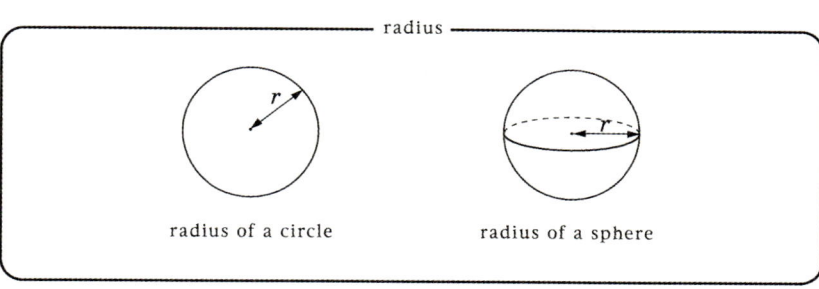

radius

radius of a circle   radius of a sphere

random
[rǽndəm]

무작위(無作爲)의 ; 치우치지 않은

정해진 것이 아니고 임의로 고르는 것을 말한다. 확률적으로 고르게 일어난다는 뜻도 있다.

- ~ **number** 난수(亂數)

  0부터 9까지의 수 중 무작위로 뽑히는 수를 말한다. 난수를 얻기 위해 정20면체의 20개의 면에 0부터 9까지의 수를 한 개씩 2번 쓴 주사위를 던지는 간단한 방법도 있다.

- ~ **sample** 무작위 표본

  임의로 시행을 반복해 갈 때의 결과를 말한다. 예를 들면, 주사위를 n회 던져 얻어질 수 있는 결과 x_1, $x_2 \dots x_n$ 을 무작위 표본이라 말할 수 있다.

range
[reindʒ]

범위, 치역(値域)

수와 수 사이의 구간이나 길이를 말한다. 통계에서는 자료의 최대값과 최소값의 차 difference를 나타내기도 한다.

- ~ of function 함수의 치역

  함수 f에서 얻을 수 있는 값의 집합을 말한다.

  $\rightarrow$ image

- ~ of values 값의 범위

  예를 들면, '함수 $y = x^2$의 그래프를 $0 < x < 1$의 범위에서 나타내시오.' Draw the graph of $y = x^2$ using 0 to 1 as the range of values for x.처럼 일정한 값의 범위를 말한다.

rank
〔ræŋk〕

계수 (階數), 등급

$\rightarrow$ rank of matrix

rank of matrix

행렬의 계수 (階數)

주어진 행렬 matrix에서 행렬식 determinant이 0이 아닌 정사각행렬 square matrix의 최대 차수값을 말한다.

예를 들면, 행렬 $\begin{pmatrix} 1 & 2 \\ 2 & 5 \end{pmatrix}$의 행렬식은 $1 \times 5 - 2 \times 2 = 1$이기 때문에 계수 rank는 2이다.

행렬 $\begin{pmatrix} 1 & 2 \\ 4 & 8 \end{pmatrix}$의 행렬식은 $1 \times 8 - 2 \times 4 = 0$ 이기 때문에 계수 rank는 1이 된다.

rank order

순위

자료를 크기 순으로 열거할 때, 한 개의 자료의 위치를 말한다.

rate
〔reit〕

비율, 율

어떤 값의 다른 값에 대한 상대적인 크기를 말한다.

예를 들면, 속도는 시간에 대한 거리 변화의 비율 the rate of change of distance with respect to time이다. 또한 연이율이 4%라 하는 것은 1년 동안 원금 principal 100원에 대해 4원의 이자 interest가 붙는 것을 말한다.

ratio
[réiʃou]

비 (比)
비교에 의해 두 개의 수나 양의 상대적인 크기를 나타낸 것이다. 예를 들면, 20과 30의 비 ratio는 2 : 3이 된다. 또한, 앞의 수를 뒤의 수로 나눈 몫 quotient $\frac{2}{3}$ 도 비 ratio라 할 수 있다. **ratio** 는 흔히 '당(當)'의 크기를 표현하는 데 쓰인다.

- **common ~** 공비
  등비수열 geometric progression에서 두 항 사이의 공통된 비를 말한다.
  → geometric progression

- **continued ~** 연비
  3개 이상의 수의 비(比)를 말한다. 예를 들면, $a : b = 1 : 2$, $b : c = 4 : 9$ 의 경우 $a : b : c = 2 : 4 : 9$라 쓸 수 있으며 이를 연비라 한다.

- **similitude ~** 닮음비
  두 개의 서로 닮은 도형에서 대응하는 변끼리의 길이의 비(比)를 말한다.

rational
[ráʃənl]

유리 (有理) 의, 유리수 (有理數) 의
분수로 나타낼 수 있는 성질의 것으로, 유리수 rational number, 유리식 rational expression, 유리 함수 rational function 등이 있다. → rational number

■ ~ expression 유리식

$\dfrac{\text{다항식}}{\text{다항식}}$ 의 형태로 쓸 수 있는 식을 말하고 $\dfrac{x^2+1}{x-1}$

는 유리식이다. 유리식의 계산은 분수의 계산과 같다. 예를 들어,

$$\frac{x-1}{x^2-1} = \frac{x-1}{(x-1)(x+1)} = \frac{1}{x+1}$$

$$\frac{x-1}{x+1} \times \frac{x+1}{x-2} = \frac{(x-1)(x+1)}{(x+1)(x-2)} = \frac{x-1}{x-2}$$

$$\frac{1}{x-1} + \frac{1}{x+1} = \frac{(x+1)+(x-1)}{(x-1)(x+1)} = \frac{2x}{x^2-1}$$

이다.

■ ~ function 유리 함수

유리식으로 표시되는 함수를 말한다. 예를 들어,

$y = \dfrac{x+1}{x-1}$ 는 유리함수이다. 이 함수는 $y = \dfrac{2}{x-1} + 1$

라고 쓸 수 있고 쌍곡선 hyperbola $y = \dfrac{2}{x}$ 의 그래프

를 x 축 방향으로 1, y 축 방향으로 1 만큼 평행이동 translation한 것이다.

rational number **유리수 (有理數)**

정수의 비로 표현 가능한 수를 말한다. $\dfrac{2}{3}$, $-\dfrac{1}{5}$ 등은

유리수이다. 소수 decimal 0.25는 $\dfrac{1}{4}$ 이라고 쓸 수 있

기 때문에 유리수이다. 또한, 순환소수 recurring decimal $0.\dot{1}\dot{2}$도 $\dfrac{12}{99} = \dfrac{4}{33}$ 으로 쓸 수 있기 때문에 유리

수이다. 일반적으로 유한소수 finite decimal와 순환소수는 유리수이다. 그러나 $\sqrt{2}$, $\sqrt{3}$ 등은 분수로 표현할

수 없기 때문에 무리수 irrational number라 한다.

rationalization
[ræʃənəlizéiʃən]

유리화(有理化)

식을 변형해서 식 안의 근호를 벗기는 것을 말한다. 특히, 분모에 근호가 있는 분수에서 그 근호를 제거하는 것을 분모의 유리화 rationalization of denominator 라고 한다.

예를 들어,

$$\frac{1}{\sqrt{5}} = \frac{1 \times \sqrt{5}}{\sqrt{5} \times \sqrt{5}} = \frac{\sqrt{5}}{5}$$

이다.

또한, $(a+b)(a-b) = a^2 - b^2$ 인 것을 사용하여,

$$\frac{1}{\sqrt{3}+\sqrt{2}} = \frac{\sqrt{3}-\sqrt{2}}{(\sqrt{3}+\sqrt{2})(\sqrt{3}-\sqrt{2})}$$

$$= \frac{\sqrt{3}-\sqrt{2}}{\sqrt{3}^2 - \sqrt{2}^2} = \frac{\sqrt{3}-\sqrt{2}}{3-2} = \sqrt{3}-\sqrt{2}$$

로 변형 가능하다.

rationalize
[ræʃənəlàiz]

유리화하다 → rationalization

ray
[rei]

반직선

한 점을 시작점으로 하여 무한히 뻗어나간 직선을 말한다. → half line

ready reckoner
[rédi rékənər]

계수 조견표, 계산 조견표

미리 계산된 값을 표로 나타낸 것을 말한다. 구하는 값을 직접 표에서 알아낼 수 있고, 표의 값을 조작하여 간단히 필요한 값을 얻을 수 있다.

real
[ríːəl]

실수 (實數) 의 → real number

■ ~ axis 실수축
복소평면 complex plane에 있어서 실수를 나타내는 가로축을 말한다. → complex number

Dictionary of Mathematics for studying abroad

- ~ part 실수부

  복소수의 실수 부분을 말한다. → complex number

- ~ root 실근, 실수해

  방정식의 실수해를 말한다. 예를 들어, 2차 방정식 $x^2-2x-3=0$은 실수해 $x=-1$, 3을 가진다. 2차 방정식 $ax^2+bx+c=0$ 은 판별식 discriminant의 값이 양수 positive 또는 0일 때, 실수해를 가진다. → quadratic equation

real number

실수 (實數)

유리수 rational number, 무리수 irrational number 를 합쳐서 실수 real number라고 한다. 실수는 수직선 상의 점과 1대 1로 항상 대응이 가능하며 연속적 continuous이다.

실수에서는 임의의 두 수 a, b에 대해서 $a>b$, $a=b$, $a<b$인 대소관계가 결정되고, 또한 모든 실수에 대해서 $x^2 \geq 0$이 성립한다.

real valued

실수값의

실수값을 얻을 수 있는 함수를 실수값 함수 real valued function라고 한다.

reasoning
〔ríːzəniŋ〕

추론, 추리

reciprocal
〔risíprəkəl〕

상반 (相反) 의, 상호의 ; 역수 (逆數)

곱셈에 관한 역원 inverse을 말한다. $nx=1$일 때 $x=\dfrac{1}{n}$이고, 따라서 n의 역수는 $\dfrac{1}{n}$이다. 이처럼 2,

$\dfrac{1}{3}$, $\dfrac{4}{5}$의 역수는 각각 $\dfrac{1}{2}$, 3, $\dfrac{5}{4}$이다.

- ∼ **equation** 상반방정식

$x^4 - 2x^3 - x^2 - 2x + 1 = 0$ 과 같이 기준항, 여기서는 x^2항을 기준으로 계수가 좌우 대칭인 방정식을 말한다.

이 방정식을 풀기 위해서는 먼저 양변을 x^2으로 나누면,

$$x^2 - 2x - 1 - 2\dfrac{1}{x} + \dfrac{1}{x^2} = 0$$

$$\left(x^2 + \dfrac{1}{x^2}\right) - 2\left(x + \dfrac{1}{x}\right) - 1 = 0$$

$$\left(x + \dfrac{1}{x}\right)^2 - 2\left(x + \dfrac{1}{x}\right) - 3 = 0$$

이제, $x + \dfrac{1}{x} = t$ 라고 두면,

$t^2 - 2t - 3 = 0$ 이 되고

이것을 풀면 $t = 3, -1$이다. 따라서, $x + \dfrac{1}{x} = 3, -1$

이고 양변에 x를 곱하면,

$x^2 - 3x + 1 = 0$, $x^2 + x + 1 = 0$

이 되기 때문에,

$x = \dfrac{3 \pm \sqrt{5}}{2}, \dfrac{-1 \pm \sqrt{3}i}{2}$ 이다.

- ∼ **proportion** 반비례

y가 $\dfrac{1}{x}$에 비례할 때 y는 x에 반비례 reciprocal proportion한다고 말한다.

→ inverse proportion

■ ~ **ratio** 반비(反比), 역비(逆比)

전항과 후항을 바꾸었을 때의 비를 말한다. 예를 들어, 2 : 3의 역비는 3 : 2이다. 2, 3의 역수는 $\frac{1}{2}$, $\frac{1}{3}$이고 $\frac{1}{2} : \frac{1}{3} = 3 : 2$이므로 역비는 '역수의 비'라고 말할 수 있다.

rectangle
[réktæŋgl]

직사각형

모든 각이 똑같이 90°인 사각형 quadrilateral을 말한다. 직사각형은 평행사변형의 특별한 경우로써 '대각선의 길이가 같다' 라는 성질 property을 가진다. 또한, 4변의 길이가 같은 직사각형은 정사각형 square이다.

rectangle numbers   **직사각형 수**

점 dot을 직사각형 모양으로 배열할 때 점 dot의 개수를 말한다. $n = a \times b$라고 하면 가로 a개, 세로 b개의 직사각형 모양으로 배열할 수 있기 때문에 합성수 composite number는 직사각형수이다. 그에 비해, 1이나 소수(素數)는 1열 밖에 나열할 수 없기 때문에 직사각형수가 아니다.

rectangular
[rektæŋgjulər]

직사각형의, 직각의

■ ~ **coordinates** 직교좌표

좌표축 axis이 직교 orthogonal하고 있는 데카르트 좌표 Cartesian coordinates를 말한다.

→ Cartesian coordinates

■ ~ **equilateral triangle** 직각 이등변삼각형

두 변의 길이가 같고 그 사이의 끼인 각의 크기가 직각인 삼각형을 말한다. 직각 이등변삼각형의 직각이

아닌 두 각은 모두 45°이다.

■ ~ **solid** 직사각형 입체
모든 면이 직사각형인 입체를 말한다. → cuboid

■ ~ **triangle** 직각삼각형
한 각이 직각인 삼각형을 말한다. 직각삼각형에 관해서 피타고라스의 정리가 성립된다.
→ Pythagorean theorem

rectangular prism **직각기둥**

밑면 base이 직사각형인 기둥 prism을 말한다. 직육면체 cuboid와 같은 말이다.

rectilinear
〔rèktəlíniər〕

직선적인
직선 위를 움직이는 물체의 운동을 직선 운동 rectilinear motion이라 한다. 또한, 도형이 직선으로 구성되어 있을 때를 말하기도 한다.

recur
〔rikə́ːr〕

순환 (循環) 하다, 돌아오다

recurrence
〔rikə́ːrəns〕

순환 (循環), 반복, 재귀
반복하거나 자기 자신으로 돌아오는 경우를 말한다. 예를 들면, 수열이 $\{a_n\}$이 $a_1=1$, $a_{n+1}=2a_n+1$로 정의 될 때, a_3는 $a_3=2a_2+1$로 주어지지만 a_2의 값이 필요하다. 그런데, a_2의 값은 주어진 식을 사용해서 $a_2=2a_1+1=3$이 되고, 다시 사용해서 $a_3=2\times3+1=7$로 구할 수 있다. 이처럼 몇 번이나 자기 자신을 정의하고 있는 식으로 돌아오는 것을 재귀 recurrence라고 말하고, 이렇게 정의된 식을 점화식 recurrence formula이라고 한다.

recurring decimal **순환소수**

소수점 이하에 있는 특정한 숫자가 무한히 반복되는 소수를 말한다. 예를 들어, $\dfrac{1}{3}$을 소수로 하면 $0.33333\ldots$이 되고 소수점 이하로 3이 무한히 반복되는 소수가 된다. 또한, $\dfrac{4}{33}=0.121212\ldots$도 순환소수 recurring decimal의 예이다. 순환소수는 순환하는 숫자 위 또는 양끝에 점을 붙여 $0.\dot{3}$, $0.\dot{1}\dot{2}$처럼 표현한다. $0.\dot{1}=\dfrac{1}{9}$, $0.\dot{0}\dot{1}=\dfrac{1}{99}$, $0.\dot{0}0\dot{1}=\dfrac{1}{999}$으로 순환소수는 분수로 고칠 수 있다.

예를 들어,

$$0.1\dot{1}0\dot{2}=0.1+0.0\dot{1}0\dot{2}$$
$$=\dfrac{1}{10}+\dfrac{1}{10}\times\dfrac{102}{999}$$
$$=\dfrac{1}{10}+\dfrac{102}{9990}$$
$$=\dfrac{367}{3330}$$ 이다.

recurring formula **점화식 (漸化式)**

수열의 몇 개 항의 값에서 다음 항의 값을 구할 수 있는 규칙을 나타낸 식을 말한다. 즉, 항의 값을 차례대로 대입함으로써 수열을 정의하는 식을 말한다. 예를 들어, 점화식 $a_1=1$, $a_{n+1}=a_n+3$에 의해, $a_2=a_1+3=1+3=4$, $a_3=a_2+3=4+3=7,\cdots$ 처럼 수열 $\{1,\ 4,\ 7,\ 10,\cdots\}$이 정의된다. → **recurrence**

점화식 $a_1=2$, $a_{n+1}=2a_n-1$에서 정의되는 수열의 일반항 a_n은 다음과 같이 방법으로 구해진다. 양변에

서 특성근 characteristic root 1을 빼면

$$a_{n+1} - 1 = 2(a_n - 1)$$

여기서 $b_n = a_n - 1$로 두면

$b_1 = 1$, $b_{n+1} = 2b_n$ 이다.

따라서, b_n 은 등비수열 geometric progression이 되고 $b_n = 2^{n-1}$ 이 된다. 그러므로, $a_n = 2^{n-1} + 1$ 을 얻게 된다. → **characteristic**

reduce
〔ridjúːs〕

약분하다

reduction
〔ridʌ́kʃən〕

약분 (約分)

reentrant
〔riːéntrənt〕

요각의 ; 요각다각형 ; 요각

하나의 내각이 180° 보다 큰 다각형을 말한다. 또한 다각형에서 180° 보다 큰 내각을 말하기도 한다.

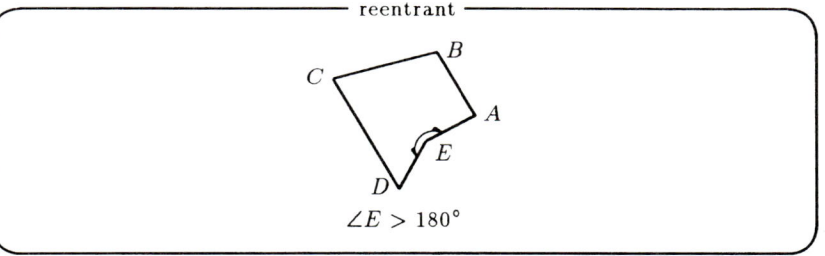

reentrant

∠E > 180°

reflection
〔riflékʃən〕

반사, 반전, 거울상, 뒤집기

도형을 거울에 비추어 생기는 도형으로 변형하는 것 또는 그 도형을 말한다. 평면 상에서 도형의 거울상은, 1개의 직선을 중심으로 해서 도형을 접는 것으로 얻을 수 있다. 원래의 도형과 그 거울상은 직선에 관해서 대칭이

고 대응하는 점을 연결하는 선분은 직선에 수직이며 중점이 직선 위에 있다. 공간도형의 거울상은 원래의 도형과 평면에 대하여 대칭인 도형이다. → line symmetry, plane symmetry

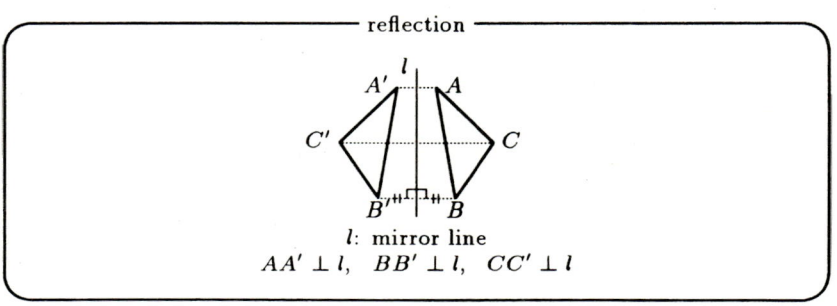

reflection

l: mirror line
$AA' \perp l$, $BB' \perp l$, $CC' \perp l$

reflex angle
[ríːfleks ǽŋgl]

우각 (優角)
180° 보다 크고 360° 보다 작은 각도를 말한다.

reflexive
[rifléksiv]

반사적인
어떤 집합의 원소 사이에 정의된 관계 relation에 관하여 '모든 원소 a에 대해서 $a \sim a$가 성립될 때' 관계 $\sim$ 는 반사적 reflexive이라고 한다. 예를 들어, 관계 $=$ 는 모든 수 a에 대해서 $a=a$가 성립되기 때문에 반사적이다. 또한, 정수 a가 정수 b로 나누어질 때 $a \mid b$로 쓰기로 하면 a는 a 자신으로도 나누어지므로 $a \mid a$ 성립되고 관계 $\mid$ 는 반사적이다. 그러나 $a \not> a$ 이므로 대소 관계 $>$ 는 반사적이 아니다.

region
[ríːdʒən]

범위 (範圍), 영역 (領域)
평면 내의 직선이나 곡선에 의해 나누어지는 평면의 일부분을 말한다.
예를 들어, 직선에 의해 평면은 두 개의 영역(직선의 양쪽)으로 나누어지고 원 circle이나 타원 ellipse과 같은 폐곡선 closed curve에 의해서도 평면은 두 개의 영역 (선의 내부와 외부)으로 나누어진다.

영역은 부등식을 사용하여 나타낼 수 있다. 부등식 $y > 2x+3$은 직선 $y=2x+3$의 상부를 나타내고 부등식 $x^2+y^2 < 4$는 원점을 중심으로 한 반지름이 2인 원의 내부를 나타낸다.

- **negative** ~ 음(陰)의 영역

  x, y에 관한 식 $f(x, y)$의 값을 음으로 하는 점의 집합을 말한다. 원의 내부는 예컨대 $x^2+y^2-4 < 0$이라고 쓸 수 있기 때문에 x^2+y^2-4는 음의 영역이다. 음의 영역은 $f(x, y) < 0$ 으로 표시된다.

- **positive** ~ 양(陽)의 영역

  식 $f(x, y)$의 값을 양으로 하는 점의 집합을 말한다. 부등식 $y > 2x+3$은 $y-2x-3 > 0$ 이라고 쓸 수 있기 때문에 $y-2x-3$은 양의 영역이다. 양의 영역은 $f(x, y) > 0$ 으로 표시된다.

regular
[régjulər]

정칙 (正則) 의, 정규 (正規) 의

- ~ **matrix** 정칙행렬

  행렬식이 0이 아닌 행렬을 말한다. 정칙행렬이 아닌 행렬을 비정칙행렬 singular matrix이라고 한다.

  정칙행렬 $A = \begin{pmatrix} a & b \\ c & d \end{pmatrix}$ 는 역행렬 inverse matrix A^{-1}을 가지고, $A^{-1} = \dfrac{1}{ab-bc} \begin{pmatrix} d & -b \\ -c & a \end{pmatrix}$ 이다.

  → **matrix**

  방정식 $\begin{cases} x+2y=5 \\ 2x+3y=8 \end{cases}$ 은 행렬을 사용하여,

Dictionary of Mathematics for studying abroad

$\begin{pmatrix} 1 & 2 \\ 2 & 3 \end{pmatrix}\begin{pmatrix} x \\ y \end{pmatrix} = \begin{pmatrix} 5 \\ 8 \end{pmatrix}$ 이라고 쓸 수 있다. 행렬 $\begin{pmatrix} 1 & 2 \\ 2 & 3 \end{pmatrix}$ 은 정칙행렬이므로 역행렬이 존재하며,

$\begin{pmatrix} 1 & 2 \\ 2 & 3 \end{pmatrix}^{-1} = \begin{pmatrix} -3 & 2 \\ 2 & -1 \end{pmatrix}$ 이다.

이 행렬을 양쪽에 곱하면,

$$\begin{pmatrix} -3 & 2 \\ 2 & -1 \end{pmatrix}\begin{pmatrix} 1 & 2 \\ 2 & 3 \end{pmatrix}\begin{pmatrix} x \\ y \end{pmatrix} = \begin{pmatrix} -3 & 2 \\ 2 & -1 \end{pmatrix}\begin{pmatrix} 5 \\ 8 \end{pmatrix}$$

$$\begin{pmatrix} x \\ y \end{pmatrix} = \begin{pmatrix} 1 \\ 2 \end{pmatrix}$$

을 얻는다.

■ ～ **triangle** 정삼각형
　→ **equilateral triangle**

■ ～ **polygon** 정다각형(正多角形)
　모든 변의 길이가 같고, 모든 각의 크기가 같은 다각형.
　n각형의 내각의 합이 $(n-2) \times 180°$ 이므로, 정 n각
　형의 1개의 내각은 $\dfrac{n-2}{n} \times 180°$이다.

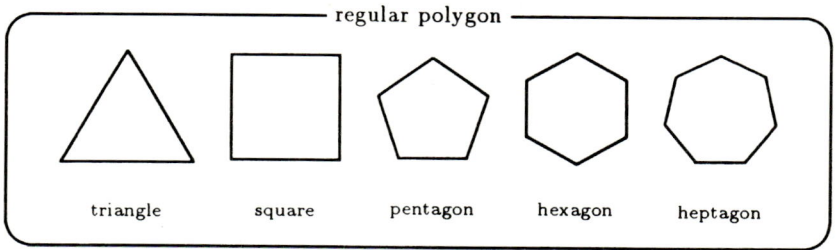

regular polygon

triangle　　square　　pentagon　　hexagon　　heptagon

regular polyhedron　정다면체 (正多面體)

모든 면이 정다각형인 다면체를 말한다. 정다면체는 정
사면체 regular tetrahedron, 정육면체 cube, 정팔면체
regular octahedron, 정12면체 regular dodecahed-
ron, 정20면체 regular icosahedron의 5종류 밖에 존

재하지 않는다.

면의 수	명칭	면의 형태
4	tetrahedron	정삼각형 equilateral triangle
6	cube	정사각형 square
8	octahedron	정삼각형 equilateral triangle
12	dodecahedron	정오각형 regular pentagon
20	icosahedron	정삼각형 equilateral triangle

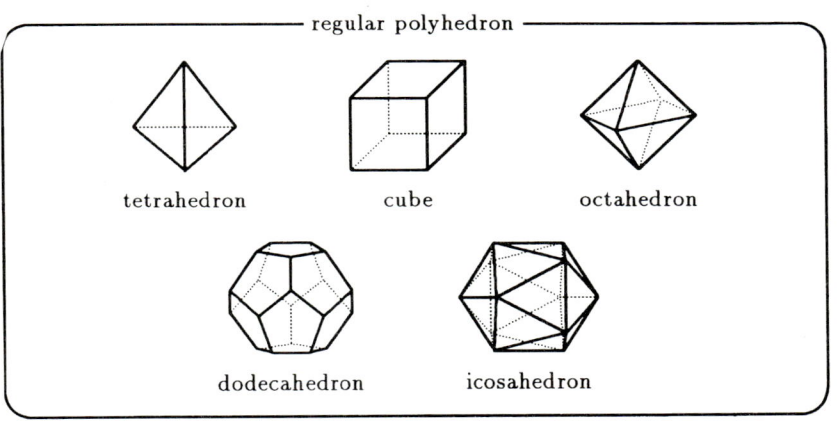

— regular polyhedron —

tetrahedron   cube   octahedron

dodecahedron   icosahedron

relation
〔riléiʃən〕

관계, 관련

'a가 b보다 크다' 혹은 '$a > b$'는 하나의 관계이다. 이처럼 원소 a, b 상호간에 맺고 있는 성질을 이들 사이의 관계라고 한다.

관계를 맺고 있는 2개의 순서쌍 (a, b)를 모두 모으면 하나의 집합이 생긴다. 역으로 순서쌍 ordered pair의 집합을 정하면, 이에 따라 하나의 관계가 정해질 수 있다 (순서쌍 (a, b)가 그 집합에 속할 때, 'a와 b에는 그 관계가 있다'라고 말한다).

특히, 두 개의 원소 사이의 관계를 이항 관계 binary relation라고 한다. '＝(같다)', '∈(포함된다)', '∥(평행)'

등은 이항 관계의 예이다.

relationship
〔riléiʃənʃip〕

관계식 (關係式), 관련식

관계 relation를 정의하는 기술이나 식을 말한다. '보다 크다', '친구이다' 등은 각각 2개의 숫자 사이의 관계, 두 사람 사이의 관계를 나타낸다.

relative
〔rélətiv〕

상대적 (相對的) 인

relative frequency

상대 도수 (相對度數), 상대 빈도 (相對頻度)

도수를 자료의 합으로 나눈 것. 즉, 도수 전체 대한 개별 도수의 비율을 말한다. 다음 표는 어떤 테스트의 득점 도수와 상대도수의 표이다. 예를 들어, 50점 대의 상대도수는 도수 12를 도수의 합인 50으로 나누어 $12 \div 50 = 0.24$ 를 구한다. 상대 도수의 합계는 1이다.

— relative frequency —

도수분포표

계급	도수	상대도수
20 ~ 29	2	0.04
30 ~ 39	2	0.04
40 ~ 49	6	0.12
50 ~ 59	12	0.24
60 ~ 69	12	0.24
70 ~ 79	8	0.16
80 ~ 89	5	0.1
90 ~ 99	3	0.06
합 계	50	1

remainder
〔riméindər〕

나머지

나눗셈을 했을때, 다 나누어지지 않고 남은 부분.

예를 들어, $7÷2$의 몫 quotient은 3이고 나머지 remainder는 1이다. 이때, '$7÷2=3$ 나머지 1'로 쓴다. 나머지는 제수 divisor보다 작다.

$A÷B=Q$ 나머지 R일 때, $A=B×Q+R$이라고 쓸 수 있다.

remainder theorem 나머지 정리

다항식의 나눗셈에 관해 성립하는 나머지 정리를 말한다. 다항식 $F(x)$를 $x-a$로 나눈 나머지는 $F(a)$이다.

$F(x)÷(x-a)=Q(x)$ 나머지 R이라고 하면,

$F(x)=(x-a)×Q(x)+R$로 쓸 수 있다.

여기서, 나머지 R은 제수 divisor의 $x-a$ 보다 차수가 낮기 때문에 상수이다.

이 식의 양변에 $x=a$를 대입하면,

$F(a)=(a-a)Q(a)+R=R$이다.

예를 들어, x^2+2x-4를 $x-1$로 나누면 나머지는 $1^2+2×1-4=-1$이다. 실제로 나눗셈을 해 보면, $(x^2+2x-4)÷(x-1)=x+3$ 나머지 -1이 되는 것을 알 수 있다.

repeated root
[ripíːtid ru(ː)t]

중근 (重根)

2차 이상의 방정식이 2개 이상의 같은 근을 가질 때를 말한다. 예를 들어, $(x-1)^2=0$의 근은 $x=1$로서 중근이 된다. 이 경우, 판별식은 0이다.

repeating decimal
[ripíːtiŋ désəməl]

순환소수

→ recurring decimal

residue
[rézədjùː]

잉여

나머지 remainder라고도 한다. 예를 들어, 정수를 5로 나누는 경우를 생각하면 {6, 11, 16,....}의 경우, 나머지

는 모두 1이 된다. 이것들을 나머지에 대해 같은 것으로 생각하여, 나머지가 1인 부류 residue class 1 라고 한다. 이렇게 하여 0의 나머지류(類) {0, 5, 10, …}, 2의 나머지류 {2, 7, 12, …} 등이 생긴다. 5로 나눌 때 각각의 나머지류를 0, 1, 2, 3, 4로 나타내면 5를 법으로 하는 합동산법 arithmetic modulo 5이 생긴다.
→ modulo

resolution
〔rèzəlúːʃən〕

분해 (分解)

resolve
〔rizálv〕

분해하다

벡터 vector를 힘 force과 속도 velocity의 합으로 나타내는 것을 말한다. 예를 들어, 빗면 상에 둔 물체에는 수직 방향으로 중력이 가해지고 물체는 빗면을 따라 미끄러져 내려간다. 이때 중력은 빗면을 누르는 힘과 빗면을 따라 미끄러져 내려가려는 힘으로서 작용하고 이들의 합으로 나타낼 수 있다. 즉, 빗면을 누르는 힘의 크기는 $F \cos \theta$, 빗면을 따라 미끄러져 내려가는 힘의 크기는 $F \sin \theta$ 이 된다.

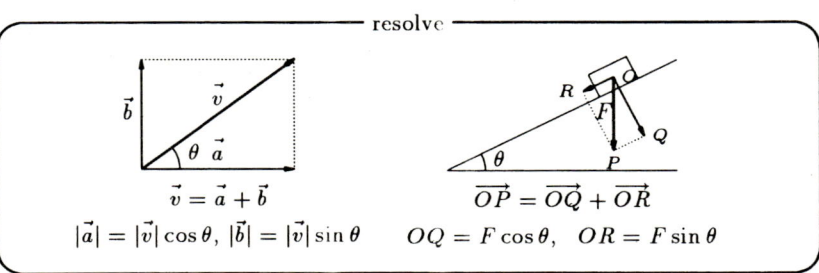

resolve

$$\vec{v} = \vec{a} + \vec{b}$$
$$|\vec{a}| = |\vec{v}| \cos \theta, \ |\vec{b}| = |\vec{v}| \sin \theta$$

$$\overrightarrow{OP} = \overrightarrow{OQ} + \overrightarrow{OR}$$
$$OQ = F \cos \theta, \quad OR = F \sin \theta$$

resultant
〔rizʌ́ltənt〕

합력 (合力) ; 합성적 (合成的) 인

2개 이상의 힘을 합친 것을 말한다. 예를 들어, 무거운

짐을 두 사람이 들 때 짐을 들어 올리는 힘은 두 사람의 힘의 합력이다. 그림과 같이 합력은 힘이 만드는 평행사변형의 대각선으로 주어진다. 두 사람의 거리가 떨어지면 떨어질수록 합력은 작아진다.

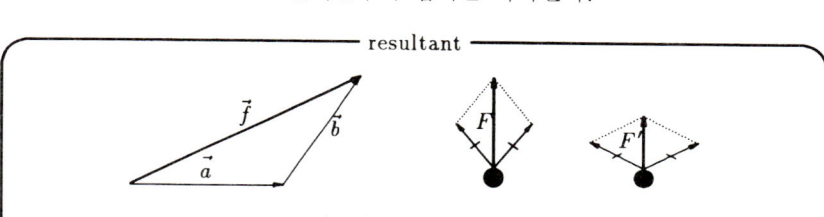

resultant

The resultant $\vec{f} = \vec{a} + \vec{b}$.　　　　$F > F'$

revolution
〔rèvəlúːʃən〕

회전, 주기 (週期)

도형을 축 axis이나 점을 기준으로 돌리는 것을 말한다. 특히 평면도형을 원점 origin을 기준으로 임의의 각도로 회전시키거나, 곡선 curve을 x축을 중심으로 1회전시키는 경우가 많다.

- **axis of ~** 회전축
  회전의 중심이 되는 직선을 말한다.

- **solid of ~** 회전체
  평면도형이나 곡선을 회전축을 중심으로 1회전시켜 생기는 입체도형을 말한다.

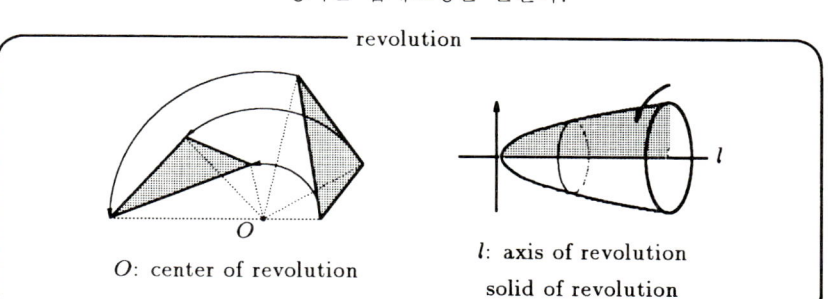

revolution

O: center of revolution　　　l: axis of revolution

solid of revolution

revolve
[riválv]

회전하다 → revolution

rhombic
[rámbik]

마름모꼴의 → rhombus

rhombus
[rámbəs]

마름모
4변의 길이가 같은 사각형을 말한다. 마름모는 평행사변형 parallelogram의 특별한 경우로 대각선 diagonal이 직교 orthogonal한다. 한 각이 직각 right angle이면 정사각형 square이다.

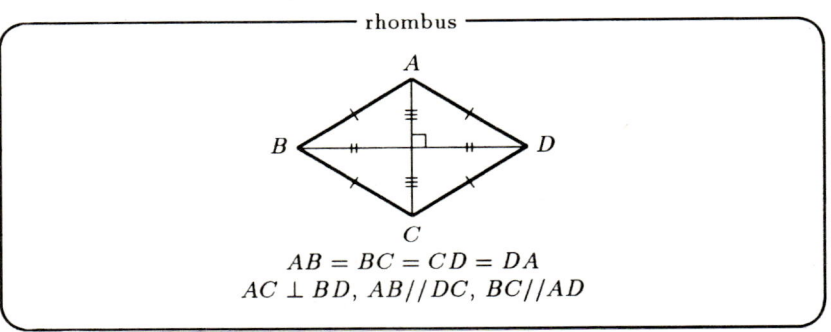

rhombus

$$AB = BC = CD = DA$$
$$AC \perp BD, \ AB//DC, \ BC//AD$$

right
[rait]

직각 (直角)의 ; 오른쪽의

- **~ circular cone** 직원뿔
  꼭지점 vertex에서 밑면 base에 내린 수선의 발 foot of perpendicular이 밑면의 중심 center에 일치하는 원뿔을 말한다. → cone

- **~ prism** 직각기둥
  밑면이 모든 측면과 수직인 각기둥을 말한다.
  → prism

- **~ triangle** 직각삼각형

right angle   직각

right pyramid   직각뿔

꼭지점 vertex에서 밑면 base에 내린 수선의 발 foot of perpendicular이 밑면의 중심 center에 일치하는 각뿔을 말한다.

roman numeral   로마 숫자
[róumən njúːmərəl]

로마에서 사용된 숫자를 말한다. I($=1$), V($=5$), X($=10$), L($=50$), C($=100$) 등을 사용해서 숫자를 나타낸다. 예를 들어, 74는 LXXIV 또는 LXXIIII 으로 표시한다. → **numeral**

root   근 (根), 거듭제곱근
[ru(ː)t]

일반적으로 $x^n = a$에서 x를 a의 n제곱근 n th root 이라고 하고 $\sqrt[n]{a}$ 라 쓴다. → n th root

- **cube (or cubic) ~ 세제곱근**

    $x^3 = a$의 실수해를 a의 세제곱근 cube root이라고 한다. 8의 세제곱근은 $2^3 = 8$ 이기 때문에 2이며 $2 = 8^{\frac{1}{3}}$ 로 쓸 수 있다.

    $x^3 = 1$일 때 $x^3 - 1 = 0$ 이므로 인수분해에 의해
    $$(x-1)(x^2 + x + 1) = 0$$
    $$\therefore \ x - 1 = 0 \ \text{또는} \ x^2 + x + 1 = 0$$
    이 된다.
    이것을 풀면,
    $$x = 1 \ \ \text{또는} \ \ x = \frac{-1 \pm \sqrt{3}i}{2}$$
    따라서 복소수의 범위에서,

1의 세제곱근은 1과 $\dfrac{-1\pm\sqrt{3}i}{2}$ 이다.

$w=\dfrac{-1+\sqrt{3}i}{2}$ 로 두면,

$w^3=1$, $w^2=\dfrac{-1-\sqrt{3}i}{2}$, $w^2+w+1=0$

이 성립하고 w와 w^2을 1의 허수의 세제곱근이라고 한다.

■ **double** ~ 이중근(二重根)

$(x-1)^2=0$의 해는 $(x-1)(x-1)=0$에서 $x=1$이 2개인 근이 나온다. 이때, 해 $x=1$을 이중근 double root이라고 한다.

■ **equal** ~ 등근(等根), 중근(重根)

이중근처럼 동일의 해가 복수로 겹쳐져 나온 것을 말한다. → repeated root

■ **imaginary** ~ 허근(虛根)

허수의 해로서 예를 들어, $x^2-2x+2=0$은 허수해 $x=1\pm i$를 가진다.

■ **radical** ~ 거듭제곱근

방정식 $x^n=a$의 해를 말한다. → nth root

■ **real** ~ 실근(實根)

방정식 $x^2+3x-4=0$은 2개의 실근 $x=1$, $x=-4$를 가진다. 일반적으로, 방정식 $ax^2+bx+c=0$은 판별식 discriminant b^2-4ac의 값이 양일 때 2개의 서로 다른 실수 해를 가지고, 0일 때 실수의 중근을 가진다. → discriminant

■ **square** ~ 제곱근

$x^2=a$의 실수해를 a의 제곱근 square root이라고

한다. 4의 제곱근은 ±2이다. $a>0$일 때, a의 양의 제곱근을 $\sqrt{a}$ 로 쓴다. 이때, a의 제곱근은 ±$\sqrt{a}$이다. 또한, $-a$의 제곱근은 ±$\sqrt{a}\,i$이다.

rotate
[róuteit]

회전하다 → rotation

rotation
[routéiʃən]

회전 (回轉)

점이나 직선을 중심으로 도형을 돌리는 것을 말한다. 정점을 중심으로 도형을 회전시킬 때, 반시계 방향 counter-clockwise으로 도는 것 즉, 양으로 회전하는 각도를 회전각 angle of rotation이라고 한다. 반시계 방향 회전은 양의 회전 positive rotation, rotation through a positive angle, 시계방향의 회전은 음의 회전 negative rotation, rotation through a negative angle이다. 회전은 도형의 형태와 크기를 바꾸지 않으므로 합동변환 congruent transformation이다.

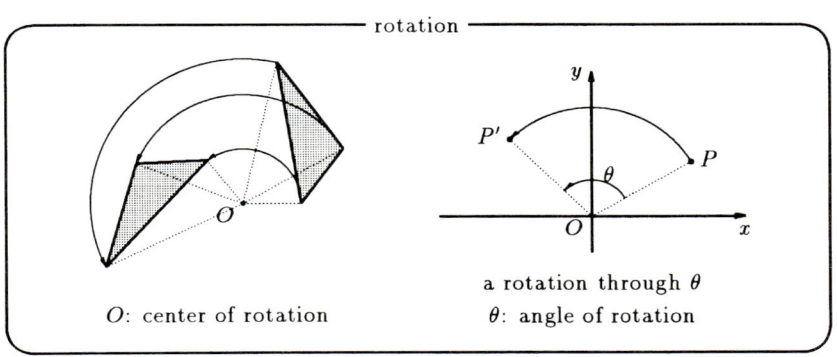

rotation

O: center of rotation

a rotation through θ
θ: angle of rotation

rotational symmetry
[routéiʃənl símətri]

회전대칭

도형을 360° 미만으로 회전시켜서 원래의 도형으로 겹칠 수 있을 때 그 도형은 회전대칭 rotational symmetry이라고 한다. 예를 들어, 직사각형 rectangle은 대각선 diagonal의 교점 intersection을 중심으로 180° 회전하면 원래의 도형에 겹치기 때문에 회전대칭이다. 직사각형은 한 바퀴 도는 사이에 자신과 두 번 겹쳐지므로 회전대칭의 위수 order of rotational symmetry는 2이다. 정사각형은 한 바퀴 도는 사이에 4번 자신과 겹치기 때문에 회전 대칭의 위수는 4이다.

→ order of rotational symmetry

— rotational symmetry —

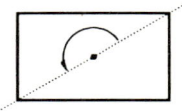 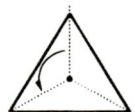 

rectangle: order 2   regular triangle: order 3   hexagon: order 6

round
〔raund〕

어림수로 만들다, 반올림하다
어떤 특정의 자릿수 아래의 수를 표현하지 않고 간단한 수로 만드는 것을 말하며 이렇게 해서 얻어진 수를 어림수 rounded number라고 한다. → rounding

rounding
〔ráundiŋ〕

어림수 만들기, 반올림
어떤 특정의 자릿수나 소수점 아래의 수를 버리거나 올려서 간단히 보기 쉬운 수로 만드는 것을 말한다. 대체로 0, 1, 2, 3, 4는 그냥 버리고 5, 6, 7, 8, 9는 윗자릿수의 수를 1 늘리고 나서 버린다 (반올림). 예를 들어, 1074는 100의 자리까지 반올림하면 1100 1074 rounded to the nearest hundred is 1100 이 되고

25.86은 1의 자리까지 반올림하여 26 25.86 rounded to the nearest one is 26이 되며 12.734는 소수점 1의 자리까지 반올림하며 12.7 12.734 rounded to the tenth is 12.7이 된다.

→ approximation

- ~ down 버림
  어떤 자릿수 아래에 있는 수를 무조건 버리는 것을 말한다.

- ~ off 반올림 = rounding

- ~ to zero 버림
  = rounding down

- ~ up 올림
  어떤 자릿수 아래에 있는 수를 버리고, 윗자리의 수에 1을 더하는 것을 말한다.

row
[rou]

행 (行)
수나 원소를 가로로 배열한 것을 말한다. 2×3 형태의 행렬 matrix $\begin{pmatrix} 2 & 3 & 4 \\ 5 & 6 & 7 \end{pmatrix}$은 2개의 행 (2 3 4), (5 6 7)로 구성되었다고 볼 수도 있고 3개의 열 column (2 5), (3 6), (4 7)로 이뤄졌다고 볼 수도 있다.

r.p.m

회전수 (回轉數)
1분간 평균 회전수 revolutions per minute를 간단히 표기한 것이다.

rule
[ru:l]

선을 긋다
자 ruler를 이용해서 선을 긋는 것을 말한다.

ruler
[rúːlər]

자

sad number
[sæd nʌmbər]

슬픈 수
행복 수 happy number가 아닌 수를 말한다.
→ happy number

sample
[sǽmpl]

표본 (標本)
모집단 population 속에서 보통 무작위 random로 추출
된 자료를 말한다. 모집단이 클 때에는 흔히 추출된 표
본에 대해서 조사한다. 예를 들어, 출하된 모든 전구의
수명을 조사하기 위해 몇 %의 표본을 추출하여 전구의
수명을 조사한다.

- random ~ 무작위 표본
  모집단에서 무작위로 추출한 표본을 말한다.
  → random

- ~ mean 표본 평균
  표본에 포함된 자료의 평균을 말한다. 표본 평균은
  모집단 평균의 근사값이 된다. 더욱 가깝게 근사값을
  구하기 위해서는 표본 평균의 크기를 크게 하면 된
  다.

- ~ variance 표본 분산
  표본에 포함된 자료의 분산을 말한다.

sample space

표본 공간
확률에 있어서 어떤 시행 experiment에서 일어날 수 있
는 모든 결과 outcomes의 집합을 말한다.
→ possibility space

sampling
[sǽmpliŋ]

표본 추출
몇 개의 자료를 빼내서 표본으로 삼는 것을 말한다.

satisfy
[sǽtisfài]

채우다, 만족시키다

어떤 특정한 값 a 등에 의해 명제 P가 성립할 때 a는 P를 만족시킨다 satisfy라고 한다. 예를 들어, $x=1$일 때, $x^2-4x+3=0$ 이 성립되므로 $x=1$은 방정식 $x^2-4x+3=0$ 을 만족시킨다. 반대로, $x^2-4x+3=0$ 은 $x=1, x=3$에 의해 만족된다.

scalar
[skéilər]

스칼라

크기는 가지고 있지만 방향은 가지지 않는 양을 말한다. 스칼라 양은 하나의 수로 표현이 가능하다. 길이 length, 무게 weight, 면적 area 등은 크기 size 밖에 가지지 않기 때문에 스칼라 양 scalar quantity이다. 반면 속도 velocity, 힘 force 등은 크기 외에 방향 direction을 가지고 있기 때문에 스칼라 양이 아니다. 이렇게 크기와 방향을 가진 양을 벡터 양 vector quantity이라고 한다.

- **~ multiple 스칼라 배(倍)**
  벡터나 행렬에 스칼라를 곱하는 것을 말한다. 예를 들어, $\vec{v} = \binom{1}{2}$일 때, $3\vec{v}= \binom{3\times1}{3\times2}= \binom{3}{6}$이다.

- **~ product 스칼라 적(積)**
  $\vec{a}$, $\vec{b}$ 가 이루는 각을 θ라고 할 때 $|\vec{a}|\,|\vec{b}|\cos\theta$의 값을 벡터 $\vec{a}$, $\vec{b}$ 의 내적 또는 스칼라 적 scalar product이라고 하며 $\vec{a} \cdot \vec{b}$ 라고 쓴다. $\vec{a} = \binom{a_1}{a_2}$, $\vec{b} = \binom{b_1}{b_2}$일 때 $\vec{a} \cdot \vec{b}= a_1b_1 + a_2b_2$인 것을 알 수 있다. 예를 들어, $\vec{a}= \binom{2}{2}$, $\vec{b}= \binom{3}{0}$일 때, $\vec{a} \cdot \vec{b} = 2\times3+2\times0=6$이다.
  → dot product

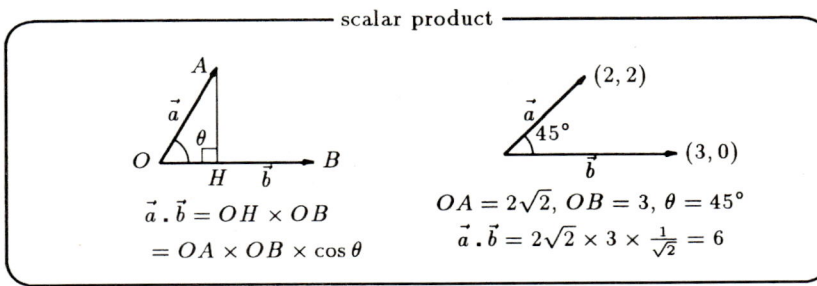

scalar product

$$\vec{a} \cdot \vec{b} = OH \times OB$$
$$= OA \times OB \times \cos\theta$$

$OA = 2\sqrt{2},\ OB = 3,\ \theta = 45°$
$$\vec{a} \cdot \vec{b} = 2\sqrt{2} \times 3 \times \frac{1}{\sqrt{2}} = 6$$

scale
〔skeil〕

눈금, 축척, 비율, 기수법
자나 계량기 등의 눈금을 말한다. 또한, 실제 크기에 대한 지도나 도면 상의 크기를 말한다. 예를 들어, 축척 1 : 10000의 지도는 실제 거리를 $\frac{1}{10000}$ 으로 줄인 것이다. 따라서, 이 지도 상의 1cm에 대한 실제 거리는 1cm ×10000=10000cm=100m이다.

scale factor

배율 (倍率)
확대 enlargement 비율을 말한다. 배율 r의 확대는 도형의 각 변의 길이를 모두 r배로 확대한다.
→ enlargement

scalene
〔skeilíːn〕

부등변 삼각형
세 변의 길이가 모두 다른 삼각형을 말한다.

scatter diagram
〔skǽtər dáiəgrǽm〕

산포도(散布圖)
주로 두 값의 상관 관계를 알아보기 위해 평면 상의 한 점으로 표시하여 분포된 모양을 나타낸 그림을 말한다. 다음 그림은 어떤 반의 수학과 물리 점수의 산포도이다. 예를 들어, 수학이 90점, 물리가 87점인 사람은 (90, 87)으로 표시된다. 이 그림에서 우리는 수학 성적과 물리 성적이 상당한 정도의 양(陽)의 상관 관계를 갖음을 알 수 있다.

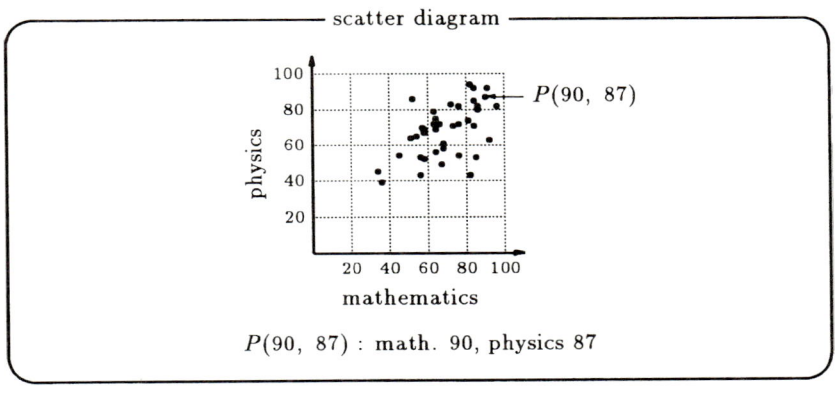

scatter diagram

$P(90, 87)$: math. 90, physics 87

scientific notation
[sàiəntífik noutéiʃən]

과학 표기

숫자의 표시 방법의 하나로 숫자를 $a \times 10^{n}$(단, $1 < a < 10$)의 형태로 나타내는 것을 말한다.

예를 들어, 34500은 3.45×10^{4}, 0.00345는 3.45×10^{-3}으로 나타낸다. 이 표기는 상당히 큰 숫자나 작은 숫자를 나타낼 때 적합하다. 숫자의 대략적인 크기를 신속히 파악할 수 있다는 장점이 있다. → standard form

sec(ant)
[síːkænt]

시컨트

$\dfrac{1}{\cos\theta}$ 를 각 θ의 시컨트 secant라고 하고 $\sec\theta$ 라고 쓴다. $\sec\theta$는 직각 삼각형에서 $\dfrac{빗변}{밑변}$이다.

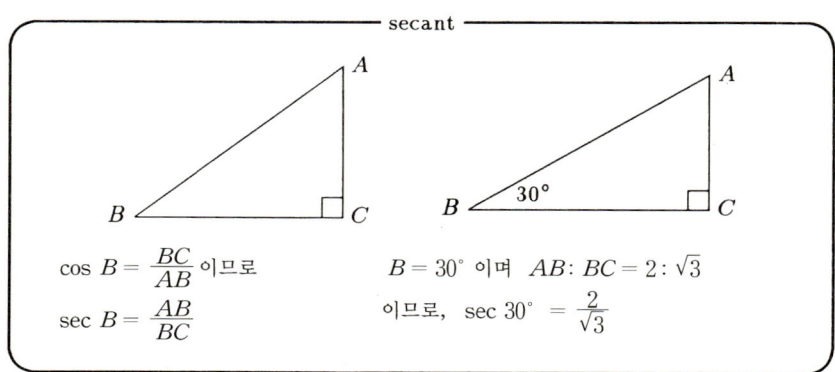

secant
〔síːkænt〕

나누는 ; 분할, 할선

원 위의 서로 다른 2점에서 교차하는 직선을 말한다.

second
〔sékənd〕

초 (秒)

시간이나 각도의 1분(分)을 다시 60으로 나눈 것이다. 각도의 단위로 1°를 60으로 나눈 것이 1′(분)이며 이를 다시 60으로 나눈 것이 1초로 ″의 기호로 표현한다. 1°=60′=3600″이다.

section
〔sékʃən〕

구분, 단면, 절단면

주로 입체를 평면으로 잘랐을 때 생기는 평면 도형을 말한다. → cross section, conic section

sector
〔séktər〕

부채꼴, 호 (弧)

원의 2개의 반지름 radius과 호 arc에 의해 둘러싸인 부분을 말한다. 180° 보다 큰 중심각에 대한 부채꼴을 우(優)호 major sector, 180° 보다 작은 중심각에 대한 부채꼴을 열(劣)호 minor sector라고 한다.

— sector, segment —

minor sector

major sector
sector

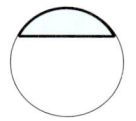

minor segment

major segment
segment

segment
〔ségmənt〕

선분, 활꼴

원의 현 chord과 그것에 대한 호 arc로 둘러싸인 부분을 말한다. 하나의 현에 대하여 큰 쪽의 활꼴을 우(優)활꼴 major segment, 작은 쪽의 활꼴을 열(劣)활꼴 minor segment이라 한다.

self inverse
〔self invə́:rs〕

자기 역원

자신이 스스로의 역원이 되는 것을 말한다. $-1 \times (-1)$ $=1$ 이기 때문에 -1은 곱셈에 관해서 자기 역원이다. 또한, 원점 origin에 관한 대칭 변환을 두 번 연속하면 원래대로 돌아오므로 원점에 관한 대칭 변환은 변환의 합성에 관해서 자기 역원이다. 같은 방법으로 거울상 reflection도 자기 역원이다.

semi-
〔sémi〕

'반 (半)' 의 뜻

semicircle
〔sémisə̀:rkl〕

반원 (半圓)

원의 지름에 의해 2개로 나눠진 부분을 말한다.

semi-interquartile range

반 4분위간의 범위

하4분위수(下4分位數) lower quartile와 상4분위수(上4分位數) upper quartile의 차의 2분의 1을 말한다.

→ quartile

Dictionary of Mathematics for studying abroad

sense
〔séns〕

방향 (方向)

하나의 평면도형의 계산법은 그대로 계산하는 경우와 뒤집어서 계산하는 경우의 2가지 방법을 생각할 수 있다. 도형을 뒤집으면 일반적으로 도형의 방향 sense은 반대로 된다. 회전 rotation이나 평행이동 translation 에 의해서는 방향이 변하지 않지만 거울상 reflection 은 도형의 방향을 바꾼다.

septagon
〔séptagɔn〕

7각형

septangle과 같은 말이며 흔히 heptagon이라고 한다.
→ heptagon

septangle
〔séptæŋgl〕

7각형

septagon과 같은 말이며 흔히 heptagon이라고 한다.
→ heptagon

sequence
〔síːkwəns〕

열, 수열 (數列)

숫자를 하나의 규칙에 따라 나열한 것을 말한다. 홀수 수열 sequence of odd numbers는 {1, 3, 5, 7, …}이다. 수열에서 각각의 숫자를 항 term이라고 한다. n번째의 항은 일반적으로 a_n으로 나타내고 일반항 general term이라고 한다. 홀수 수열의 일반항은 $a_n = 2n - 1$이다. 수열은 일반항이 주어지면 모든 항을 구할 수 있다. 예를 들어, $a_n = n^2 - 1$ 이라면, $a_1 = 0$, $a_2 = 4 - 1 = 3$, $a_3 = 9 - 1 = 8$, … 이다. 또한, 첫째항 first term이 1 이고 차례로 2배해서 1을 더한다는 규칙을 세우면 수열 1, $2 \cdot 1 + 1 = 3$, $2 \cdot 3 + 1 = 7$, $2 \cdot 7 + 1 = 15$, … 를 얻을

수 있는데 이 수열의 일반항은 $a_n = 2^n - 1$이 된다.
→ arithmetic progression, geometric progression

series
[síəri:z]

급수 (級數)

수열 sequence의 각 항을 합의 기호 +로 묶은 것을 말한다. 유한개(有限個)인 항 finite terms으로 이루어진 급수는 항상 합 sum을 가지고, 무한개(無限個)인 항으로 이루어진 급수는 합을 가질 수도 있고 갖지 않을 수도 있다.

2+4+6+8+10 은 급수이고 합은 30이다.

$1 + \dfrac{1}{2} + \dfrac{1}{4} + \dfrac{1}{8} + \cdots$ 은 무한급수이고, 그 합은 2이다. 그러나 무한급수 $1-1+1-1+1-1+\cdots$ 은 합을 가지지 않는다.

급수는 그리스 문자인 시그마($\sum$)를 사용해서 다음과 같이 표시된다.

$$\sum_{k=1}^{n} a_k = a_1 + a_2 + a_3 + \cdots + a_n$$

위의 처음 2개의 예를 시그마 기호로 나타내면,

$\displaystyle\sum_{k=1}^{5} 2k, \ \sum_{n=1}^{\infty} \dfrac{1}{2^{n-1}}$ 이다. → sigma notation

- **alternating ~** 교대급수
  홀수항과 짝수항에서 양과 음이 반대로 되어 있는 급수를 말한다. 예를 들어, $1-2+3-4+\cdots$.

- **arithmetic ~** 산술 급수, 등차 급수
  등차 수열의 항으로 이루어지는 급수를 말한다.
  $\displaystyle\sum_{k=1}^{5} (3k-2) = 1+4+7+10+13$ 은 그 예이다.

- **geometric ~** 기하 급수, 등비 급수

등비 수열의 항으로 이루어지는 급수를 말한다. 일례로, $1-3+9-27+81-243+\cdots$ 은 그 수열이 첫째 항 1, 공비 common ratio -3인 등비 수열이기 때문에 등비 급수이다.

■ **power** ～ 멱급수

$$\sum_{n=0}^{\infty} a_n x^n = a_0 + a_1 x + a_2 x^2 + \cdots$$ 형태의 급수를 말한다.

set
〔set〕

집합 (集合)

특정한 조건을 만족하는 사물의 모임을 말한다. 집합을 구성하는 것을 집합의 성원(成員) member 또는 원소 element라고 한다. x가 집합 A의 원소일 때, x는 A에 속한다 belongs to, a member of라고 하고 $x \in A$, $A \ni x$로 쓴다. 집합 A가 주어질 때, 모든 x에 대해서 x가 A의 원소인지 원소가 아닌지를 확실히 구별할 수 있어야만 한다. 따라서 '신장 180cm 인 사람의 모임'은 집합이지만 '키가 큰 사람의 모임'은 원소를 확정할 수 없기 때문에 집합이 아니다. 또 '1에서 5까지의 자연수의 집합'은 원소나열법으로 $\{1, 2, 3, 4, 5\}$으로 나타내고, '1 이상의 실수의 집합'은 조건제시법으로 $\{x \mid x \geq 1\}$로 나타낸다.

→ complement, intersection, union of sets

■ **countable** ～ 가산집합(可算集合)

원소와 자연수를 일대일로 대응시킬 수 있는 집합을 말한다. 쉽게 말하면, 가산 집합은 원소를 하나하나 셀 수 있는 집합이다. 짝수 집합은 가산집합이고 정수 전체 또한 가산 집합이다. 반면 실수 전체의 집합은 가산집합이 아니다.

- **empty ～ 공집합**
  원소를 하나도 가지지 않은 집합을 말한다. 기호 { } 또는 φ로 표시한다.

- **finite ～ 유한 집합**
  유한개의 원소로 이루어진 집합을 말한다.

- **infinite ～ 무한 집합**
  무한개의 원소를 가지는 집합을 말한다. 정수 전체, 유리수 전체, 0에서 1까지의 실수 전체의 집합 $\{x \mid 0 < x < 1\}$ 등은 무한 집합이다.

sexagesimal
〔sèksədʒésəməl〕

60의, 60진법의
60을 기본으로 하는 기수법을 말한다. 시간과 각도에서 사용 되어진다. 1시간 = 60분, 1분 = 60초, 1° = 60´, 1´ = 60˝ 이다.

sexangle
〔séksæŋgl〕

6각형 (6角形)
흔히 **hexagon** 이라 불리운다.

sexidecimal
〔sèksədésiməl〕

16진법의
16을 기본으로 하는 기수법을 말한다. 컴퓨터의 프로그래밍에서 자주 사용된다. 15개의 숫자 0, 1, …, 9, A, B, C, D, E, F를 사용한다. 예를 들어, 2C는 10진법의 $2 \times 16 + 12 = 44$를 나타낸다.

sextant
〔sékstənt〕

6분원 (6分圓)
원의 6분의 1을 말한다.

shear
〔ʃiər〕

옮기다, 어긋나다
입체의 일부를 고정하고 자유로운 부분을 하나의 직선

에 평행으로 이동시켜서 도형을 변형하는 것을 말한다.
직육면체 하나의 정점에 힘을 가하면 비뚤어지면서 평
행육면체 parallelepiped로 변형되는데 이것이 shear 의
한 예이다.

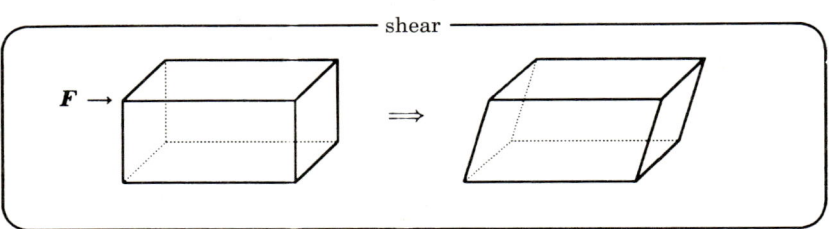

s.h.m.

단진동 (單振動)
→ simple harmonic motion

side
〔said〕

변 (邊), 측면 (側面)
다각형 polygon의 주변 선분을 말한다. 또한, 다면체
polyhedron의 옆면 등을 가리키기도 한다. 예를 들어,
삼각기둥 triangular prism은 3개의 측면 sides과 2개
의 아래 bottom, 윗면 top으로 구성된 다면체이다.

- **adjacent ～s** 이웃변
  서로 이웃하는 2개의 변을 말한다.

- **corresponding ～s** 대응변(對應辺)
  비교된 2개의 도형에서 서로 대응되는 변을 나타
  낸다.

- **opposite ～s** 대변(對辺), 반대측(反對側)
  1개의 도형에서 반대쪽에 있거나 마주 보는 2개의
  변을 말한다.

- **～ elevation** 측면도(側面圖)

입체를 옆에서 본 그림이다. 입면도(立面圖) front elevation, 평면도 plan view와 함께 입체의 형태를 나타낸다.

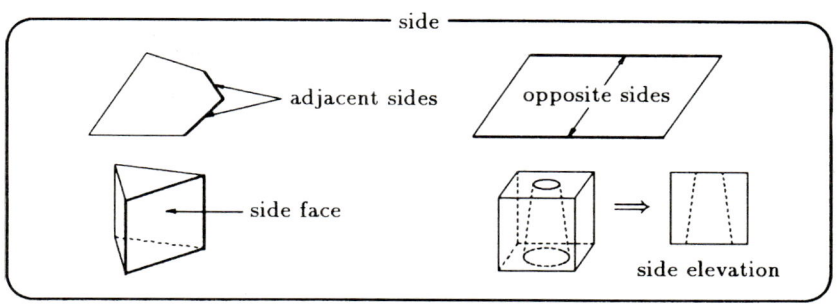

sieve
〔siv〕

체

사물을 거를 때 사용하는 도구이다. 소수를 찾아내기 위한 방법으로 에라토스테네스의 체 Eratosthenes' sieve 가 있다. → **Eratosthenes' sieve**

sigma notation
〔sígmə noutéiʃən〕

시그마 기호

그리스 문자의 시그마 $\sum$ 를 이용하며 수열의 합 내지 급수(級數)를 나타내기 위한 기호이다.

$$\sum_{k=1}^{n} a_k = a_1 + a_2 + a_3 + a_4 + \cdots + a_n$$

라고 정의한다. 따라서,

$$\sum_{k=1}^{5} k^3 = 1^3 + 2^3 + 3^3 + 4^3 + 5^3$$

$$\sum_{n=1}^{\infty} (2n+1) = 3 + 5 + 7 + 9 + 11 + \cdots$$

이다.

시그마 기호에 관해 다음 식이 성립한다.

$$\sum_{k=1}^{n} 1 = n$$

$$\sum_{k=1}^{n} k = \frac{n(n+1)}{2}$$

$$\sum_{k=1}^{n} k^2 = \frac{n(n+1)(2n+1)}{6}$$

$$\sum_{k=1}^{n} k^3 = \left\{ \frac{n(n+1)}{2} \right\}^2$$

$$\sum_{k=1}^{n} r^{k-1} = \frac{r^n - 1}{r - 1}$$

이것을 이용하면

$$1+3+5+\cdots+19 = \sum_{k=1}^{10} (2k-1)$$
$$= 2 \times \frac{10 \times 11}{2} - 10$$
$$= 100$$

이 된다.

또, 시그마의 대상이 확실할 때는 일일이 지정하는 것을 생략하는 경우도 많다. 예를 들어, 통계에 있어서 평균 m은 구성원의 개수(個數)를 n으로 할 때,

$$m = \frac{\sum x_i}{n} \ , \ \frac{\sum x}{n}$$

와 같이 나타낸다.

소문자 시그마 σ는 통계에서 표준편차(標準偏差) standard deviation를 나타내고

$$\sigma = \sqrt{\frac{\Sigma(x-m)^2}{n}} = \sqrt{\frac{\Sigma x^2}{n} - \left(\frac{\Sigma x}{n} \right)^2}$$

이다.

sign
〔saín〕

부호 (符號), 기호 (記號)

부호란 수에서 양과 음을 나타내는 +, −를 말한다. +와 −를 상하로 열거한 복호(複號) double sign ±, ∓ 는 양수 및 음수를 나타낸다. 한편, 연산, 함수에서 쓰이는 +, −, ×, ÷, <, >, = 등은 기호라고 한다.

√ , ∞ 등도 기호이다.

significant
〔signífikənt〕

유의(有意)의, 의미 있는

보통의 경우 '의미 있다', '중요하다'의 뜻이며, 통계, 확률의 경우, 특히 '단지 우연으로부터 나온 것이 아닌 것으로 보인다'라는 뜻으로 많이 쓰인다.

■ ~ **figure** 유효숫자(有效數字)

수 가운데 실제로 의미가 있는 자릿수의 수를 나타낸다. 예를 들어, 측정에 의해 얻을 수 있는 수는 오차를 포함하고 마지막 자리는 그다지 신뢰할 수 없는 경우가 생기며 신뢰할 수 있는 자리까지의 숫자가 유효숫자이다. 또는 실제 필요한 정도까지가 유효숫자로 취해진다. 12,345의 경우 처음 3자리로 정확성을 취한다면 correct to three significant figures 유효숫자는 12,300이 된다.

similar
〔símələr〕

닮음

형태가 같으나 크기가 다른 두 도형을 닮음이라고 한다. 닮은 도형의 대응하는 각 corresponding angles의 크기는 같고 대응하는 변의 비율도 전부 같다. 또, 대응하는 변의 비를 닮음비라고 한다. 확대 enlargement는 도형을 닮은 도형으로 변환한다. 넓이의 비는 닮음비의 2제곱, 부피비는 닮음비의 3제곱이다.

 similar

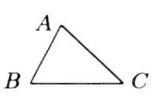 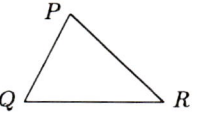

$$AB : PQ = BC : QR = CA : RP, \angle A = \angle P, \angle B = \angle Q, \angle C = \angle R$$

similarity
〔sìməlǽrəti〕

닮음, 닮음변환

평행인 평면 π, π'와 투사점 O가 주어져 있을 때, π 위의 점 P와, 직선 OP와 π'와의 교점 P'를 대응시키면, π 위의 도형이 π' 위의 도형으로 옮겨진다. 일례로, π 위의 $\triangle ABC$는 π' 위의 $\triangle A'B'C'$로 옮겨지는데, 이것은 $\triangle ABC$를 확대한 것이므로 서로 닮은 삼각형이다. 따라서 닮음변환은 확대·축소와 이동을 겸한 변환으로 생각할 수 있다.

닮음변환에서는 크기는 변할 수 있으나 모양은 변하지 않는다. 합동변환은 닮음변환의 특수한 경우이다.

simple closed curve
〔símpl klouzd kə:rv〕

단순 폐곡선

자신과 교차하지 않는 닫혀진 곡선을 말한다.

→ closed curve

simple harmonic motion
〔símpl ha:rmánik móuʃən〕

단진동 (單振動)

진자 pendulum의 운동 motion과 같은 규칙적인 진동 oscillation을 말한다. 진자의 운동은 중앙을 통과할 때가 가장 빠르고 중앙에서 멀어질수록 느려진다. 가장 간단한 단진동은 등속 원운동의 정사영(正射影)으로 얻어질 수 있다.

simple interest
〔símpl íntərəst〕

단리 (單利)

기간별로 최초 원금에 대해서만 이자를 계산하는 방법이다. 예를 들어, 10,000원을 연리(年利) 10%로 빌린다고 하면 1년 후는 원리(元利)합계로 $10,000+10,000\times0.1=10,100$원이 되고 2년 후는 $10,000+10,000\times0.2=10,200$원이 된다. → compound interest

simplify
〔símpləfài〕

간단히 하다, 답을 구하다

계산을 하고 결과를 구하는 것이다. 또는 식을 깨끗하게 정리하는 것을 말한다.

예를 들어,

$2 \times 7 - 3 \times 3 = 14 - 9 = 5$

$2(3x-1) + 3(3-x) = 6x - 2 + 9 - 3x = (6-3)x + 9 - 2 = 3x + 7$

이다. 문제의 답은 전부 간략한 형태로 표시된다.

Simpson's rule

심슨의 공식

곡선 $y = f(x)$ 와 직선 $x = x_1$, $x = x_2$ 및 x축에 의해 둘러싸여진 도형의 근사값을 구하기 위한 공식이다.

구간 (x_1, x_2)를 이등분해서 분할점을 t_1이라 하고, $t_0 = x_1$, t_1, $t_2 = x_2$로 나누어진 구간 하나의 폭을 h라 하자. 이때, $y_0 = f(t_0)$, $y_1 = f(t_1)$, $y_2 = f(t_2)$라고 하면, 넓이의 근사값은

$$\frac{1}{3}(y_0 + 4y_1 + y_2) \times h$$

이 된다. 좀 더 일반화하여 구간을 $2n$개의 소구간으로 나눠 보면, 유도된 넓이의 근사값은

$$\frac{1}{3}(y_0 + 4y_1 + 4y_2 + \cdots + 4y_{2n-1} + y_{2n}) \times h$$

이 된다.

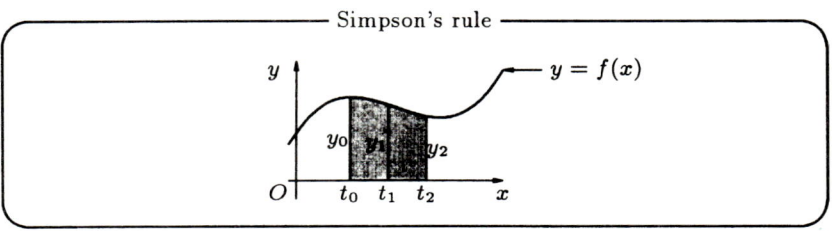

Simpson's rule

simultaneous
[sàiməltéiniəs]

동시 (同時) 에 일어나는, 동시의, 연립 (連立) 의

■ ~ distribution 동시분포

동시 시행에 일어날 수 있는 모든 사건에 대해서 각각의 확률을 대응시킨 것을 말한다. 예를 들어, 주사위를 한 번 던져서 얻을 수 있는 수를 X, 동전을 한 번 던져서 나오는 결과를 Y (앞면을 1, 뒷면을 0으로 한다)라고 하면 $X=1$, $Y=1$이 될 확률은 $\frac{1}{6} \times \frac{1}{2} = \frac{1}{12}$ 이다. 이때, 12개의 사건(a, b)의 확률은 모두 $\frac{1}{12}$ 이 된다.

■ ~ inequalities 연립부등식(連立不等式)

두 개 이상의 부등식의 조합을 말한다. 부등식의 답은 영역으로 표시되기 때문에 연립부등식의 답은 영역의 공통부분으로 주어진다. 예를 들어, 연립부등식 $x>3$, $3x+2<17$ 의 답은 후자가 $x<5$라고 변형 가능하기 때문에 $3<x<5$가 된다.

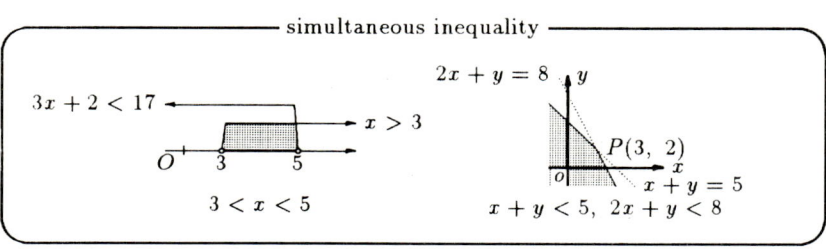

simultaneous inequality

$3x+2<17$ ← → $x>3$

O 3   5

$3<x<5$

$2x+y=8$ y

$P(3, 2)$

o x $x+y=5$

$x+y<5$, $2x+y<8$

simultaneous equations   연립방정식 (連立方程式)

두 개 이상의 방정식을 함께 세운 것이다.

예를 들어, 연립방정식 $x+y=5 \rightarrow$ ①, $2x+y=8 \rightarrow$ ②
는, ②식 $-$①식을 계산하면 $x=3$, $y=2$이 되고 평면 위
의 점 $(3, 2)$로 표시된다. 이 점은 두 개의 직선 $x+$
$y=5$, $2x+y=8$의 교점이 된다. 일반적으로 이와 같은
연립방정식의 답은 두 개의 그래프의 교점 intersection
으로 표시된다.

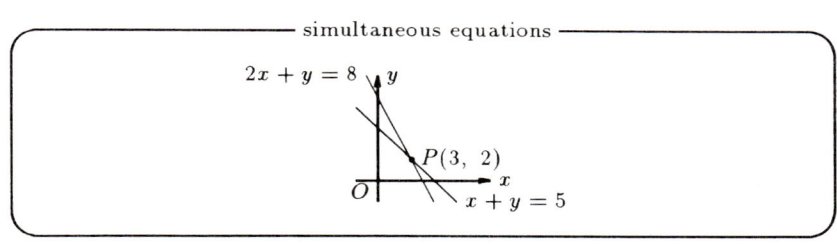

sine (sin)
〔sain〕

사인

각(角) θ에 있어 직각삼각형의 $\dfrac{\text{대변}}{\text{빗변}}$ 을 $\sin \theta$라고 한
다.

- ~ curve 사인 곡선, 사인 커브
  함수 $y=\sin x$의 그래프를 말함. $\rightarrow$ trigonometric
  function

- ~ theorem 사인 정리
  삼각형의 각과 변에 대해서 다음과 같은 사인 정리
  가 성립한다.
  $$\frac{a}{\sin A} = \frac{b}{\sin B} = \frac{c}{\sin C} = 2R$$
  여기서, R은 삼각형 ABC의 외접원의 반지름이다.

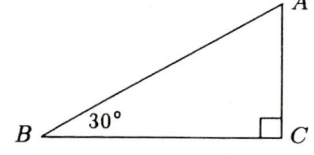

sine

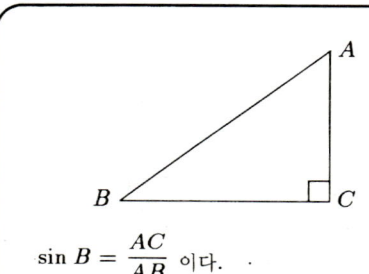

$\sin B = \dfrac{AC}{AB}$ 이다. .

$B = 30°$ 이면 $\quad AB : AC = 2 : 1$
이므로 $\quad \sin 30° = \dfrac{1}{2}.$

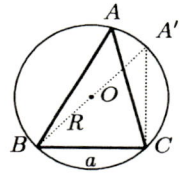

$A'B = 2OB = 2R$

$\angle A = \angle A'$

$\therefore \sin A = \sin A' = \dfrac{a}{2R}$

$\therefore \dfrac{a}{\sin A} = 2R$

singular
〔síŋgjulər〕

특이 (特異) 한, 이상 (異常) 한

■ ～ matrix 비정칙행렬(非正則行列)

행렬식 determinant이 0인 행렬을 말한다. 따라서 비정칙행렬은 역행렬 inverse matrix을 가지지 않는 다. $\begin{pmatrix} 1 & 2 \\ 3 & 6 \end{pmatrix}$은 행렬식이 $1 \times 6 - 2 \times 3 = 0$이므로 비정 칙행렬이다. 이 행렬에 $\begin{pmatrix} 2 & -4 \\ -1 & 2 \end{pmatrix}$을 오른쪽에 곱해 보면,

$$\begin{pmatrix} 1 & 2 \\ 3 & 6 \end{pmatrix} \begin{pmatrix} 2 & -4 \\ -1 & 2 \end{pmatrix}$$

$$= \begin{pmatrix} 1 \cdot 2 + 2 \cdot (-1) & 1 \cdot (-4) + 2 \cdot 2 \\ 3 \cdot 2 + 6 \cdot (-1) & 3 \cdot (-4) + 6 \cdot 2 \end{pmatrix}$$

$$= \begin{pmatrix} 0 & 0 \\ 0 & 0 \end{pmatrix}$$

이므로, 비정칙행렬은 0인자(因子) zero divisor로

되어 있는 것을 알 수 있다.

skew
[skju:]

경사의, 비틀어지는, 꼬이는
하나의 평면 상에 있지 않는 두 직선이 만나지도 않고 평행하지도 않을 때를 말하고, 그때의 직선을 꼬인 위치의 직선 skew lines이라고 한다.

skew distribution

비대칭 분포(非對稱 分布)
정규분포 normal distribution와 달리 좌우대칭이 아닌 분포를 말한다. 비대칭 분포는 평균이 왼쪽 또는 오른쪽으로 치우쳐져 한쪽으로 길게 꼬리를 늘이고 있는 형태를 하고 있다. 예를 들어, 평균점이 아주 높은 시험의 점수 분포나 주사위를 여섯 번 던졌을 때 1의 눈이 나오는 횟수에 대한 분포는 비대칭 분포이다. 1의 눈이 두 번 나올 확률은 $_6C_2\left(\dfrac{1}{6}\right)^2\left(\dfrac{5}{6}\right)^4 \approx 0.2$이고 이런 계산으로 1의 눈이 나오는 횟수에 대한 대략적 분포를 구하면 다음 표와 같다.

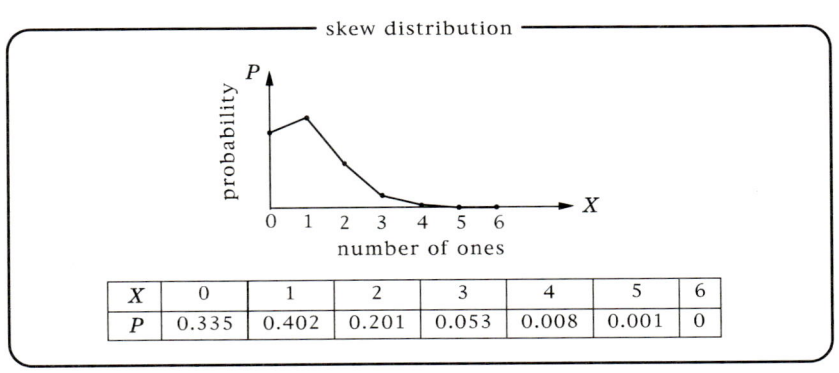

skew distribution

X	0	1	2	3	4	5	6
P	0.335	0.402	0.201	0.053	0.008	0.001	0

skew lines

꼬인 직선
꼬인 위치에 있는 직선을 말한다. 꼬인 직선은 공간에

있어서 하나의 평면 상에서 만나지도 평행하지도 않는 두 직선이다. 정육면체의 윗면의 한 변과 그것에 수직인 밑면의 한 변, 정사면체 regular tetrahedron의 한 쌍의 대변(對邊) 등이 그 예이다.

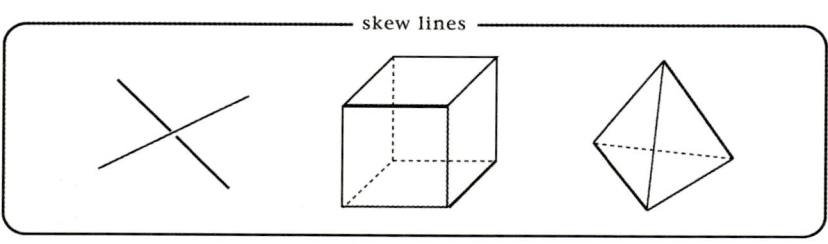

skew lines

slant height
〔slænt hait〕

모선 (母線)

원뿔 cone의 꼭지점 vertex과 밑면 base의 원주 circumference 위에 한 점이 만나는 선분 segment을 말한다.

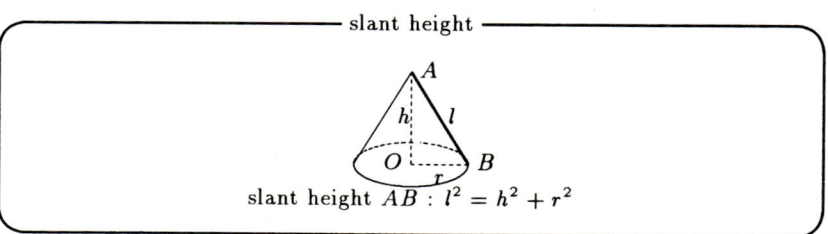

slant height

slant height $\overline{AB}$: $l^2 = h^2 + r^2$

slide rule
〔slaid ru:l〕

계산자

대수(對數)의 눈금을, 정해 놓은 규칙에 따라 조합하여 계산을 간편하게 할 수 있도록 만든 도구를 말한다. 예를 들어, $a \times b$의 계산은 위의 눈금의 1에 밑의 눈금의 a를 맞추어서 위의 눈금 b에 대한 밑의 눈금을 읽으면 된다. 현재는 거의 사용되지 않는다. = **sliding rule**

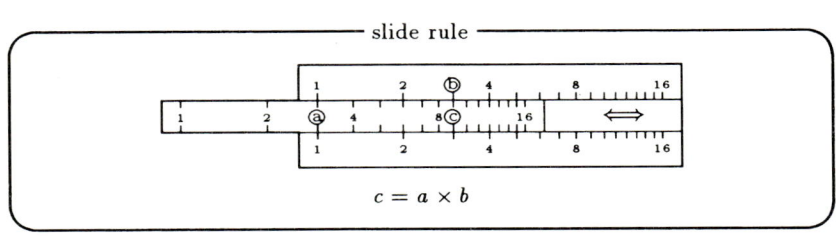

$$c = a \times b$$

slope
[sloup]

기울기 ; 경사 (傾斜)

기울기 slope는 직선의 가로좌표 abscissa의 변화에 대한 세로좌표 ordinate의 변화 ratio를 나타낸다. 즉,

$\dfrac{\text{세로좌표의 변화}}{\text{가로좌표의 변화}}$ 이다. → gradient

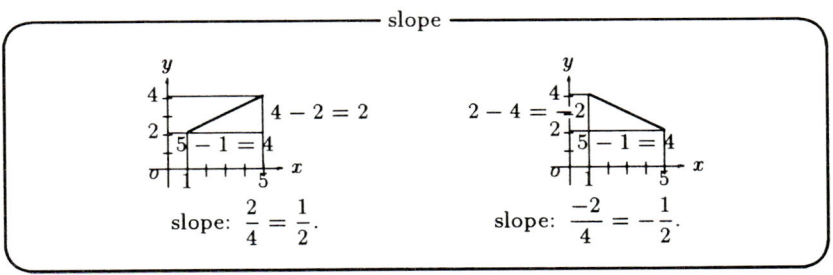

small circle
[smɔːl sə́ːrkl]

소원 (小圓)

하나의 구(球)를 그 구의 중심을 지나지 않는 평면으로 잘랐을 때 생기는 원을 말한다. 이때의 원은 구(球)의 중심을 지나는 평면으로 잘랐을 때 생기는 원(대원:大圓 great circle)보다 작기 때문에 '소원'(小圓) 이라 불린다.

solid
[sálid]

입체 (立體) ; 입체의 ; 견실한

길이, 폭, 두께를 가지는 3차원의 도형을 입체 solid라고 한다. 입체의 부피는 volume, 용량은 capacity 혹은 solid content 라고 표현한다. 다면체 polyhedron, 원뿔 cone, 구 sphere 등은 입체이다.

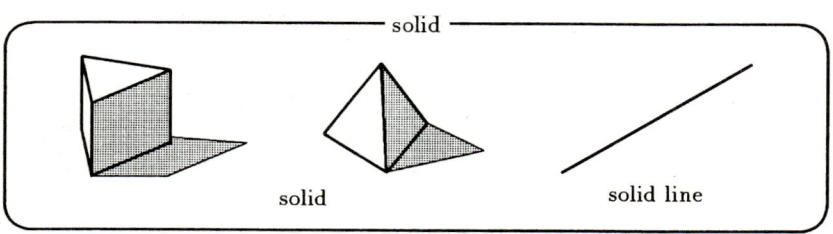

solid

solid   solid line

■ ~ line 실선(實線)

도중에 끊어지지 않고 계속 연결된 선.

■ ~ number 입체수

입체에 열거한 점의 개수를 말한다. 예를 들어, 정육면형수(세제곱수) cube number는 정육면체에 나열되는 점의 개수 즉, n^3이 되는 수이다.

solid of revolution   회전체 (回轉體)

평면도형을 한 개의 직선을 기준으로 회전시켜 만든 도형을 말한다. 예를 들어, 직각삼각형 rectangular triangle을 밑면으로 둥글게 회전시킬 경우 원뿔이 생긴다. 또, 원을 지름 diameter을 기준으로 둥글게 회전시킬 경우 구(球) sphere가 된다.

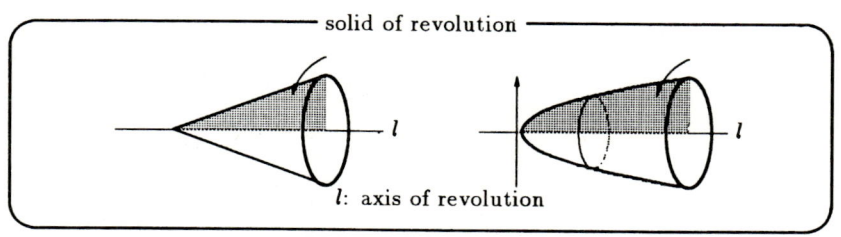

solid of revolution

l

l

l: axis of revolution

solution
〔səlúːʃən〕

답, 해답, 해법

문제나 방정식의 해를 구하는 방법 또는 그 해를 말한다. $x^2-5x+6=0$의 해는 $x=2$, $x=3$이다. 이 해를 집합의 형태로 {2, 3}이라고 나타내는 경우도 있다. 이것을 해집합(解集合) solution set이라고 한다.

solvable
〔sálvəbl〕

풀 수 있는, 가해 (可解) 한

문제의 해를 구할 수 있을 때 사용한다.

space
〔speis〕

공간

가로, 세로, 높이의 세 개의 방향을 가지는 3차원의 영역을 말한다. 또는 수학적 대상의 집합, 추상적인(기하학의) 정의와 구조를 가지는 수학적 체계를 공간이라고 한다. 예를 들어, 표본공간 sample space, 유클리드 공간 Euclidean space, 벡터 공간 vector space 등이 있고, 공간 내의 점인 n개의 수를 이용해서 (a_1, a_2.... a_n)처럼 표시될 경우, 이 공간을 'n차 공간' n-dimensional space이라고 한다.

speed
〔spiːd〕

빠르기, 속력 (速力)

시간에 대한 운동 거리의 변화율을 말한다. 따라서 속력은 $\dfrac{운동거리}{시간}$ 로 구해질 수 있고 60km/h 60km per hour처럼 표시한다. m.p.h. 는 miles per hour의 약자로서 속도를 시간당 마일로 표시한 것이다.

속도는 운동의 방향을 포함하고 있지 않기 때문에 스칼라양(量) scalar이고, 방향을 가지고 있는 벡터량과 혼동하기 쉽기 때문에 주의할 필요가 있다.

sphere
〔sfiər〕

구 (球), 구면 (球面)

공간 내의 한 점(点)으로부터 일정한 거리에 있는 점들로 둘러싸인 입체 도형을 말한다. 그 한 점(点)을 구의 중심 center, 일정한 거리를 반지름 radius이라 한다. 구는 원의 지름을 축으로 회전시켜 만들어지는 회전체 solid of revolution이고 단면은 모두 원이다. 중심을 지나는 평면으로 자른 원이 가장 크며 대원(大圓) great circle이라고 하고, 다른 것은 소원(小圓) small circle 이라고 한다.

구의 반지름을 r 이라고 하면 구의 겉넓이는 $4\pi r^2$, 부피는 $\dfrac{4}{3}\pi r^3$ 이다.

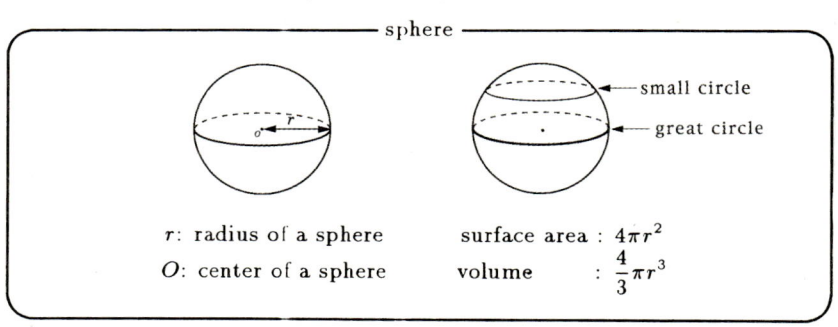

— sphere —

small circle
great circle

r: radius of a sphere
O: center of a sphere

surface area : $4\pi r^2$
volume : $\dfrac{4}{3}\pi r^3$

spherical
〔sférikəl〕

구 (球) 의, 구면 (球面) 의

spiral
〔spáiərəl〕

나선형 (螺旋形) 의, 나선 (螺旋), 소용돌이

조개껍질 등에서 볼 수 있는 소용돌이의 형태를 '나선' spiral이라고 한다. 평면적인 것과 공간적인 것 양쪽에 'spiral'이라는 표현을 쓸 수 있다. 'helix'는 공간적인 것을 나타낸다.

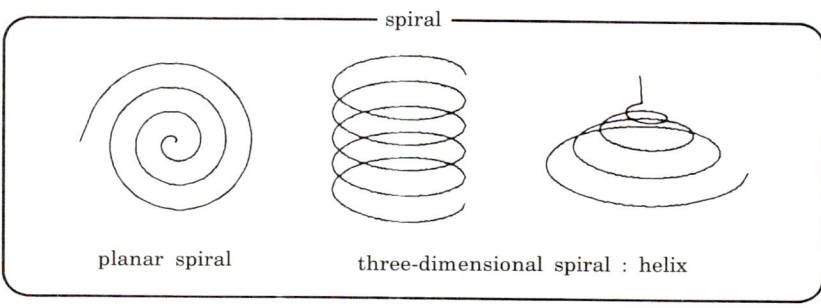

planar spiral

three-dimensional spiral : helix

spread
〔spred〕

펼쳐짐, 흩어짐, 산포 (散布)
자료가 평균으로부터 흩어진 모양을 말한다. 흩어짐은 자료의 폭 range, 4분위간(4分位間)의 폭 interquartile range, 평균편차 mean deviation, 분산 variance, 표준편차 standard deviation 등으로 나타낸다. 이것들의 값이 작을 때 자료는 평균에 가깝게 집중하는 경향을 보이고 클 때는 흩어지는 경향을 보인다.

square
〔skwɛər〕

정사각형, 정방형 (正方形), 평방 (平方)
네 개의 변의 길이가 같고, 네 개의 각의 크기가 같은 사각형을 말한다. 정사각형은 한 개의 각이 90°인 마름모 rhombus이다. 4변이 같은 직사각형 rectangular 이라고 할 수도 있다.
상하·좌우·대각선 방향의 대칭이고 대칭축이 4개 있다. 또 회전대칭의 위수(位數) order of rotational symmetry는 4이다. 한 변의 길이를 a라고 하면, 면적은 a^2이다. 따라서 같은 수를 두 번 곱한 수를 그 수의 '평방' 이라고 한다. a의 평방은 $a \times a = a^2$이다.

─── square ───

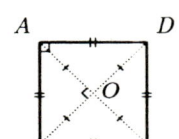

$AB = BC = CD = DA$
$\angle A = \angle B = \angle C = \angle D = 90°$
$AO = BO = CO = DO$
$AC \perp BD$

square number

제곱수, 평방수

정사각형 모양으로 나열한 점의 개수를 말한다. 정사각형의 한 변에 들어가는 수를 a라고 하면 점의 총수는 a^2이 된다. 1, 4, 9, 16 …등은 제곱수이다.

─── square number ───

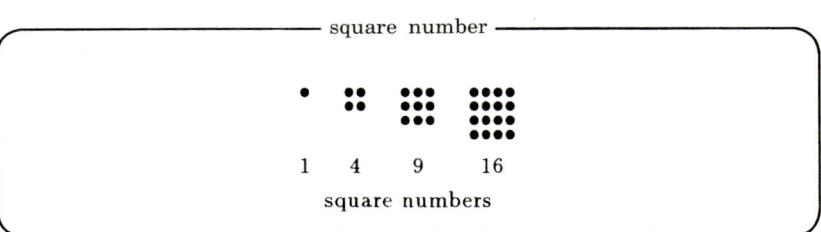

1　4　9　16

square numbers

square root

제곱근, 평방근 (平方根)

$x^2 = a$의 해를 a의 제곱근이라고 한다. $3^2 = 9$이기 때문에 9의 제곱근은 3이다. 또, $(-3)^2 = 9$이기 때문에 -3도 9의 제곱근이다. 일반적으로 a의 제곱근은 양과 음의 두 값을 갖으며, 각각 $\sqrt{a}$, $-\sqrt{a}$ 로 표기한다.

또 제곱근을 분수 형태의 지수를 써서, $\pm\sqrt{a} = \pm a^{\frac{1}{2}}$ 로 나타내기도 한다.

복소수의 범위까지 넓혀서 생각해 보면, 음수의 제곱근

도 구해질 수 있다. $i^2=-1$이기 때문에 허수 i는-1의 제곱근이다. 따라서 -1의 제곱근은 $\pm i$이다.

이 경우도 근호를 이용해서 $\sqrt{-1}=i$라고 나타내고 $\sqrt{-4}=\sqrt{4}\,i=2i$ 가 된다.

standard deviation   표준 편차
〔stǽndərd diːviéiʃən〕

자료 data의 분포 상태 dispersion를 나타내는 값으로 분산 variance의 제곱근을 말한다.

분산은 개개의 자료와 평균 mean의 차를 나타내는 값 (편차) $|\,x_i-m\,|$을 제곱한 값의 평균인

$$\frac{\sum |\,x_i-m\,|^2}{n}$$ 이므로 표준편차 σ는

$$\sigma=\sqrt{\frac{\sum (x_i-m)^2}{n}}=\sqrt{\frac{x_i^2}{n}-m^2}$$

로 나타내어진다. 예를 들어, 자료 2, 4, 6, 8, 10 의

평균은 $\dfrac{(2+4+6+8+10)}{5}=6$ 이기 때문에 개개의

편차는 -4, -2, 0, 2, 4가 되고 분산은

$\dfrac{(16+4+0+4+16)}{5}=8$ 이 된다. 따라서 표준편차

는 $\sqrt{8}=2.828$이다.

standard form   표준 표기 (標準標記)
〔stǽdərd fɔːrm〕

수를 $a\times 10^n$의 형태(단, $0<a<10$)로 표기한 것을 말하고 표준 지수 표기 standard index form라고도 한다. 천문학상의 큰 수나 아주 작은 수를 나타내는 데 적합하다.

예를 들어 $12{,}300{,}000{,}000=1.23\times 10^{10}$, $0.000000123=1.23\times 10^{-7}$이다. = scientific notation

stationary point
[stéiʃənèri pɔint]

정상점 (定常点), 정류점 (定留点)

그래프에 있어서 접선 tangent의 기울기 gradient가 0인 점을 말한다. 정상점은 그래프의 극대점 local maximum, 극소점 local minimum, 변곡점(變曲点) point of inflection 중 하나가 된다.

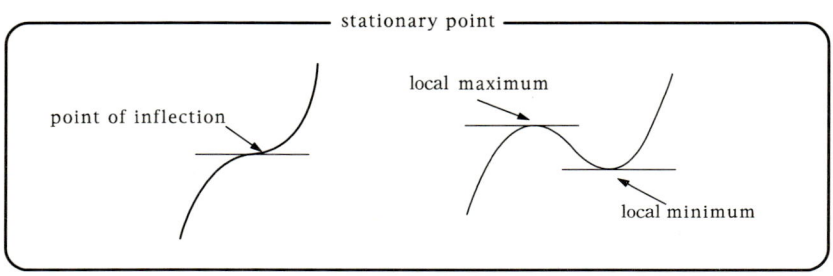

stationary point

point of inflection

local maximum

local minimum

statistics
[stətístiks]

통계학 (統計學), 통계

다량의 자료와 정보를 모아서 정리하고 그것으로부터 도출되는 결론이나 일반성 등을 이끌어 내는데 필요한 이론과 방법을 제시해 주는 학문이다.

자료는 그래프와 표로 모아지며 자료를 대표하는 값 average 특히 평균 mean이 구해지고 또, 평균편차 mean deviation, 표준편차 standard deviation 등을 이용해서 자료의 분포 spread 를 조사한다. 확률 probability을 이용하여 표본으로부터 모집단(母集團) population을 추측하기도 한다.

→ average, deviation, sample

straight
[streit]

일직선의, 똑바로

straight angle

평각 (平角)

180°와 일치하는 각으로, 둔각 obtuse angle보다 크고, 우각 ($180° < x < 360°$) reflex angle보다 작다.

straight line	직선 (直線)

stretch
[stretʃ]

신장 변환 (伸長 變換) ; 당겨 늘리다

잡아당겨 변화시키는 것을 말한다. 잡아당기는 쪽으로 직선을 세워 원래의 점과 거리비가 일정한 점으로 변환하는 것이다. 예를 들어, 곡선 $y = x^2$의 그래프를 y축의 방향으로 2배한 곡선은 $y = 2x^2$이 된다.

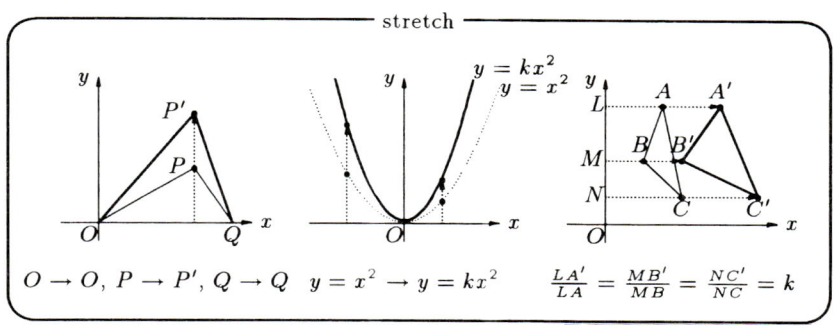

— stretch —

$O \to O, \ P \to P', \ Q \to Q$ $\quad y = x^2 \to y = kx^2$ $\quad \dfrac{LA'}{LA} = \dfrac{MB'}{MB} = \dfrac{NC'}{NC} = k$

strict
[strikt]

엄밀한, 협의(狹義)의

■ in the ~ sense 좁은 의미의, 좁은 의미로

strictly
[stríktli]

엄밀하게

■ ~ decreasing 단조감소(單調減少)하는

함수 $f(x)$가 어떤 구간의 임의의 두 수 $a < b$에 대해서, $f(a) > f(b)$를 만족시키고 있을때, $f(x)$는 그 구간에서 '단조감소하고 strictly decreasing 있다'고 한다. $f(a) \geq f(b)$가 성립할 때는, 단순히 '감소'하고 있다고 한다.

Dictionary of Mathematics for studying abroad

■ ~ **increasing** 단조증가(單調增加)하는

함수 $f(x)$가 어떤 구간의 임의의 두 수 $a < b$에 대해서, $f(a) < f(b)$를 만족할 때, $f(x)$는 그 구간에서 단조증가하고 strictly increasing 있다고 한다. $f(a) \le f(b)$가 성립할 때는, 단순히 '증가'하고 있다고 한다.

sub-
〔sʌb〕

'부분 (部分)', '하위 (下位)'의 뜻

일부분을 표시할 때 또는 등급이 아래인 것을 나타낼 때 쓰임.

subgroup
〔sʌbgrùːp〕

부분군 (部分郡)

군 group의 부분집합 subset에서 그 자신이 군이 되는 것을 말한다. 예를 들어, 정수 전체 I는 덧셈 +에 관해서 군을 이루고 I의 부분집합인 짝수 전체의 집합 $E = \{0, \pm 2, \pm 4 \cdots \}$ 역시 덧셈 +에 관해서 군을 이루므로 E는 I의 부분군이다.

subject of formula **공식의 주제 (主題)**

삼각형의 넓이 A를 구하는 공식은 밑변의 길이를 b, 높이를 h라고 하면 $A = \dfrac{bh}{2}$이다. 이때, 좌변의 A를 공식의 주제 subject of formula라고 한다. 넓이가 주어지고 높이를 묻는 경우의 공식은 $h = \dfrac{2A}{b}$이고 이때는 h가 공식의 주제가 된다.

subscript
〔sʌbskript〕

아래 첨자 (添字)

수열의 일반항 $a_n = 2n - 1$과 같이 오른쪽 밑에 주어진 작은 숫자나 문자를 말한다.

위에 붙는 첨자는 **superscript**라고 한다.

subset
〔sʌ́bsèt〕

부분집합 (部分集合)

집합 A의 원소의 일부분으로 이루어진 집합을 말한다. 즉, 집합 B의 원소가 모두 A의 원소인 경우 B는 A의 부분집합이라고 하고 $A \supset B$ 또는 $B \subset A$라고 쓴다. 예를 들어, 집합 $\{a,\ b,\ c\}$의 부분집합은 하나의 원소로부터 이루어지는 $\{a\}$, $\{b\}$, $\{c\}$와 두 개의 원소로 이루어지는 $\{a,b\}$, $\{b,c\}$, $\{a,c\}$에 자기 자신과 공집합 empty set의 두 개를 더해서 8개가 있고 계산방법은 2^n이다(여기서 n은 원소의 개수를 말한다). 또, 자기 자신을 뺀 나머지 부분집합을 진부분집합 proper subset이라고 한다.

substitute
〔sʌ́bstətjùːt〕

대입 (代入) 하다, 치환 (置換) 하다

식의 가운데에 있는 문자를 특정 숫자나 다른 식으로 바꾸어 놓는 것을 말한다.

substitution
〔sʌ̀bstətjúːʃən〕

대입, 치환

예를 들면, 2차 방정식 $x^2 - 2x - 4 = 0$의 해는 공식

$$x = \frac{-b \pm \sqrt{b^2 - 4ac}}{2a}$$

에 $a = 1, b = -2, c = -4$를 대입해서,

$$x = \frac{-(-2) \pm \sqrt{(-2)^2 - 4 \cdot 1 \cdot (-4)}}{2 \cdot 1} = 1 \pm \sqrt{5}$$

을 얻는다.

subtend
〔səbténd〕

대하다, 마주하다

Dictionary of Mathematics for studying abroad

마주하다 be opposite to와 같은 의미로 이용된다. 예를 들어, '삼각형의 꼭지점 A에 대응하는 변 a', '현 AB에 대응하는 원주각 angle at circumference'처럼 사용한다.

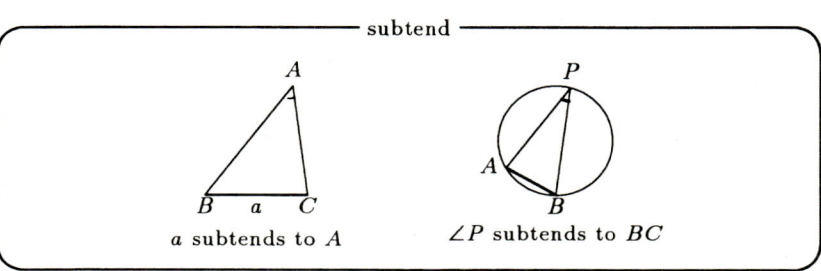

subtend

a subtends to A

$\angle P$ subtends to BC

subtense
[səbténs]

현 (弦), 대변 (對邊)
→ subtend

subtract
[səbtrǽkt]

빼다
예컨대, 'x에서 y를 빼시오'라고 할 때, 'Subtract y from x'라고 표현한다. 명사는 subtraction 이다.

successor
[səksésər]

후자 (後者)
1에 대한 2, 2에 대한 3처럼 다음에 오는 수 혹은 다음에 오는 문자를 나타낸 말이다.

sufficient
[səfíʃənt]

충분한
→ sufficient condition

■ ~ condition 충분조건
명제 'A이면 B이다'가 성립할 경우 A를 B의 충분조건 sufficient condition이라고 한다. 예를 들어,

$x=1 \rightarrow x^2=1$이므로 $x=1$은 $x^2=1$의 충분조건이다. 그런데 $x=-1$인 경우도 $x^2=1$이므로, $x^2=1$이어도 반드시 $x=1$일 필요는 없다. 따라서, $x=1$은 $x^2=1$의 필요조건 necessary condition은 아니다. 또, 필요조건이기도 하고 충분조건이기도 한 조건은 서로 같은 것을 말하며 필요충분조건 necessary and sufficient condition이라고 한다.

suffix
[sʌ́fiks]

첨자, 첨수 (添數)

sum
[sʌm]

합, 계 (計)

덧셈 addition의 결과를 말한다. 일례로, 1과 5의 합은 6이다 The sum of 1 and 5 is 6. 한편, 총합은 **total sum** 이라고 한다.

superscript
[súːpərskrìpt]

윗 첨자 (添字)

x^2처럼 오른쪽 위에 붙는 수나 기호를 말한다.
→ subscript

supplement
[sʌ́pləmənt]

보각 (補角) ; 보충이 되는 것

각 θ에 더해서 $180°$가 되는 각을 θ의 보각 supplement이라고 한다. 예를 들어, $50°$의 보각은 $130°$이다.

supplementary angles
[sʌ̀pləméntəri
ǽŋgls]

보각 (補角)

더해서 $180°$가 되는 두 개의 각을 말한다. 예를 들어, $60°$와 $120°$는 보각을 이룬다. 또 원의 내접하는 사각형 cyclic quadrilateral의 내대각 opposite angles은 보각을 이룬다.

surd
〔səːrd〕

부진근수 (不盡根數), 무리수

근호를 제거할 수 없는 수를 말한다.

예를 들어, $\sqrt{3}$, $2+\sqrt[3]{5}$ 같은 것은 근호없이는 정확히 표현할 수 없기 때문에 부진근수이다. $\sqrt{25}$, $\sqrt[5]{32}$ 같은 것은 근호를 벗기면 5, 2가 되기 때문에 부진근수가 아니다. 부진근수는 무리수 irrational이기 때문에 무리수 의미로 'surd' 를 이용하는 경우도 있다.

surface
〔sə́ːrfis〕

면 (面), 표면

입체의 표면을 말한다. 일례로 곡면은 방정식 $f(x, y, z)=0$으로 주어질 수 있다. 예를 들어, 원점 origin을 중심 center으로 하는 구면 sphere은 $x^2+y^2+z^2=r^2$으로 나타낼 수 있다.

- ~ area 겉넓이

survey
〔sərvéi〕

측량, 조사

symbol
〔símbəl〕

기호, 부호

이항의 관계, 연산, 집합, 군(群)등 수학의 대상을 간편하게 표현하기 위한 문자나 기타 부호 등을 말한다. 변수와 상수(常數)는 알파벳의 소문자, 점과 집합은 알파벳의 대문자로 나타낸다. 예를 들어, r은 반지름 radius, x, y는 변수 variable, S는 집합 set, G는 군(群), P는 점 point 등을 나타낸다.

【물】 물이 얼 때 그 부피가 11분의 1만큼 증가한다고 한다. 반대로 얼음이 물이 될 때 그 부피는 얼마만큼 감소할까?

➡ 12분의 1 만큼 감소 [부피 11의 물이 얼면 부피가 11분의 1 증가하여 부피 12의 얼음으로 된다. 그래서 부피 12의 얼음이 녹으면 부피 11의 물이 되므로 12분의 1만큼 감소한다.]

─── mathematical symbols ───

$*$	operation	$+$	plus, add
$-$	minus, subtract	$\times$	times, multiply
$\div$	share, divide	$\sqrt{}$	square root
$\sqrt[n]{}$	nth root	$a:b$	ratio
$=$	equals	$<$	less than
$\leq$	less than or equal to	$>$	greater than
$\geq$	greater than or equal to	$\approx$	approximately equal to
$\cap$	intersection	$\cup$	union
$\in$	belongs to	$\subset$	a subset of
$\emptyset$	empty set	∞	infinity
$\angle$	angle	$\parallel$	parallel to
$\perp$	perpendicular	$\triangle$	triangle
$\sum$	sigma, sum of	σ	standard deviation
π	pi($3.14159\cdots$)	e	e($2.71828\cdots$)
$\dfrac{d}{dx}$	differentiate	$\int(\ )dx$	integrate
i	imaginary, $\sqrt{-1}$	$\equiv$	congruent

symmetric
[simétrik]

대칭의

대칭 축 line of symmetry, 대칭의 중심 point of symmetry 혹은 대칭의 면 plane of symmetry을 가진 도형을 대칭형 symmetric shape이라고 한다.

- ~ expression 대칭식

  문자를 서로 바꾸어 넣어도 변화하지 않는 식을 말한다. 예를 들어, $x+y$, xy, $xy+yz+zx$, xyz 같은 것이 대칭식이다. $x-y$는 x, y를 바꾸어 넣으면 식이 $y-x$ 같이 변화하기 때문에 대칭식이 아니다.

- ~ law 대칭률

  관계 ~에 대해서 '$a\sim b$라면 $b\sim a$'가 성립할 때 ~는 대칭적 symmetric이라고 한다. 이 성질 '$a\sim b$

Dictionary of Mathematics for studying abroad

라면 $b \sim a'$를 대칭률 symmetric law이라고 한다.
=, ⊥ 등은 대칭적이지만 >, ∈는 대칭적이지 않다.

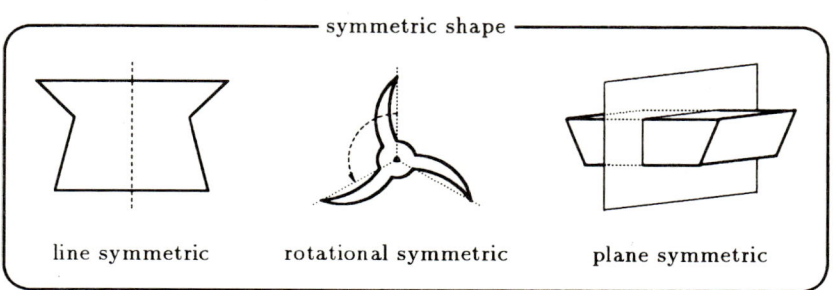

─── symmetric shape ───

line symmetric   rotational symmetric   plane symmetric

symmetry
〔símətri〕

대칭, 대칭변환
대칭인 것, 대칭인 성질, 대칭으로 이동하는 것을 말한다.

■ **axial** ~ 선대칭
축 또는 직선에 관해서 대칭인 것을 말한다. 이 축 또는 직선을 대칭축 axis of symmetry이라고 한다.
→ line symmetry

■ **plane** ~ 면대칭
평면에 관해서 대칭인 것을 말한다. 이 평면을 대칭면 plane of symmetry이라고 한다.

■ **point** ~ 점대칭
점에 관해서 대칭인 것을 말한다. 이 점을 대칭의 중심 point of symmetry이라고 한다.

■ **rotational** ~ 회전 대칭
회전(1회전 미만)해서 자신과 겹치는 것을 말한다 .

table
〔téibl〕

표 (表)
수나 문자, 기호 등을 나열하고 항목별로 정리해서 알기
쉽게 표시한 것을 말한다. 연산의 결과를 나타내는 일도
많다. 곱셈표, 제곱표, 로그표 등이 대표적인 예이다.
table 이 보다 시각적으로 발전하면 그래프가 된다. 그래
프는 전체의 모습을 일목요연하게 파악하는 데 특히 유
용하다.

tangency
〔tǽndʒənsi〕

접촉 ; 접하기
한 점에서 만나되 교차하지 않는 것을 말하며 접하는 점
을 접점 point of tangency이라 한다. → **tangent**

tangent
〔tǽndʒənt〕

접선, 탄젠트 ; 접하는
두 개의 곡선이 한 점을 공유하고 그 점에서의 접선의
기울기가 일치할 때 두 곡선은 접한다 touch고 한다. 이
때 곡선에 접하는 직선을 접선 tangent이라 한다. 따라
서, 곡선의 변화율은 접선의 기울기와 같다. 원 circle
의 접선은 반지름 radius에 수직 perpendicular인 직선
이다. 또, 곡선이 접해 있는 점을 접점 point of
tangency이라 한다. → **touch**
구를 하나의 평면 위에 두면 구는 평면에 접하게 되는데
이 평면을 구의 접평면 tangent plane이라 한다.

한편, 각 θ를 한 각으로 갖는 직각삼각형의 $\frac{\text{대변}}{\text{밑변}}$ 을 탄

젠트 tangent라 하며 $\tan \theta$라고 쓴다. 탄젠트는 직선의

기울기를 나타낸다. 또, $\tan \theta = \frac{\sin \theta}{\cos \theta}$ 가 성립하고

$y = \tan x$의 그래프를 탄젠트 곡선 tangent curve이라
한다.

tangram
[tǽŋgrəm]

탄그램

정사각형을 몇 개로 잘라서 원래의 모양으로 복원시키거나 다른 모양으로 만드는 퍼즐을 말한다.

temperature
[témpərətʃər]

온도, 기온

→ Celsius, Fahrenheit

term
[təːrm]

항 (項)

식에 있어서 문자와 수를 서로 곱해서 만들어지는 하나하나의 모임을 말한다. 예를 들어, $4x^2 - 5x + 3$에서 항은 $4x^2$, $-5x$, 3이다. 특히, 수만으로 이루어지는 항을 상수항 constant term이라고 한다.

또, 술어, 용어 등의 의미도 있다.

terminating decimal
[tə́ːrmənèitiŋ désəməl]

유한소수 (有限小數)

소수 부분이 유한개의 수로 구성되는 소수를 말한다. 예를 들어, 0.4 나 1.125는 유한소수이다. 유한소수는 분수로 나타낼 수 있고 위의 수는 분수로 고치면 각각 $\dfrac{2}{5}$, $\dfrac{9}{8}$이다. 한편, 무한소수에는 순환소수와 순환하지 않는 소수가 있는데 그 중 순환하는 무한소수는 분수로 나타낼 수 있지만 순환하지 않는 소수는 분수로 나타내는 것이 불가능하며, 무리수 irrational number라 부른다.

tessellation
[tèsəléiʃən]

꽉 채우기, 가득 채우기

여러 가지 형태의 타일로 평면을 남김없이 채울 수 있는 것을 말한다. 특히 정다각형으로 남김없이 채우는 것으로 각 꼭지점의 주위 타일이 모두 나열된 경우를 완전히 꽉 찬 형태 regular tessellation라고 한다. 다음의 왼쪽 그림은 각 꼭지점의 주위에 정육각형, 정삼각형이 6, 3, 3, 6 각형의 순으로 나열되어 있기 때문에 완전히 꽉 찬 형태의 예이다. 그러나 오른쪽의 그림은 완전히 꽉 찬 형태가 아니다.

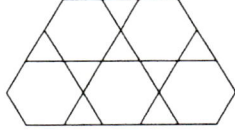 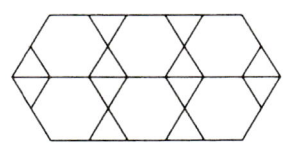

regular tessellation　　　　semi regular tessellation

tetrahedron
〔tètrəhíːdrən〕

사면체 (4面體)
4개의 면으로 이루어져 있는 다면체 polyhedron를 말한다. 예를 들면, 정사면체 regular tetrahedron는 네 개의 면이 모두 정삼각형으로 만들어져 있다.

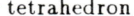

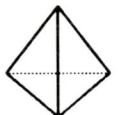

regular tetrahedron

theorem
〔θíːərəm〕

정리 (定理)
공리 axiom나 정의 definition를 기초로 하여 증명된 명제를 말한다.

theory
〔θíːəri〕

이론 (理論)

therefore
[ðɛ́ərfɔːr]

= hence, so

tiling
[táiliŋ]

꽉 채우기

= tessellation

time
[taim]

시간, 시각, 배 (倍)

- two ~s 2배, 2회

  Two ~s three is six. $(2×3=6)$

timetable
[táimtèibl]

시각표 (時刻表), 시간표

topological
[tàpəládʒikəl]

위상적인

→ topology

topologically
[tàpəládʒikəli]

위상적으로

도형의 형태와 크기보다 점과 선 등의 도형 연결방식에 주목하는 것을 말한다. 따라서 형태와 크기가 달라진다고 해도 연결 방식이 같은 도형을 위상동치 topologically equivalent라 한다. 예를 들어, 알파벳 c와 s는 형태가 다른 것처럼 보이지만 양 끝을 잡아당기면 똑같이 하나의 선분이 되므로 위상동치이다. → topology

topology
[təpáːlədʒi]

위상 (位相) 수학, 위상 기하학, 위상

도형의 형태나 크기를 무시하고 도형을 구성하는 점과 선분 등의 연결 방식이나 도형의 공간에 중점을 두는 수학의 한 분야를 말한다. topology 에서는 연속적인 도형의 변환에 의한 불변의 성질에 주목한다. 따라서 삼각형, 사각형, 단순 폐곡선은 모두 원과 같이 취급된다.

torus
[tɔ́:rəs]

원환면(토러스)

원을 원과 만나지 않는 직선을 중심으로 회전시켰을 때 생기는 도넛 모양의 표면을 말한다.

total
[tóutl]

합계 ; 총계의, 전체의

- grand ~ 총계 (특히 크고 작은 중간 집계가 많은 것에서 최종의 것)
- ~ sum 총합, 합계

touch
[tʌtʃ]

접하다, 접촉하다 ; 접촉

두 개의 곡선이 한 점을 공유하고 그 점에 있어서 기울기(변화율)가 일치할 때 두 곡선의 관계를 말한다. 곡선에 접하는 직선을 접선 tangent이라고 하는데 접선 근방에서는 곡선과 접선의 기울기가 거의 비슷해진다. 곡선 위의 두 점을 이은 직선은 두 점을 무한히 접근시키면 접선에 접근한다. 접선의 기울기는 곡선의 변화율 rate of change과 같기 때문에 곡선의 미분계수 differential coefficient가 된다.

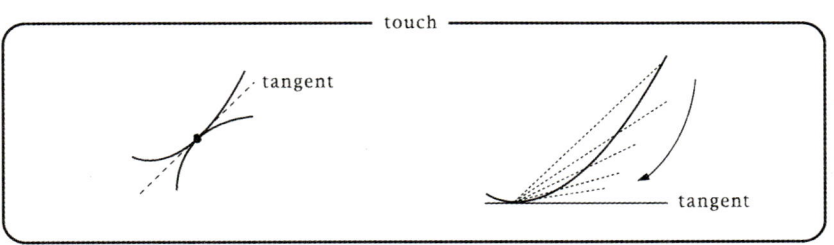

trajectory
[trədʒéktəri]

궤도

공중에 던져진 투사물 projectile에 의해 그려진 곡선을 말한다.

transcendental
〔trænsendéntl〕

초월의, 초월적인

대수 방정식 algebraic equation의 해법에 의해 얻을 수 없는 수를 초월수(超越數) transcendental number라 한다. 유리수 $\frac{b}{a}$ 는 방정식 $ax=b$ 의 해이므로 초월수가 아니다. 또 $\sqrt{3}$ 등의 무리수도 $x^2=3$ 이므로 초월수가 아니다. 원주율 π 와 자연대수의 밑인 e 는 초월수라고 알려져 있다. 일반적으로 초월수임을 보이는 것은 간단하지 않다.

transform
〔trænsfɔ́ːrm〕

변형시키다, 변환시키다
→ transformation

transformation
〔trænsfərméiʃən〕

변형, 변환

도형을 다른 도형으로 변형하는 것이나 그 변형 규칙을 말한다. 점을 옮긴다고 생각하면, 변환은 함수 mapping와 같은 것으로 생각해도 좋다. 기하학적인 변환에는 다음과 같은 것이 있다.

- **congruent ～ 합동변환**
  크기와 모양을 바꾸지 않는 변환으로 평행이동 translation, 반사 reflection, 회전이동 rotation 등이 그 예이다. → isometry

- **inverse ～ 역변환**
  특정한 변환에 의해 변형된 도형을 다시 원래의 도형으로 되돌리는 것을 말한다. 역변환을 합성시키면 항등변환 identical transformation이 된다.

- **linear ～ 선형변환, 1차변환**
  벡터 $\begin{pmatrix} x \\ y \end{pmatrix}$ 를 벡터 $\begin{pmatrix} ax+by \\ cx+dy \end{pmatrix}$ 에 대응시킨 변환을

$$\begin{pmatrix} x' \\ y' \end{pmatrix} 라고 쓰면$$

$$\begin{pmatrix} x' \\ y' \end{pmatrix} = \begin{pmatrix} ax+by \\ cx+dy \end{pmatrix} = \begin{pmatrix} a & b \\ c & d \end{pmatrix} \begin{pmatrix} x \\ y \end{pmatrix}$$

이기 때문에, 선형변환은 행렬 $\begin{pmatrix} a & b \\ c & d \end{pmatrix}$으로 나타난다.

- **similar** ~ 닮음변환
  도형을 닮은 형태의 도형으로 변화시키는 변환을 말한다. 확대 enlargement는 닮음변환이다.

- **symmetric** ~ 대칭변환
  주어진 도형을 점, 선, 면에 대해서 대칭시킨 변환이다.

transformation of formula   공식의 변형

공식의 주제 항 subject of formula을 바꾸는 것을 말한다. 예를 들면, 직각삼각형의 빗변 hypotenuse을 c, 다른 두 변을 a, b로 하면, 피타고라스의 정리 Pythagorean theorem에 의해 $c=\sqrt{a^2+b^2}$가 성립된다. 여기서, 식을 변형해서 a에 관한 식으로 바꾸면 공식은 $a=\sqrt{c^2-b^2}$라 고쳐 쓸 수 있다. 이처럼, 공식을 고쳐 쓰는 것을 공식의 변형이라 한다.

transitive
〔trǽnsətiv〕

추이적 (推移的) 인, 가이적 (可移的) 인, 전이적 (轉移的) 인
관계 ~에 대해서 'a~b 이며 b~ c이면 a~ c'가 성립될 때, 관계 ~를 추이적 transitive이라 한다. 예를 들어, <은 $a < b$, $b < c \Rightarrow a < c$ 가 성립되기 때문에 추이적이 된다. 한편, '직선이 수직' perpendicular 인 관계를 '⊥'이라 하면, ⊥은 $a \perp b$, $b \perp c$이더라도 일반적으로 $a \perp c$가 아니므로 추이적이 아니다. 추이적인 것을 보이는 명제 'a~ b, b~ c $\Rightarrow$ a~ c'

를 추이율 transitive law이라 한다.

translate
[trænsléit]

(평행) 이동시키다
→ translation

translation
[trænsléiʃən]

평행 이동, 이동
도형의 모습에 어떠한 변화도 주지 않은 상태로 한 직선을 따라 이동시키는 것을 말한다. 그 움직이는 도형의 모든 점은 같은 방향에 같은 거리만 움직이고 있다. 따라서, 평행이동은 방향과 크기를 갖는 백터로 표현이 가능하다. 평행이동 $\begin{pmatrix} 2 \\ 1 \end{pmatrix}$은 가로 방향으로 2, 세로 방향으로 1만큼 평행이동된 것을 나타내는 것이다.

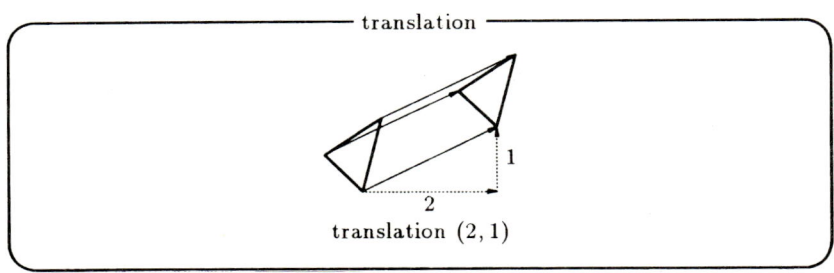

translation

translation (2, 1)

transpose
[trænspóuz]

전치 (轉置) 하다, 이항 (移項) 하다, 넣어 바꾸다
넓은 의미로 서로 바꿔 넣는 것을 말한다. 예를 들어, $y = 2x + 1$의 그래프에서 변수 x, y를 각각 y, x로 바꾸면 transpose x축과 y축이 바뀐 그래프 $x = 2y + 1$가 된다.
또한, 행렬 M의 행 rows과 열 columns을 서로 바꾸는 것도 해당되며, 이때 새롭게 얻은 행렬 M^t를 M의 전치행렬 transpose of M이라 한다.

예를 들어, $M = \begin{pmatrix} 1 & 2 \\ 3 & 4 \end{pmatrix}$이라 하면, $M^t = \begin{pmatrix} 1 & 3 \\ 2 & 4 \end{pmatrix}$가 된다.

transposed
〔trænspóuzd〕

전치된

- ~ matrix 전치 행렬
  → transpose

transposition
〔trænspəzíʃən〕

전치, 이항, 호환

transversal
〔trænsvə́ːrsəl〕

횡단선

몇 개의 선을 가로지르는 직선을 말한다. 평행선을 횡단하는 선이 평행선과 나타내는 각을 동위각 corresponding angles이라 하는데 그 각들은 크기가 모두 같다.

transversal

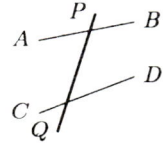

PQ: transversal of AB, CD　　　corresponding angles: $\alpha = \beta = \gamma$

transverse
〔trænsvə́ːrs〕

타원 또는 쌍곡선의 가로축

타원의 경우, 타원이 잘라낸 x축을 말한다.
쌍곡선에서는 한 곡선의 꼭지점에서부터 다른 곡선의 꼭지점까지의 선분을 말한다. 쌍곡선의 방정식이 $\dfrac{x^2}{a^2} - \dfrac{y^2}{b^2} = 1$인 쌍곡선에서, 장축의 길이는 두 점 $(\pm a, 0)$을 연결한 선분의 길이인 $2a$이다.

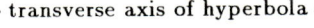

transverse axis of hyperbola

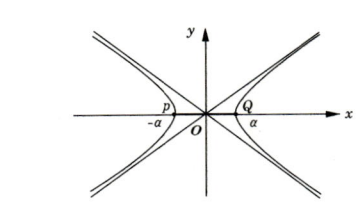

hyperbola: $\dfrac{x^2}{a^2} - \dfrac{y^2}{b^2} = 1$

transverse: $PQ = 2a$

trapezium
〔trəpíːziəm〕

(英) 사다리꼴

한 쌍의 대변 opposite sides이 평행인 사각형을 말한다.

- ~ rule 사다리꼴 공식
  → trapezoid rule

trapezoid
〔trǽpəzɔ̀id〕

(美) 사다리꼴

한 쌍의 대변 opposite sides이 평행인 사각형을 말한다. 특히 평행이 아닌 다른 두 변의 길이가 같은 사다리꼴을 등변사다리꼴 isosceles trapezoid이라 한다.

- **trapezoid rule** 사다리꼴 공식

  곡선 $y = (x)$와 두 직선 $x = a$, $x = b$ 및 x축에 의해 둘러싸인 부분의 면적에 대한 근사값을 작은 사다리꼴 면적의 합으로 구한 공식을 말한다. 구간(a, b)를 2등분해서 분할점을 $t_0 = a$, t_1, $t_2 = b$라고 하고 등분된 구간의 폭을 h, 다시 $y_0 = f(a)$, $y_1 = f(t_1)$, $y_2 = f(t_2)$라 하면, 구하는 면적 S 의 근사값은 사다리꼴 두 개의 면적의 합에서 구해질 수 있다. 따라서,

  $$\frac{1}{2}(y_0 + 2y_1 + y_2) \times h$$

  이 근사값이다. 이와 같이 n등분해서 얻을 수 있는 공식은

$$\frac{1}{2}(y_0+2y_1+2y_2+\cdots+2y_{n-1}+y_n)\times h$$

이다.

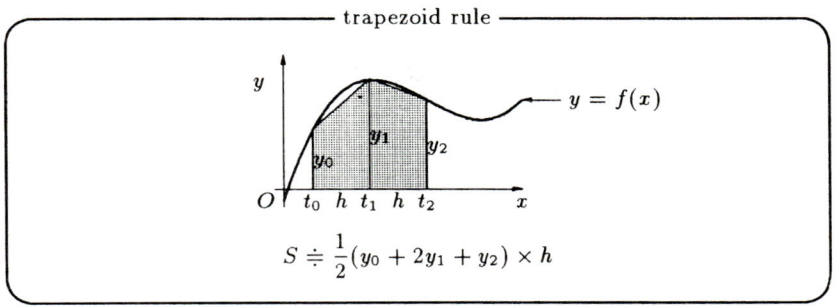

trapezoid rule

$y = f(x)$

$S \doteqdot \frac{1}{2}(y_0 + 2y_1 + y_2) \times h$

traversible

한붓에 그릴 수 있는

연필을 종이에서 떼지 않고 같은 길을 두 번 가지 않으면서 전부의 길을 따라 그릴 수 있는 평면도형의 경우를 말한다. 한붓그리기의 도중점은 선이 들어가 나오지 않으면 안 되기 때문에 짝수의 길이 모여 있어야 한다. 이러한 점을 짝수 점 even vertex이라 하고 홀수의 길이 모인 점은 홀수 점 odd vertex이라 한다. 짝수 점만으로 되어 있는 도형이나 홀수점이 2개인 도형으로써 그 한쪽을 출발점, 나머지 하나를 종점으로 하는 경우에만 이 그리기 방법이 가능하다. 따라서, 홀수점이 3개 이상 있는 도형은 한붓그리기가 불가능하다.

traversible

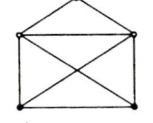

●: odd vertices, o: even vertices
traversible

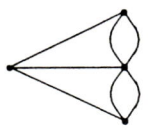

not traversible

tree diagram
〔tri: dáiəgræm〕

수형도 (樹形圖)

확률에서 모든 결과를 빠뜨림없이 나열하기 위해 연속하여 가지를 칠 때 그 나무 가지처럼 생긴 그림을 말한다. 예를 들어, 주사위를 2회 던질 때 짝수와 홀수가 나오는 경우는 첫 번째에서 짝수와 홀수로 나눠지고, 두 번째에서 그 각각이 다시 짝수와 홀수로 나눠져 총 4가지가 가능하다.

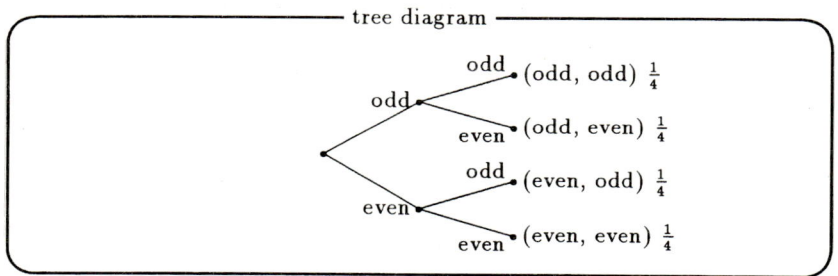

tree diagram

odd — odd • (odd, odd) $\frac{1}{4}$

even • (odd, even) $\frac{1}{4}$

odd • (even, odd) $\frac{1}{4}$

even — even • (even, even) $\frac{1}{4}$

trial
〔tráiəl〕

시행

몇 번이고 반복할 수 있는 실험이나 관찰을 말한다.

■ **independent ~** 독립시행
시행의 결과가 다음의 시행에 영향을 주지 않는 시행을 말한다.

■ **method of ~ and error** 시행착오법
시행과 실수를 반복하면서 보다 좋은 길을 찾는 방법을 말한다. → trial and error method

trial and error method　　**시행착오**

해결책을 찾기 위해 이것 저것 시도하며 그 결과에서 실수를 고치고, 조금씩 해답에 가까이 가는 과정을 말한다.

triangle
〔tráiæŋgl〕

삼각형

세 개의 변, 세 개의 꼭지점, 세 개의 각을 갖는 다각형을 말한다.

삼각형을 결정하기 위해서는,

1. 세 변의 길이
2. 두 변과 그 사이 각
3. 한 변과 그 양끝 각

중 어느 한 가지 조건을 만족하면 된다(합동조건). 세 개의 각이 같을 때는 삼각형이 결정되지만, 크기가 결정되지 않는다(상이조건).

각 A, B, C의 대변 opposite side을 각각 a, b, c라 하면

$$a^2 = b^2 + c^2 - 2bc \cos A$$

이 성립된다. 이것을 코사인 정리 cosine theorem라고 한다. 피타고라스의 정리는 이것의 특별한 경우이다.

삼각형의 변이나 각으로 보아 다음과 같은 삼각형이 있다.

- **acute ~** 예각 삼각형
  세 개의 각이 전부 $90°$보다 작은 삼각형을 말한다.

- **equilateral ~** 정삼각형
  세 변의 길이가 모두 같은 삼각형. 정삼각형은 세 개의 각도 전부 같으며 $60°$이다.

- **isosceles~** 이등변삼각형
  두 변의 길이가 같은 삼각형.

- **obtuse ~** 둔각삼각형
  한 개의 각이 $90°$보다 큰 삼각형을 말한다.

- **rectangular ~** 직각삼각형
  한 개의 각이 $90°$인 삼각형으로 피타고라스의 정리 Pythagorean theorem가 성립된다.

- **regular** ~ 정삼각형

  = equilateral triangle

- **right (-angled)** ~ 직각 삼각형

  = rectangular triangle

- **scalene** ~ 부등변삼각형

  세 개의 변의 길이가 전부 다른 삼각형을 말한다.

triangle number　**삼각수**

정삼각형 모양으로 나열된 점의 개수를 말한다.
1, 3, 6, 10, … 은 삼각수이다. 이것은, 0에 차례로 1,
2, 3, 4, 5,… 를 누적적으로 더해 얻어진 수열이다.

────── triangle number ──────

1　　3　　6　　10

triangle numbers

triangular　**삼각형의**
〔traiǽŋgjulər〕

- ~ **number** 삼각수

  = triangle number

- ~ **prism** 삼각기둥

  밑면이 삼각형인 기둥을 말한다.

- ~ **pyramid** 삼각뿔

  밑면이 삼각형인 각뿔을 말한다. → **tetrahedron**

- ~ **square** 삼각자

trigon　**삼각형**
〔tráigan〕
→ **triangle**

trigonometric function   **삼각함수**

[trìgənəmétrik fʌ́ŋkʃən]

사인($y = \sin x$), 코사인($y = \cos x$), 탄젠트($y = \tan x$)를 말한다. sin, cos, tan 은 반지름 r 인 원의 원주 위의 점의 좌표를 사용해 다음과 같이 정의된다.

x축의 양의 부분과 이루어지는 각이 θ인 원주 위의 점 $P(x, y)$에 대하여 $\sin\theta = \dfrac{y}{r}$, $\cos\theta = \dfrac{x}{r}$, $\tan\theta = \dfrac{y}{x}$로 정의한다. 특히 반지름을 1로 해서 나타내면 $\sin\theta = y$, $\cos\theta = x$, $\tan = \dfrac{y}{x} = \dfrac{\sin\theta}{\cos\theta}$ 이다.

각도가 음수일 때는 시계 반대 방향으로 측정하면 되므로 삼각함수는 모든 각에 대해 정의된다.

삼각함수의 그래프는 다음과 같고, 특히 코사인의 그래프는 사인의 그래프를 x축 방향으로 $-\dfrac{1}{2}\pi$만큼 평행 이동한 것이다. 또한 중요한 성질로서 $\sin^2\theta + \cos^2\theta = 1$이 있다.

【테리어】 나의 이웃집에서 한 마리의 테리어를 사육하고 있다. 신경질적인 놈이어서 멍멍 짖어 고통을 받고 있는데 언젠가 시계로 재어 보았더니 밤에 누군가가 지나가면 그 뒤 정확히 40분간 계속 짖고 있었다. 이 비율로 이 테리어가 밤새도록 계속 짖도록 하려면 최소한도 몇 사람의 통행인이 필요할까? 다만 '밤새도록'이란 편의상 10시간이라 해 두자.

➡ 이 문제는 다소 넌센스 문제이다. 답은 1명이다. 구하고자 하는 인원수는 최소인 원수이다. 결국 같은 사람이 왔다 갔다 하면 되는 것이므로 1명으로 충분하다.

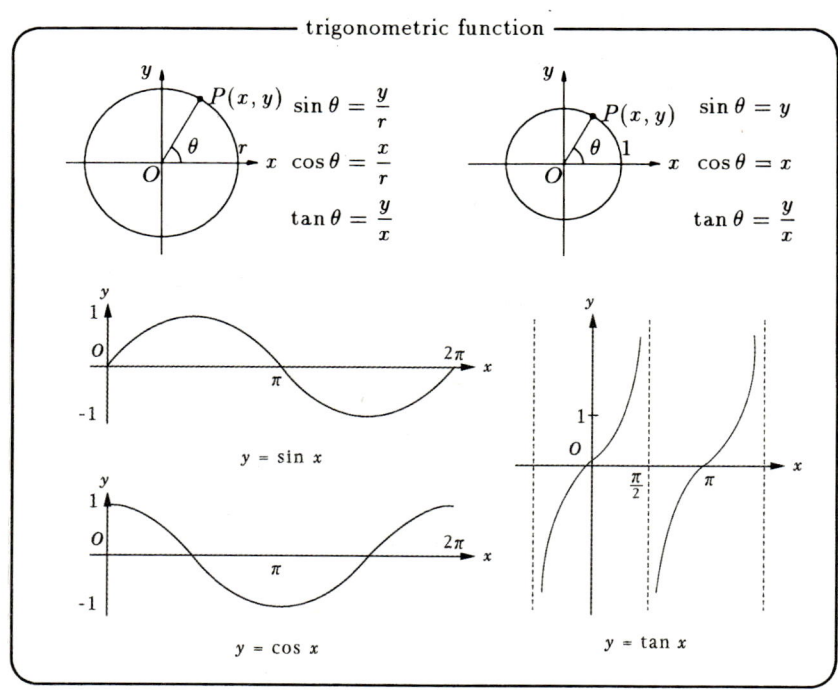

trigonometric ratio   삼각비 (3角比)

직각삼각형의 한 각에 의해 정해진 변의 비를 말한다. 직각 삼각형은 한 각을 정하면 형태가 정해지므로 크기에 관계없이 변의 비가 결정된다. 다음의 도형에서 각 θ의 대변 opposite side을 b, 밑변 base을 a, 빗변 hypotenuse을 c로 해서 6개의 삼각비를 다음과 같이 정의한다.

$$\sin \theta = \frac{b}{c}$$

$$\cos \theta = \frac{a}{c}$$

$$\operatorname{cosec} \theta = \frac{c}{b} = \frac{1}{\sin \theta}$$

$$\sec \theta = \frac{c}{a} = \frac{1}{\cos \theta}$$

$$\tan \theta = \frac{b}{a}$$

$$\cot \theta = \frac{a}{b} = \frac{1}{\tan \theta}$$

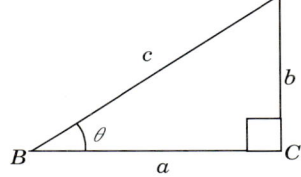

또한, 다음의 식이 성립된다.

$$\tan \theta = \frac{\sin \theta}{\cos \theta}$$

$$\sin^2 \theta + \cos^2 \theta = 1$$

trigonometry
[trìgənámətri]

삼각법 (3角法)
삼각함수를 다루는 수학의 분야로, 측량, 항해, 토목 등에 있어 삼각형의 모르는 변이나 각을 찾는데 응용된다.

trinomial
[trainóumiəl]

3항식 (3項式)
3개의 항으로 된 식을 말한다.

trisect
[traisékt]

3등분 (3等分)
3개의 똑같은 부분으로 나누는 것을 말한다.

trivial
[tríviəl]

자명한
사소하다는 뜻도 있지만, 여기서는 설명이 필요 없을 정도로 뻔한 것을 말한다.

truncate
[trʌ́ŋkeit]

자르다 ; 끝 수를 버리다

truncated
〔trʌ́ŋkeitid〕

끝을 자른

끝부분을 자른 원뿔, 각뿔을 각각 원뿔대 truncated
cone, 각뿔대 truncated pyramid라 한다.

→ frustum

– tuple
〔tʌ́pl〕

'배 (倍)' 의 의미

turning point
〔tə́:rniŋ pɔint〕

변환점

함수가 증가에서 감소 또는 감소에서 증가로 변화하는
점을 말한다. 변하는 점은 극대 local maximum 또는
극소 local minimum가 된다.

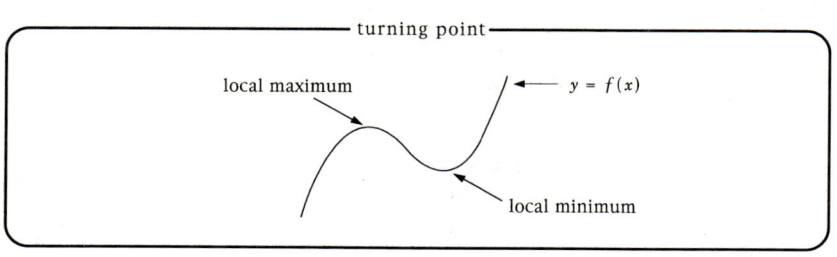

un-
〔ən〕

비 (非)-, '부정'의 의미

unbounded
〔ʌnbáundid〕

비유계 (非有界) 인, 무한 (無限) 의

유한하지 않은 것을 말한다. 예를 들어, $\dfrac{1}{x}$ 은 x 가 한 없이 작아질 때 무한히 크게 된다. 이와 같은 경우, $\dfrac{1}{x}$ 은 $x=0$ 근방에서 비유계 unbounded이다.

unconditional
〔ʌnkəndíʃənl〕

무조건의, 절대적인

어떤 제한도 없는 것을 말한다. 일례로, 모든 실수에 대해 항상 성립하는 부등식을 절대부등식 unconditional inequality이라 한다.

unfair
〔ʌnfέər〕

공정치 못한, 치우친

확률에서 사건이 일어날 경우가 균일하지 않은 것을 말할 때 사용된다. 예를 들어, 1이 다른 수보다 더 잘 나오는 나오는 주사위는 치우쳤다 unfair고 한다.

unicursal
〔jùːnəkə́ːrsəl〕

한 번에 그릴 수 있는

한 번에 그릴 수 있는 도형을 말한다.
→ traversible

union (of sets)
〔júːnjən〕

합집합, ∪

두 개의 집합 A, B 중 적어도 어느 한 부분에 속하는 원소의 집합을 말한다. → cup

unit
〔júːnit〕

단위 (單位), 단원 (單元)

수의 1과 같은 작용을 하는 것으로 물건을 측정하는 기준이 되는 것.

- **~ circle** 단위원(單位圓)
  반지름 radius이 1인 원을 말한다.

- **~ matrix** 단위행렬(單位行列)
  모든 행렬 A에 대해 $AE = EA = A$가 되는 행렬 E를 말한다. 2차 정사각행렬일 때는 $E = \begin{pmatrix} 1 & 0 \\ 0 & 1 \end{pmatrix}$ 이다.

- **~ point** 단위점(單位点)
  직선에 실수를 대응시킬 때 우선 원점 O를 정하고 그 오른쪽에 1을 나타내는 점 E를 정하는 데 이 점 E를 단위점 unit point이라고 한다. → **number line**

- **~ vector** 단위벡터
  크기가 1인 벡터를 말한다. 벡터 $\vec{a}$의 크기를 $|\vec{a}|$라고 한다면 $\dfrac{\vec{a}}{|\vec{a}|}$는 $\vec{a}$와 같은 방향의 단위벡터가 된다.

upper bound
〔ʌ́pər báund〕

상계 (上界)
실수의 부분집합 A의 모든 요소 a에 대해 $u \geq a$인 실수 u를 설정할 때 u를 집합 A의 상계 upper bound라 한다.

Validity – vulgar fraction

validity
〔vəlídəti〕

유효성, 타당성

명제 statement가 옳은 것을 말한다. '실수 x에 대해
$x^2 \geq 0$'는 validity를 갖는 명제이다. validity가 없는 틀
린 명제를 invalid statement라고 한다.

value
〔vǽljuː〕

값

어떤 미지의 수나 수식이 갖고 있는 크기를 말한다. 예
를 들면, $12-3 \times 3$의 값은 3이다. 또 $x=1$일 때 $y=$
$2x+3$의 값은 $2+3$으로 5이다.

- **absolute ~** 절대값
  부호를 무시한 수의 크기를 말한다. 예를 들어, 3의
  절대값은 3이고, -2의 절대값은 2이다.

- **approximate ~** 근사값
  참값과 같지는 않으나 참값에 가까운 값을 말한다.
  근사값과 참값의 차이를 오차(誤差)라 한다.

variable
〔vέəriəbl〕

변수 (變數)

식에서 변하는 수를 말하며, 보통 문자를 이용하여 표시
한다. $x+2y=0$일 경우 x, y가 변수이다.

- **dependent ~** 종속변수(從屬變數)
  다른 변수의 값에 따라 결정되는 변수를 말한다. 예를
  들면, $y=x^2-2$일 경우 y는 $x=2$이면 $y=4-2$
  $=2$이고 $x=3$이면 $y=9-2=7$로 x의 값에 따라
  달라지는 종속변수이다.

- **independent ~** 독립변수(獨立變數)

다른 변수의 영향을 받지 않고 자유롭게 값이 변하는 변수를 말한다. $y = x^2 - 2$일 경우 x가 독립변수이다.

■ **random** ～ 확률변수(確率變數)

어느 표본 공간 sample space의 각 사건에 대해 값이 정해진 변수 X로, X의 값 또는 X값의 집합에 대하여 확률이 주어진 변수를 말한다. 예를 들어, 2개의 주사위를 던져 나온 수의 합을 X라 하면 X는 2, 3, 4, 5, 6, 7, 8, 9, 10, 11, 12 의 값을 갖게 된다. 합이 2가 되는 확률은 $P(X=2) = \dfrac{1}{36}$ 이 되며 X가 7일 때 확률은 최대인 $\dfrac{1}{6}$ 이다.

variance
〔vέəriəns〕

분산 (分散)

편차(偏差) deviation들의 제곱의 평균 mean을 말한다. 분산을 V, 자료의 개수를 N, 평균을 M이라 하면

$$V = \frac{\sum (X - M)^2}{N}$$

이 된다. 분산이 클수록 자료들이 흩어져 있음을 나타낸다. 분산의 제곱근을 표준편차(標準偏差) standard deviation라 한다.

■ **population** ～ 모(母)분산

모집단의 분산을 말한다.

■ **sample** ～ 표본 분산

추출된 표본의 분산을 말한다.

variation
〔vὲəriéiʃən〕

변화, 변동, 비례, 진폭

■ **direct** ～ 정비례 (正比例)

변수 x가 2배, 3배 변화할 때 변수 y도 2배, 3배 변

화할 경우 y는 x에 정비례한다고 한다. 이렇게 y가 x에 정비례할 때 $y=kx$라고 쓸 수 있다.
→ direct

- inverse ∼ 반비례 (反比例)

변수 x가 2배, 3배 변화할 때 y가 $\frac{1}{2}$배, $\frac{1}{3}$배로 변화할 경우 y는 x에 반비례한다고 하며 $y=\frac{k}{x}$로 쓸 수 있다. → inverse proportion

vary
[véəri]

변화하다

- varies directly as ∼ ∼와 정비례한다

$y=kx$라고 쓸 때 y varies directly as x 라 한다.
→ direct

- varies inversely as ∼ ∼와 반비례한다

$y=\frac{k}{x}$ 라고 쓸 때 y varies inversely as x 라 한다.
→ inverse proportion

- varies jointly as ∼ and ⋯ ∼와 ⋯에 비례한다

$z=kx+ly$라고 쓸 때 z varies jointly as x and y 라고 한다. → joint variation

vector
[véktər]

벡터

크기와 방향을 갖는 양을 말한다. 예를 들어, 힘 force, 속도 velocity, 변위 translation 등은 벡터이다. 벡터는 화살표로 표시하며 화살표의 길이로 벡터의 크기를, 화살표의 방향으로 벡터의 방향을 표시한다. 따라서 오른쪽으로 4, 위쪽으로 3 이동한 벡터는 359페이지 그림과

같이 화살표로 나타내며 $\begin{pmatrix} 4 \\ 3 \end{pmatrix}$로 표시한다. 이 때 4, 3 을 벡터의 성분이라 한다. 또 이 화살표의 길이는 5이기 때문에 벡터 $\begin{pmatrix} 4 \\ 3 \end{pmatrix}$ 의 크기는 5이다. 벡터의 크기는 $|\vec{a}|$라고 쓴다. 벡터 연산은 다음 페이지의 그림에서 보듯이 삼각형 또는 평행사변형을 이용하여 정의한다.

- **column** ~ 열(列)벡터

  한 개의 열로 이루어진 벡터를 말한다. $\begin{pmatrix} a \\ b \end{pmatrix}$는 열 (列)벡터이다.

- **component** ~ 성분벡터

  벡터를 성분으로 표시한 것을 말한다. $\begin{pmatrix} 1 \\ 2 \end{pmatrix}$, $(1, 2, 3)$은 성분벡터이다.

- **inverse** ~ 역(逆)벡터

  $\vec{a}$ 와 크기가 같고 방향이 반대인 벡터를 $\vec{a}$ 의 역 (逆)벡터라 하며 $-\vec{a}$ 라고 표시한다.

- **normal** ~ 법선(法線)벡터

  평면 α에 수직인 벡터로 법선의 방향을 나타내는 벡터가 법선벡터이다. → **normal**

- **null** ~ 영(零)벡터

  크기가 0인 벡터를 말하며 $\vec{0}$라고 표시한다. 영(零) 벡터의 성분은 전부 0이다.

- **position** ~ 위치벡터

  기준점을 O로 할 때 점 P에 대해 벡터 $\vec{p} = \overrightarrow{OP}$를 대응시키면 $\vec{p}$는 P의 위치를 나타낸다. 이것을 P 의 위치벡터라 한다.

- **row** ~ 행(行)벡터
  한 개의 행으로 이루어진 벡터를 말한다.
  (a, b, c)는 행(行)벡터이다.

- **unit** ~ 단위(單位)벡터
  크기가 1인 벡터를 말한다. $\dfrac{\vec{a}}{|\vec{a}|}$ 는 $\vec{a}$ 와 같은 방향
  의 단위 벡터이다.
  $\begin{pmatrix} 1 \\ 0 \end{pmatrix}$, $\begin{pmatrix} 0 \\ 1 \end{pmatrix}$ 은 가장 기본적인 단위벡터이다.

- **velocity** ~ 속도벡터
  속도를 나타내는 벡터를 말한다.

- **zero** ~ 영(零)벡터
  = null vector

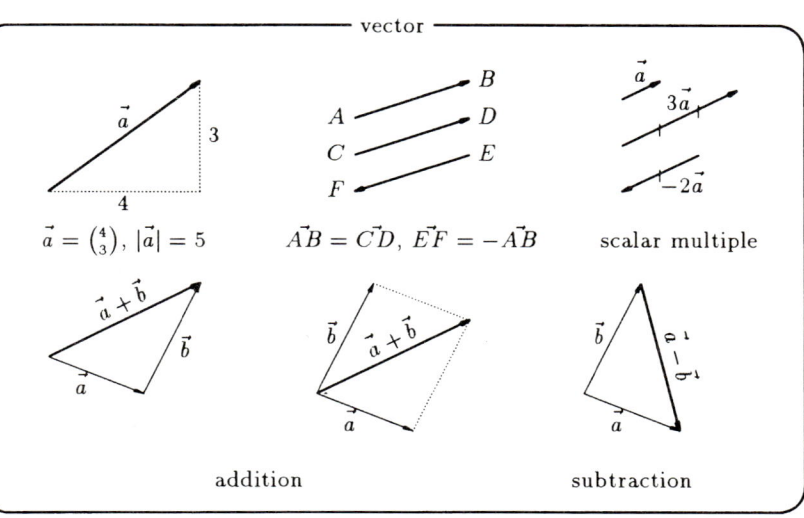

vector

$\vec{a} = \begin{pmatrix} 4 \\ 3 \end{pmatrix}$, $|\vec{a}| = 5$ $\vec{AB} = \vec{CD}$, $\vec{EF} = -\vec{AB}$ scalar multiple

addition   subtraction

vector addition

벡터합 (合)

$\vec{a}$ 의 종점(終点)에 $\vec{b}$ 의 시점(始点))을 연결할 때의 벡터를 벡터의 합이라고 하며 $\vec{a} + \vec{b}$ 라고 쓴다. 성분으로 나타내면 $\begin{pmatrix} a \\ b \end{pmatrix} + \begin{pmatrix} c \\ d \end{pmatrix} = \begin{pmatrix} a+c \\ b+d \end{pmatrix}$ 이다.

뺄셈은 $\begin{pmatrix} a \\ b \end{pmatrix} - \begin{pmatrix} c \\ d \end{pmatrix} = \begin{pmatrix} a-c \\ b-d \end{pmatrix}$ 이다.

→ scalar, cross product

velocity
〔vəlásəti〕

속도(速度)

방향을 갖는 속력 speed을 말한다. 예를 들면, 북쪽으로 60km, 동쪽으로 60km는 속력은 같지만 속도 velocity 는 다르다.

또, 회전속도(回轉速度)를 단위시간당 회전각으로 표시한 것을 각속도(角速度) angular velocity라 한다. 1초 간에 60° 회전하는 속도는 1분에 10회전하는 속도를 나타낸다.

Venn diagram
〔vén dáiəgrӕm〕

벤다이어그램

하나 하나의 집합을 원으로 하여 집합의 포함관계를 나타내는 도표를 말한다. $A=\{1,2,3\}$, $B=\{1,2,5,6\}$, $C=\{2,4,6\}$을 벤다이어그램으로 나타내면 다음과 같다.

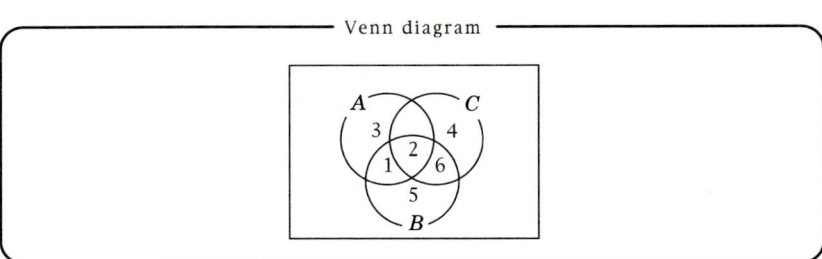

Venn diagram

vertex
〔vɔ́ːrteks〕

꼭지점

다각형(多角形) polygon이나 다면체(多面體) polyhed-
ron의 변이 만나는 점을 말한다.

- **corresponding vertices** 대응(對應) 꼭지점
  닮은 도형(圖形)에서 대응하고 있는 위치의 꼭지점
  을 말한다.

- **~ angle** 꼭지각
  삼각형의 밑변과 마주보는 각을 꼭지각 vertex an-
  gle이라 하고, 밑변의 양끝에 있는 각을 밑각 base
  angle이라 한다.

vertical
〔vɔ́ːrtikəl〕

수직의, 연직의 ; 수직선

수평면에 직각인 방향을 말한다. 초등기하학에서는 임
의의 한 직선에 대하여 수직방향으로 그은 선을 수직선
vertical line이라 한다.

vertically opposite angles   맞꼭지각

두 직선이 한 점에서 만날 때 서로 이웃하지 않는 각을
말하며 맞꼭지각의 크기는 서로 같다. 대정각(對頂角)
이라고도 한다.

vice versa
〔váisə vɔ́ːrsəə〕

역 (逆) 도 마찬가지로

volume
〔váljuːm〕

체적 (體積), 부피

입체가 차지하고 있는 공간의 크기를 말한다. 각기둥
prism의 부피는 아래 면적×높이, 각뿔의 부피는 아래
면적×높이÷3, 구 sphere의 부피는 $\frac{4}{3}\pi r^3$로 구할 수
있다.

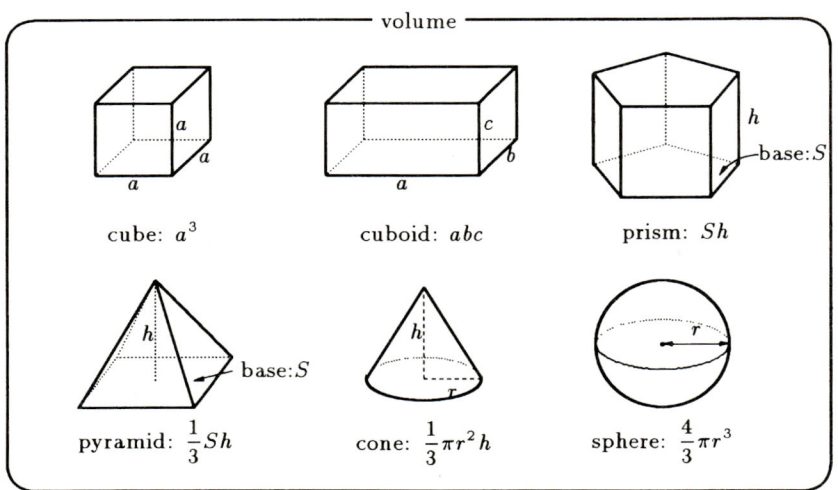

volume

cube: a^3

cuboid: abc

prism: Sh

pyramid: $\dfrac{1}{3}Sh$

cone: $\dfrac{1}{3}\pi r^2 h$

sphere: $\dfrac{4}{3}\pi r^3$

vulgar fraction
〔vʌ́lgər frǽkʃən〕

보통 분수, 통상 분수

분모와 분자가 모두 정수(整數)인 분수를 말한다.

$\dfrac{1}{2}$, $\dfrac{12}{23}$ 는 보통분수 vulgar fraction이다.

= common fraction

weight
〔weit〕

중량 (重量)

중력(重力) 가속도 gravity acceleration에 의해 생기는
질량 mass에 비례하는 힘 force을 말한다.

weighted mean
〔wéitid míːn〕

가중평균 (加重平均)

자료의 값 x_i에 가중치 g_i를 덧붙여서 계산한 평균

$$\overline{x} = \frac{g_1 x_1 + g_2 x_2 + \cdots + g_n x_n}{g_1 + g_2 + \cdots g_n}$$

을 말한다. 예를 들면, 수학과의 입학시험에서 영어, 과
학, 수학의 3교과의 시험을 본다고 할 때 수학시험을 중
시하여 영어, 과학의 점수에 비해 2배의 가중치를 준다
고 하면 영어 80점, 과학 84점, 수학 94점이 나왔을 때
학생의 가중 평균 점수는

$$\frac{80+84+2\times94}{1+1+2} = \frac{352}{4} = 88$$

이 된다. 그러나 가중치를 주지 않은 보통의 평균은

$$\frac{80+84+94}{3} = 86$$

이 된다.

whole event
〔houl ivént〕

전사건 (全事件)

일어날 수 있는(확률상) 모든 경우의 사건을 말한다. 전
사건의 확률은 1 이다.

whole set
〔houl set〕

전체집합 (全體集合)

대상이 되는 모든 요소를 모아 놓은 집합을 말한다. 예
를 들어, 연체동물의 전체집합은 문어, 조개 등 연체동
물 모두를 포함하는 집합을 말하는 것이다.

whole number
〔houl nʌ́mbər〕

정수 (整數)

$0, \pm1, \pm2, \cdots$로 표시할 수 있는 수. = integer

x-y graph

x-y 그래프

x축을 가로축, y축을 세로축으로 하는 좌표 coordinates 위에 그린 그래프를 말한다.

→ Cartesian coordinates, graph

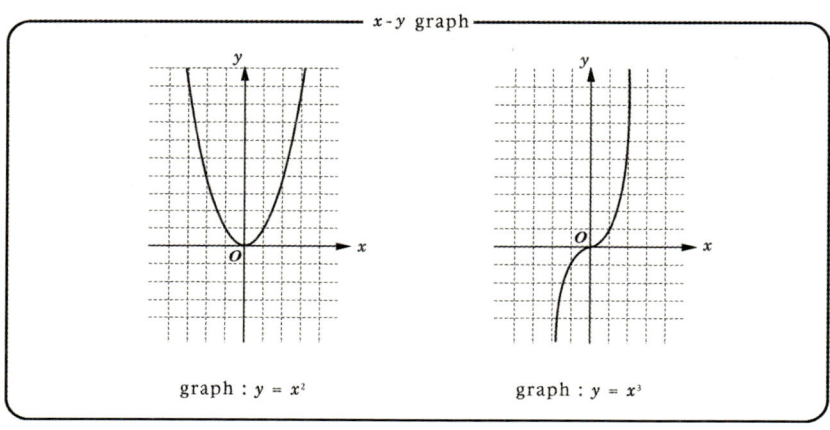

x-y graph

graph : $y = x^2$ graph : $y = x^3$

yard
[jaːrd]

야드

길이의 기본 단위 중의 하나이다. 91.44cm를 1야드라
한다. 1yd=3ft=36in, 1마일은 1760 야드이다.
→ conversion table

yield
[jiːld]

생기다

zero
〔zíərou〕

영 (零)

영(零)은 **nought**라고도 한다. 영은 덧셈에서 $0 + a = a + 0 = a$이므로 항등원이 된다.

- ■ **~ matrix** 영(零)행렬

  모든 성분이 0이 되는 행렬을 말하고 O라고 표시한다. 임의(任意)의 행렬 A가 있을 때 $A + O = O + A = A$, $AO = OA = O$가 성립된다.

- ■ **~ vector** 영(零)벡터

  모든 성분이 0이 되는 벡터를 말한다. 이 벡터의 크기는 0이다.

zone
〔zoun〕

구역 (區域), 구간 (區間)

영역(領域) **region**을 말한다. 특히, 구면과 만나는 평행인 두 평면 사이에 끼인 구면(球面)부분을 구대(球帶) **zone of sphere**라고 한다.

INDEX

우리말로 영어 표제 찾기

ㄱ

369

ㅊ

ㅌ

ㅋ

ㅍ

ㅎ

EXERCISES

- Put the equivalent expression in the blank
  in Korean.

A is proportional
[in proportion] to B.   _____

A is inversely proportional
[in proportion] to B.   _____

a is to b as c is to d   _____

acute angle   _____

add 7 to both sides   _____

add   _____

addition   _____

adjacent angles   _____

algebra   _____

alternate angles   _____

angle   _____

approximate   _____

arbitrary   _____

arc   _____

area   _____

axis   _____

base   _____

binary   _____

bisect   _____

calculus   _____

capacity   _____

chart   _____

chord   _____

circle   _____

circumference   _____

clockwise   _____

coefficient   _____

combination   _____

compasses   _____

complement   _____

complementary angles   _____

concave   _____

cone   _____

constant   _____

convex   _____

coordinates   _____

corresponding angles   _____

cube   _____

cylinder   _____

decimal   _____

define   _____

denotation   _____

diagonal   _____

diagram   _____

diameter   _____

dimension   _____

disjoint   _____

divide both sides by y   _____

divide   _____

division   _____

divisor   _____

dozen   _____

edge

element

ellipse

empty set

equation

equilateral triangle

equivalent

Evaluate each expression.

even number

exponent

expression

exterior angle

factorize

false

figure

Fill in the blank.

Find the shaded area.

Find the solution.

finite

formula   _____

fraction   _____

function   _____

geometry   _____

greatest common factor   _____

height   _____

hexagon   _____

horizontal   _____

hyperbola   _____

imaginary number   _____

inequality   _____

infinite   _____

integer   _____

intercept   _____

interior angle   _____

intersect   _____

intersection   _____

interval   _____

inverse   _____

irrational number   _____

isosceles triangle   _____

least common multiple   _____

leg   _____

length   _____

letter   _____

like term   _____

line   _____

line segment   _____

linear   _____

logarithm   _____

mean   _____

measure   _____

median   _____

multiple   _____

multiply   _____

multiplication   _____

n-gon   _____

net   _____

nought   _____

numeral   _____

oblique   _____

obtuse angle   _____

octagon   _____

odd number   _____

operation   _____

ordered pair   _____

parabola   _____

parallel   _____

parallelogram   _____

parenthesis   _____

pentagon   _____

perimeter   _____

permutation   _____

perpendicular   _____

plane   _____

polygon   _____

polyhedron   _____

polynomial

positive

power

prime number

prism

probability

product

property

proportion

proposition

protractor

Prove [demonstrate] that A=B.

pyramid

quadrant

quadratic equation

quadrilateral

quotient

radius

raise

ratio   _____

rational number   _____

ray   _____

real number   _____

reciprocal   _____

rectangle   _____

rectangular solid   _____

reduce   _____

regular polygon   _____

remainder   _____

rhombus   _____

right angle   _____

round off   _____

ruler   _____

score   _____

secant   _____

sector   _____

semicircle   _____

set   _____

side _____

simplify _____

simultaneous equations _____

slope _____

solid _____

Solve the equations. _____

sphere _____

square _____

square root _____

statement _____

statistics _____

subset _____

substitute A for B _____

subtract x from both sides _____

subtract _____

subtraction _____

sum _____

supplementary angles _____

surface _____

symmetry   _____

tangent   _____

tenth   _____

term   _____

theorem   _____

Translate [change, convert]   _____
each fraction to a decimal.

trapezoid   _____

triangle   _____

trigonometric function   _____

twice [3 times] x   _____

union   _____

variable   _____

vertex   _____

vertical   _____

vertical angles   _____

volume   _____

What is the value of x?   _____

width   _____

x divided by y   _____

x is equal to y   _____

x minus y   _____

x multiplied by y   _____

x plus y   _____

X represents [stands for,   _____

denotes] the unknown

x times y   _____

y subtracted from x   _____

MEMO

MEMO